高等学校省级规划教材

——土木工程专业系列教材

土木工程专业毕业设计指导

———道路工程分册

主　编　汪　莲
副主编　扈惠敏
　　　　孙业香
主　审　马芹永

合肥工业大学出版社

内容提要

《土木工程专业毕业设计指导——道路工程分册》是高等学校省级规划教材——土木工程专业系列教材之一，是专门为土木工程专业应届毕业生进行道路工程毕业设计而编写的。本书共7章，包括毕业设计概述，计算机在毕业设计中的应用，公路工程设计的基本程序、依据和标准，道路工程设计以及道路工程毕业设计的若干示例。

本书可供高等学校交通土建类应届毕业生使用，也可供从事该专业教学工作的高校教师以及从事道路工程设计、施工和管理的工程技术人员参考。

图书在版编目(CIP)数据

土木工程专业毕业设计指导．道路工程分册/汪莲主编．—合肥：合肥工业大学出版社，2009.5

ISBN 978-7-81093-953-9

Ⅰ．土…　Ⅱ．汪…　Ⅲ．①土木工程—毕业设计—高等学校—教学参考资料②道路工程—毕业设计—高等学校—教学参考资料　Ⅳ．TU　U41

中国版本图书馆CIP数据核字(2009)第074238号

土木工程专业毕业设计指导——道路工程分册

主　编：汪　莲　　责任编辑：陈淮民　　特约编辑：吴咏梅

出　版　合肥工业大学出版社
地　址　合肥市屯溪路193号
邮　编　230009
电　话　总编室：0551—2903038
　　　　发行部：0551—2903198
网　址　www.hfutpress.com.cn
E-maill　Press@hfutpress.com.cn
版　次　2009年12月第1版
印　次　2009年12月第1次印刷
开　本　787毫米×1092毫米　1/16
印　张　12.25　　字　数　289千字
发　行　全国新华书店
印　刷　安徽江淮印务有限公司

主编信箱　cahutwl@126.com　　责编信箱　Chenhm30@163.com

ISBN 978-7-81093-953-9　　定价：21.00元

安徽省高校土木工程系列规划教材

编委会

前　言

《土木工程专业毕业设计指导丛书》由安徽省“高等学校省级规划教材——土木工程专业系列教材”编委会牵头，组织我省相关高校共同编写的。

《土木工程专业毕业设计指导——道路工程分册》是专门为交通土建专业应届毕业生进行道路工程毕业设计而编写的，同时也兼顾了从事该专业教学工作的高校教师以及从事该专业设计工作不久的工程技术人员参考。

本书共7章。第1章为毕业设计概述，介绍了毕业设计的目的和作用、基本要求、主要类型、选题和进行方式、过程检查与控制、评阅与答辩和教学质量评估等。第2章为计算机在毕业设计中的应用，主要介绍计算机辅助道路工程设计及专业软件开发的情况。第3章为公路工程设计的基本程序、依据和标准，主要介绍公路工程建设的基本程序；设计阶段及其内容；设计依据和标准。第4章为道路工程设计，包括：选线、平面设计、纵断面设计、横断面设计、平面交叉口设计、路基设计和路面设计等。第5章～第7章为典型毕业设计示例，包括：城市道路设计、高速公路设计和多孔集料水泥稳定碎石配合比设计与施工工艺。

本书第1、3章由合肥工业大学汪莲编写，第2章由安徽省交通规划设计研究院梅应华编写，第4章和第7章(部分)由合肥工业大学扈惠敏编写，第5章和第7章(部分)由安徽省交通勘察设计院孙业香编写，第6章由合肥工业大学杨树萍编写。全书由合肥工业大学汪莲统稿、主编，并由安徽理工大学马芹永主审。本书书稿在整理过程中还得到程诚、肖建的帮助。

由于编者水平有限，内容安排和材料取舍不一定得当，错误和不妥之处，恳请读者批评指正。

编　者
2008年12月

目　录

第1章 毕业设计概述

1.1 毕业设计的目的和作用

毕业设计是高等学校教学过程中一个最重要的综合性教学实践环节，也是实现本科培养目标要求的重要阶段。毕业设计是学生在学完理论基础课、技术基础课和专业课以后，按照教学大纲的要求，在教师指导下独立完成一项设计或撰写一篇论文。通过毕业设计，综合运用和巩固已学的基础知识与专业知识，培养学生分析问题与解决问题的能力，是学习深化、拓宽、综合教学的重要过程；是学生学习、研究与实践成果的全面总结；是学生综合素质与工程实践能力培养效果的全面检验；是学生毕业及学位资格认定的重要依据；是衡量高等教育质量和办学效果的重要评价内容。

做好毕业设计可以使学生所学的基础理论知识与专业知识更加系统、巩固、延伸和拓展。对工科院校而言，可使学生受到工程技术和科学技术的基本训练，以及工程技术人员所必需的综合训练，提高学生调查研究、理论分析、计算、绘图和外语翻译等各方面的能力，特别是提高综合运用所学基本理论知识分析、解决工程实际问题的能力。

毕业设计是完成教学计划达到本科培养目标的重要环节。通过深入实践、了解社会、完成设计或撰写论文等毕业设计各环节，着重培养学生综合分析和解决问题的能力、组织管理能力和社交能力，使学生在独立工作能力方面上一个台阶。同时，对学生的思想品德、工作态度和工作作风等方面都会有很大影响，可增强学生的事业心和责任感，提高毕业生的综合素质。

1.2 毕业设计的基本要求及主要类型

工科院校本科生的毕业设计需按正规的程序来进行（编制设计任务书一般由指导教师来完成），其主要内容包括：设计构思、方案论证、计算分析、绘制工程图、编制设计说明书和计算书等。学生毕业设计题目可以是直接来自工程建设或科研项目的实际课题，也可以是有某工程背景的模拟课题。不论是哪种课题，都应有明确的教学要求。必需明确，通过毕业设计既要完成实际课题任务，又要完成教学培养任务，而且应把学生的教学培养任务放在首位。不论是做哪种课题，都应要求学生以严谨、勤奋、求实、创新的良好学风完成整个毕业设计工作。

1.2.1 基本要求

毕业设计是一项艰苦的、创造性的理论联系实际的劳动过程。在这个过程中，各个阶段的每个环节都有着自己的特点和要求，其总体的原则和要求如下：

1. 科学性原则

毕业设计无论是“真题真做”还是“假题真做”，都必须像正规的工程设计或研究那样，是一种有明确目标的教学活动和科技活动。每个学生，当接受了指导教师下达的设计任务书的时候，首先必须弄明白该设计课题在社会发展和人类生活需求中所起到的作用及其应达到的水平和标准，这是进行毕业设计工作的前提和基础。毕业设计的科学性原则体现在两个方面：一方面要受自然科学基础理论的制约。自然科学基础理论是自然界客观事物发展基本规律的总结，反映了一定阶段科学发展的水平，它不仅为毕业设计乃至一切科学研究提供了理论依据和指导，而且对于违背自然界客观规律的技术设想予以限制和约束。自然科学基础理论是进行毕业设计的理论基础；另一方面要求毕业设计自始至终坚持实事求是，一切从实际出发，设计方案要以充足的事实为依据。

2. 可行性原则

毕业设计同其它工程设计和科研一样，一开始就必须想到如何使自己的劳动变成可行的方案，而决不能让它变成一堆废纸，白费力气。同时从客观实际出发，任何方案都要受到社会生产力水平的制约，需要社会为其提供合适的硬件和技术支撑。如果超出了社会生产力的服务水平，单纯追求技术指标，即使再好的方案，也无法变成现实，而只能束之高阁。要将方案变成现实，还要求其符合政治、社会环境和相关法律规定的要求，以取得方案合法存在的权利。因此，毕业设计要遵循可行性原则，考虑社会生产力的服务水平、政治环境和相关法律规定等客观因素，努力使方案成为可行。

3. 实用性原则

实用性原则贯彻于整个毕业设计中，主要体现在实施方案的最优化和给社会创造经济收益的最大化方面。这就要求设计者要在多种实施方案中寻找最佳方案。这是设计工作的一个突出特点。这个特点要求设计者必须全面考虑，要尽可能多地提出各种方案，在对多种设计方案进行技术经济综合分析比较后提出最佳设计方案，要尽力寻找最优化方案。方案要遵循经济规律，因为人类社会的需求是适应一定的经济规律的，为人类社会的需要而进行的设计方案，只有能为人类社会产生一定的效益，才能得到社会的承认，才是可行的方案。如果某个设计方案带来的收益远远小于它自身的耗费，那么这个设计方案必然遭到淘汰。只有属于最优化的，能给人类社会带来效益的设计方案，才是社会所需要的，也才是可行的方案。

要做好毕业设计，除了要遵循上述原则外，还要求做到以下几点：

(1) 内容庄重、严谨、科学。毕业设计同其它工程设计、产品设计一样，从方案、图纸及其解释与说明的书面资料，都是一种技术性文件。技术性文件要求内容庄重、严谨、科学，必须确切地表达出事物的本质特征，以及这一事物和那一事物的区别性。不可存在任何差错，因为设计上的任何差错都会造成不应有的经济损失，严重的还可能造成人身事故，设计是负有法律责任的。这就要求绘图准确、清晰，叙述客观、有分寸，避免绝对化。在分析别人的方案时不能武断地否定，在介绍自己构思时要留有余地。

(2) 语言精确、简洁、清晰、朴实。毕业设计中自然语言符号系统和人工语言符号系统（技术性术语图表、公式等假定性符号）结合使用，以便更精确地表达所反映的事物及其规律。既要阐明事物定性的确切性，还要表达出事物数量上的差异性。这是由设计本身必备的科学性这一本质特征及其阅读对象是有关专家和技术人员等因素所决定的。切忌形容、夸张和含糊其辞。

(3) 处理好详略关系。设计说明书在处理详写与略写的关系上与其它文体截然不同。对设计所依据的原理可以略写，在理论方面也不必发挥，而对于设计所涉及的技术方面的问题，如方案的选择与论证，却要详细地写清楚。计算要慎重，对工程中的一些细节也不可忽视。

1.2.2　主要类型

1. 工程设计类型

工程设计类型的毕业设计是对学生所学课程进行综合训练的实践性教学环节，是紧密联系工程实践、培养学生独立工作能力的重要步骤。工程设计类型的毕业设计结合实际工程，解决遇到的问题，可使学生得到实际的训练，有时这些设计还可以创造一定的经济效益。学生看到自己的成果付之实施，可以激发他们进行毕业设计的积极性。在允许的条件下应鼓励这种"真刀真枪"的毕业设计。但是，由于实际工程的复杂性及学生设计时间的有限性，每位同学只能完成某一方面的设计工作，训练不够全面。另一方面，毕业设计完成后施工尚未结束，后期的服务工作量很大，会给学校和指导教师留下一个包袱。所以，工程设计类型毕业设计还可以结合实际工程出题，这样可不受施工季节及设计期限的限制，通过指导教师对设计任务的整理和调整，可大大减少简单重复的设计工作，最大限度地满足教学要求，学生可综合运用所学知识，在毕业设计过程中得到全面训练。

2. 科学实验类型

科学实验类型毕业设计主要有：① 实验研究，即通过实验得出某些有规律的结论，可供工程实际应用参考。② 专题分析，即对设计或施工中遇到的一些技术难点进行深入的探讨、分析和计算。③ 社会调查，即有些问题需要通过大量调查，经统计分析，得出有规律性的结论或对策建议等。科学实验类型毕业设计还有很多种，但毕业设计的专题一般研究对象比较单一，相对来说课题较小，这样便于在毕业设计期间做出成果或阶段性的成果。

3. 软件开发类型

软件开发类型毕业设计要具体到某一课题的研制，要有明确的目标，了解软件开发的背景，弄清开发的软件应具备哪些功能，要达到什么样的要求等。随着计算机的发展和普及，许多传统的方法和概念正在更新，除结构分析和有限元程序设计以外，其它如CAD(计算机辅助设计)、CAE(计算机辅助工程)、CAI(计算机辅助教学)及GPS(全球定位系统)等，都在土木工程中得到广泛应用。这些变化对传统的土木工程设计提出了更高的要求，毕业设计中部分学生进行这方面研究开发也是为了适应这方面的社会需要。

4. 施工技术与工程管理类型

施工技术与工程管理类型毕业设计，是通过毕业设计使学生对土木工程设计项目的施工内容和施工过程有较全面的了解，熟悉有关规范、规程、手册和工具书，为今后独立工作打下基础。这类毕业设计一般包括：施工组织设计、施工方案设计、施工监测与监控方案设计、单项施工技术措施设计、工程经济分析和工程概预算等内容。

1.3　毕业设计的选题和进行方式

1.3.1　毕业设计的基本内容

四年制工科大学毕业设计的时间大概为12～16周，毕业设计因学科类别、指导教师不同，要求学生在毕业设计中所完成的内容也是不尽相同。对道路工程专业方面的毕业班学生而言，要想在短短的12周左右的时间内完成各阶段的规划、设计工作是不可能的，而只能通过对某一阶段的某些重点内容进行设计，并通过其他手段和措施使学生了解和掌握设计的全过程。既要适应教学需要而又不能完全按工作阶段深度要求学生。一般而言，毕业设计的内容主要包括：

(1) 根据设计任务和要求，收集、查阅有关规范、规程和文献资料，了解有关技术政策。在此基础上运用各种知识和技能进行综合、分析、比较、构思设计方案。

(2) 拟定设计方案，并通过计算、分析、试验等各种技术手段进行论证。

(3) 绘制相关图纸和编制说明书。

1.3.2 选题和进行方式

毕业设计工作首先要选择课题，编制任务书，这是毕业设计的起步。这步工作的好坏直接影响着整个设计工作的进度及其质量的好坏。毕业设计选题应遵循的基本原则是：

(1) 符合专业的培养目标，有利于学生的综合训练和各种能力的培养，紧跟时代科技发展，关键是创新能力的培养。力求有利于巩固、深化学生所学的知识；有利于培养学生的独立工作能力和创新能力；有利于使学生得到较全面的专业基本训练和科研工作能力的培养。

(2) 选题多样化，以满足不同学科、不同专业的工程实践训练。应贯彻因材施教的原则，充分发挥学生的专长和创造潜能。注重在毕业设计过程中运用新技术，尽可能与生产、科研任务相结合。

(3) 从学生的实际情况出发，但要满足教学基本要求，且应有一定的难度和深度。对于结合生产和科研实际且较为复杂的课题，要能取得阶段性成果。注意题目更新，课题不得有五年以上的陈题。

(4) 对不同情况的学生安排不同题目或同类题目中有不同内容，允许学生根据自己的兴趣、特长和能力选报毕业设计题目。

选题类型主要有“真题假做”、“真题真做”和“假题真做”。

1. 真题假做

通过毕业实习和毕业设计这两个实践性的环节来对学生进行工程师基本技能的训练，让学生独立地进行一项工程的设计或专项研究设计。由于实际工程比较复杂，任务比较繁重，要求学生一个人在毕业设计这样短的时间内来完成是不可能的。因此只能按教学目的，抽出各阶段设计工作中典型的部分内容，有重点地进行一种模拟式的工程设计或研究。通过这样的设计或研究，对学生进行独立工作能力的培养，为他们提供理论联系实际的机会，使学生实现由学习走向工作的过渡。这种方式能较好地达到预期的教学目的，其缺点是易于脱离实际，使设计或研究不够踏实，学生的责任心相对较差。

2. 真题真做

为了改变毕业设计在联系实际方面的某些不足，教师和学生可走出校门，结合实际工程做毕业设计，参加一些实际工程项目的设计或研究工作。这对工程建设有直接贡献，同时在生产第一线上经受了实战的锻炼，对树立正确的设计观点和培养严格的工作方法和工作作风有所帮助，理论进一步联系了实际，推动了技术的进步。从这个意义上说，结合工程进行毕业设计是有积极意义的。但是从另一方面看，做实际工程亦存在不少矛盾和困难。例如，由于工程问题比较复杂，耗时多，周期长，重复工作量大，而学生毕业设计时间又是有限的，因而往往会形成由于工程问题的拖延而造成教学上难以安排和进度失控的被动局面。由于教师既要完成毕业设计的教学任务，又要完成生产任务，承担双重责任，工作十分艰辛，有时教师因忙于完成生产任务而对学生在教学上的培养照顾不到位，放松了教学要求。而学生有时亦为完成自己所承担的某项生产任务而顾不到自己的学习。造成学生知识面太窄，学习与收获都受到影响。有时还会因具体工作安排困难，出现教师和部分学生忙得不可开交，而大多数同学却闲得无事可做，出现窝工现象。再有，当学生毕业离校后，还会留下大量收尾工作，有待教师去继续完成。

将学生的毕业设计与有关单位的生产任务相结合，学生直接去设计单位或生产管理单位或测试单位结合真实课题进行毕业设计也是一种非常好的方式，这种方式的毕业设计须得到有关单位的业务指导和生活支持，由学校教师与有关单位工程师的联合指导，共同制定设计计划，既能为生产服务又能满足教学要求。这类选题把毕业设计与生产实际相结合，学生能直接为工程建设贡献力量，有利于培养学生的设计思想和政策观点，有利于培养学生运用所学理论和技能解决实际问题的能力和创新能力。由于能直接接触到实际工程中的新课题和新技术，更有利于培养学生的独立工作能力和自学能力。这类选题“真刀真枪”，还有利于培养学生的工作责任感和严谨的工作作风。但毕业设计与生产任务相结合同样存在着某些学生只限于局部训练、设计进度较难控制以及教师收尾工作量较大的问题。因此，结合生产任务进行毕业设计，要注意选题的份量适当，要考虑教学与生产任务的关系，特别要注重在完成生产任务过程中学生能力的培养。

3. 假题真做

采用已建工程的实际工程资料，通过教师的总结和简化后，有针对性地把实际工程中的典型问题交给学生去做，由于教师已有一番亲身实践，做到了心中有数，这样能较好地控制毕业设计的难易度及进度，并能以自己的亲身感受去指导学生。要求学生用历史的观点去看待和评价过去已建的工程，同时要用现代和发展的眼光，用现代设计理论和建设水平去加以改进。这样做毕业设计，针对性强，问题探讨深透，教学意图明确，使学生得到较全面的训练，可以收到较好的教学效果。

综合以上这些问题。考虑到毕业设计的目的和要求，一般情况下，毕业设计在校内进行为宜。当然，尽可能结合生产，如为实际工程做一些设计比较方案和部分设计，供设计单位应用，亦可为工程建设作出一些贡献。如以某工程为背景，教师在毕业设计之前做一定的基础工作，此后再安排学生参加。在时间上，分两阶段来进行，先用一段时间让每个学生进行原始资料分析、方案的拟定与比较和进行必要的分析计算。这样可以把教师前期摸索和深入钻研过的问题交给学生去思考补充。另外再用一段时间安排每个学生分别完成某项分部设计。在进行过程中学生可以提出自己新的看法和方案，在分头完成具体的设计任务中，学生是独立工作、深入钻研、提出各自的设计成果，这样可促进设计任务的完成，同时又更好地锻炼了学生的独立工作能力。

1.4 毕业设计的准备

1. 下达任务书

课题选定以后，则以《毕业设计任务书》的形式落实到每个同学。设计者接受了设计任务书后就标志该课题的“业主及承包商”都已确定并已同意。设计任务书是设计工作的依据，在一定情况下还可产生法律效力。学生毕业设计也要下达设计任务书，《毕业设计任务书》是向学生下达设计任务的文件，一般由指导设计的教师制订，经教研室和系审批后发给学生人手一份，其内容一般包括：① 毕业设计的题目；② 院、系、专业名称，学生姓名和学号以及设计地点；③ 毕业设计的目的和要求；④ 毕业设计的主要内容，包括研究专题及技术要求等；⑤ 设计的原始数据及应收集的基本资料；⑥ 说明书应该论述的内容、应该完成图纸的名称、规格及数量；⑦ 指导教师姓名；⑧ 主要参考资料等。

2. 拟定进度计划

在毕业设计开始前，由指导教师拟定详细的毕业设计进度计划表，毕业设计进度计划表内容包括：起止日期、周次；各设计阶段的详细任务、工作内容要求、完成时间及占工作量的百分比等。

3. 了解设计意图

接到《毕业设计任务书》之后要认真阅读教师编写的设计任务书和设计指导书，了解整个设计的目的、意图、设计的依据、设计的标准、设计的内容和基本要求，同时要认真学习党和国家的建设方针及有关技术政策。因为一个好的设计，除技术先进外，还要经济合理，符合国家规定的建设方针和技术政策，即要综合考虑技术和经济两个方面的因素，又要在国家的建设方针及有关技术政策这个思想指导下进行设计的资料准备、构思等各阶段的工作。毕业设计课题的资料准备主要通过查阅文献资料和参加生产实习两条渠道进行。一方面在进入专业课学习时，就要根据自己兴趣、爱好、特长以及客观条件，考虑自己毕业设计的选题方向，有目的、有计划地查阅与选题方向有关的文献资料，进行一般目标上的资料收集。另一方面在参加生产实习及毕业实习的过程中搜集资料，这也是为毕业设计课题搜集资料的最重要的途径。

在工科专业教学计划中，均安排了生产实习和毕业实习等实践性教学环节。生产实习的地点，一般都是选择那些建筑物布局比较典型，技术设备比较先进，管理水平比较高，能够满足教学要求的在建工程。而毕业实习的地点，主要结合毕业设计课题，选择那些与课题类似的已建工程和在建工程。教师应根据实习大纲的要求制定比较详细的实习计划和阶段的具体要求及实习指导书，有的还拟定了调查、搜集资料的提纲，编写了思考题。这是大学生深入社会、了解社会、学习生产实际知识和技能，了解生产中的新技术、新工艺、新知识和改革的新成果、存在的问题和改革的趋向，获取第一手资料的极好机会。学生应根据指导教师的安排，认真地参加实习，坚持写好实习日记，有意识地搜集涉及自己选题方向的资料，最后提交一份内容完整、体会深刻、收获颇丰的高水平的实习报告。工科院校学生应充分利用这种机会，认真进行调查研究，收集与课题有关的资料，为毕业设计作准备。每个人都可以充分利用这一收集资料的好机会，尽快了解国内外该类课题建设水平及存在的问题，阅读一些必要的技术资料。

1.5 毕业设计的过程检查与控制

1.5.1 毕业设计对指导教师的要求

1. 毕业设计指导教师应选派作风正派、有较高的学术水平和实践经验的教师担任，一般应是讲师以上（含讲师及有经验的工程师），根据需要也可安排辅导教师。争取聘请有经验的生产、科研单位的技术人员参加指导。对在实际工程单位作毕业设计而由该单位技术人员指导为主的课题，仍应配备指导教师，负责联系和指导，掌握教学要求，了解进度，以保证毕业设计质量。

2. 指导教师在编制毕业设计任务书和拟定培养计划时应针对学生的不同特点和程度因人施教。注意克服对学生使用多、培养少的现象，要针对学生不同特点和程度加强指导。同一课题的学生，每人必须有独立完成的任务和要求，同时培养学生的团结协作精神。要把德育放在首位，严以律己、为人师表，结合业务指导，加强对学生的思想政治工作，教育学生遵守各项规章制度，尊敬他人，互谦互让，团结协作；培养学生树立严谨、勤奋、求实、创新的学风；教育学生增强事业心。

3. 指导教师要保证有足够的时间与学生直接见面，一般一周不宜少于2～3次，其它时间也应与学生保持联系方便。抓好关键环节的指导，既不包办代替，也不要放任自流。注意调动学生的积极性、充分发挥其主动性、创造性。

4. 指导学生做好开题报告，进行全过程督促检查与管理。根据学生的平时表现、完成设计任务的质量，填写毕业设计过程检查评语，最后给出毕业设计评语及成绩。

5. 协助做好毕业设计文件的归档工作。

1.5.2　毕业设计对学生的要求

1. 根据指导教师下达的毕业设计任务书，以严谨、勤奋、求实、创新的科学态度独立完成设计工作。

2. 综合应用所学知识解决实际问题，结合设计工作，获取新知识，提高独立工作能力，在完成任务的同时，创造出丰硕的成果。

3. 每位学生必须参加毕业设计各个环节训练，不得弄虚作假或抄袭他人成果。

4. 毕业设计期间应严格遵守“学校学籍管理规定”中的有关条款，尤其是事假，应由教学主管部门批准，指导教师不应放松管理，任意批准学生的事假。学生无故离岗按旷课处理。

1.6　毕业设计的评阅与答辩

1.6.1　毕业设计的成绩评定

毕业设计应进行严格的考核并评定成绩。评定成绩的主要依据是毕业设计成果的质量、毕业设计完成的工作量以及在毕业设计过程中的主动性和创造性。

对于在毕业设计中弄虚作假，借用他人设计成果，严重违纪的学生，则不予答辩，并以不及格论处。

毕业设计的成绩评定，一般有两种方式，一种是五级分制（优秀、良好、中等、及格和不及格），另一种是百分制。无论何种方式，目前各校均采用了“结构分”（或组合分）的方式，即总分是由指导教师评分、评阅人评分及答辩委员会评分所组成，大体的比例为4∶3∶3；有的学校按期中检查给出10％的成绩，这样前三部分的比例为4∶2∶3，即指导教师评分（占40％）、评阅人评分（占20％）、答辩委员会评分（占30％）、平时评分（含开题报告及中期检查，占10％），四项评分之和即为学生得分，各项均应给出评语。无论采用何种评分方式，都应严格执行评分标准，主管部门有权检查执行情况，并对不恰当者做出调整。

下面给出五级分制的成绩评定标准（供参考）：

(1) 优秀

① 学习努力,遵守纪律,表现好。

② 能按时优异地完成设计任务书中所规定的任务,综合运用所学知识独立分析问题和解决问题能力强,并在某些方面有一定程度的创见或独特见解。

③ 设计方案立论正确,有一定的理论深度,而且概念清楚,分析透彻,论证充分,计算正确,文字通顺,结构严谨,书写工整,编号齐全。

④ 设计图纸符合制图标准,图面整洁,布局合理,标注正确,符合技术用语要求。

⑤ 答辩时能简明、准确地表达毕业设计的主要内容,熟练、正确地回答问题。

⑥ 撰写毕业论文或毕业设计说明书时要有外文摘要,并要求语法正确,语句流畅,能正确地表达原设计的主要内容。

(2) 良好

① 学习努力,遵守纪律,表现较好。

② 能按期独立完成设计任务书中规定的任务,综合运用所学知识独立分析和解决问题能力较好。

③ 设计方案立论正确,对方案论述比较充分,理论分析和计算能力较强。文理通顺,概念清楚。

④ 设计图纸符合制图标准,图面整洁,布局合理,书写工整。

⑤ 答辩时能较简明、准确地表达毕业设计的主要内容,正确地回答问题。

⑥ 撰写毕业论文或毕业设计说明书时要有外文摘要,语法基本正确、语句基本流畅;能正确表达原设计的主要内容。

(3) 中等

① 学习较努力,遵守纪律,表现一般。

② 按期完成设计任务书所规定的任务,综合运用所学知识分析问题和解决问题能力一般。

③ 设计方案正确,论述清楚,理论分析和计算基本正确,文字表达清楚,无原则性错误。

④ 设计图纸符合制图标准,图面较整洁,布局较合理,书写一般。

⑤ 答辩时介绍方案尚能表达毕业设计内容,主要问题回答基本正确。

⑥ 撰写毕业论文或毕业设计说明书时,有外文摘要,其语法基本正确,基本上能正确表达原设计的主要内容。

(4) 及格

① 学习态度及表现一般。

② 独立工作能力较差,在规定时间内勉强完成任务书中规定的任务,基本达到教学要求,但分析和解决问题的能力较差。

③ 设计方案基本正确,论述基本清楚,理论分析和计算无大错误,文字表达较清楚。

④ 设计图纸基本符合制图标准,图面质量较差,书写较工整。

⑤ 答辩时能基本正确回答大部分问题。

⑥ 毕业论文或毕业设计说明书中的外文摘要的语法基本正确,尚能正确表达原论文的主要内容。

(5) 不及格

① 学习不努力,有违纪行为,态度不认真,纪律松懈,独立工作能力差。

② 未按期完成设计任务书所规定的任务，毕业设计未达到最低要求。

③ 设计方案中有原则性错误，缺乏必要的理论基本知识和专业基本知识。

④ 图面质量差，文字表达较差，文理不通，答辩时有原则性错误，经启发后仍不能正确回答。

⑤ 毕业论文或毕业设计说明书中无外文摘要或所撰写的外文摘要语句不通顺，语法逻辑混乱，且不能正确表达原设计的主要内容。

毕业设计总成绩由以下五部分组成：开题报告、中期检查、指导教师根据学生平时表现、完成任务的质量及答辩情况。

1.6.2 毕业答辩

1. 答辩委员会的组成

每位学生必须进行毕业设计答辩。答辩工作由教研组或系组织。必要时也可组织校级答辩。答辩小组的成员应包括指导教师、评阅人及教研组指定的其他教师或专家组成，一般应不少于3人。答辩委员会可设主任委员一名，必要时可设秘书一名。

要求学生必须认真准备，口头汇报成果时，宜使用投影仪、幻灯、挂图或计算机等辅助工具。口头汇报应简明扼要地表达毕业设计的主要内容，时间约15分钟，回答问题约15分钟。答辩小组根据评分标准和答辩情况给出答辩成绩。

2. 答辩的注意事项

答辩一般分两部分。第一部分为学生自己讲述毕业设计的成果要点。第二部分为答辩教师提问由学生回答。对于教师来讲，答辩前应阅读学生的毕业设计，答辩时可根据毕业设计的基本要求、结合毕业设计涉及到的问题进行提问，对所提问题应事先有所准备。提问应由浅入深，提问形式可灵活多样，但一定要创造轻松和谐的气氛，使学生不感到紧张而能反映出学生的真实水平。

对学生来讲，应认真做好答辩的准备工作。要全面总结，适当复习。所谓总结是对毕业设计全过程进行总结。毕业设计时间较长、工作又紧张，忙于赶任务，这时可贯穿起来总结一下。有时，毕业设计的任务较大，自己只是完成其中一部分，答辩前应对工程全貌作一了解。适当复习是指在设计过程中遇到的基本知识、基本技能和手段，应进行复习巩固，遇到的难点、创新点可总结提高。对设计中的不足或来不及完成部分要做到心中有数。

答辩前要写好汇报提纲，有条件时可用投影仪、幻灯片或计算机演示，标题要醒目、条理要清楚、重点要突出，控制在15分钟左右讲解完毕。

答辩时要克服紧张情绪，回答问题时要注意所提问题的核心，懂了就大胆回答，不懂的也可如实回答，切不可本来不懂又夸夸其谈。

1.7 毕业设计的教学质量评估

1.7.1 毕业设计说明书、毕业论文的撰写要求

1. 基本要求

(1) 毕业设计说明书或毕业论文应主题突出，内容充实，结论正确，论据充分，论证有力，数据可靠，结构紧凑，层次分明，图表清晰，格式规范，文字流畅，字迹工整。

(2) 要求工程设计类型毕业设计说明书的字数一般为0.8～1.0万字、毕业论文的字数一般为1.5～2.0万字。

(3) 毕业设计中所使用的度量单位应采用国际标准单位，专业符号符合国标或行标。

2. 内容要求

(1) 毕业设计说明书的内容要求

标题：要求简洁、确切、鲜明。

摘要：扼要叙述本设计的主要内容、特点，文字要精练。中文摘要约300汉字；英文摘要约250个实词。

关键词：从说明书标题或正文中挑选3～5个最能表达主要内容的词作为关键词，同时有中、英文对照，分别附于中、英文摘要后。

目录：列出目录，标明页码。

正文：包括前言(引言)、本论、结论三个部分。

① 前言(引言)：说明本设计的目的、意义、范围及应达到的技术要求；简述本课题在国内外的发展概况及存在的问题；本设计的指导思想和应解决的主要问题。

② 本论

设计方案论证：说明设计原理并进行方案选择。说明为什么要选择这个设计方案(包括各种方案的分析、比较)；阐述所采用方案的特点(如采用了何种新技术、新措施、提高了什么性能等)。

结构设计计算部分：此部分在设计说明书中应占有相当的比例。要列出各结构设计的外形尺寸、布置情况、给定的参数、计算公式以及各主要参数计算的详细步骤和计算结果；根据此计算应选用什么结构形式及布置；对采用计算机设计的还应包括各种软件。

③ 结论：概括说明设计的结果和价值，分析其优点和特色、有何创新、性能达到何水平，并应指出其中存在的问题和今后改进的方向。

谢辞：简述自己通过设计的体会，并对指导教师和协助完成设计的有关人员表示谢意。

参考文献：在毕业设计说明书末尾要列出在设计说明书中所参考的专著、论文及其他资料，所列参考文献应按在设计说明书中参考或引证的先后顺序排列。

附录：各种篇幅较大的图纸、数据表格、计算机程序等。

(2) 毕业论文的内容要求

题目：应简洁、明确、有概括性，字数不宜超过20个字。

摘要：要有高度的概括力，语言精练、明确。同时有中、英文对照，中文摘要约300汉字；英文摘要约250个实词。

关键词：从论文标题或正文中挑选3～5个最能表达主要内容的词作为关键词，同时有中、英文对照，分别附于中、英文摘要后。

目录：写出目录，标明页码。

正文：包括前言(引言)、本论、结论三个部分。

① 前言(引言)：是论文的开头部分，主要说明论文撰写的目的、国内外研究现状及现实意义、对所研究问题的认识，并提出论文的中心论点等。前言要写得简明扼要，篇幅不要太长。

② 本论：是毕业论文的主体，包括研究内容与方法、结果与分析(讨论)等。在本部分要运用各方面的研究方法，分析问题、论证观点，尽量反映出自己的科研能力和学术水平。

③ 结论：是毕业论文的收尾部分，是围绕本论所作的结束语。其基本的要点就是总结全文、加深题意，突出研究的新进展或主要结论性成果。

谢辞：简述自己撰写毕业论文的体会，并对指导教师和协助完成论文的有关人员表示谢意。

参考文献：在毕业论文末尾要列出在论文中所参考的专著、论文及其他资料，所列参考文献应按论文参考或引证的先后顺序排列。

注释：在论文写作过程中，有些问题需要在正文之外加以阐述和说明（放在当页页脚）。

附录：对于一些不宜放在正文中但有参考价值的内容，可编入附录中。

3. 其他要求

(1) 文字：毕业论文或毕业设计说明书中的汉字应采用《简化汉字总表》规定的简化字，并严格执行汉字的规范。所有文字字面清晰（建议采用计算机打印）。

(2) 表格：毕业论文或毕业设计说明书中的表格应有表名、表号，表号可以统一编序，也可以逐章单独编序。表号必须连续，不得重复或跳跃。表格的结构应简洁。表格中各栏都应标注量和相应的单位。表格内数字须上下对齐，相邻栏内的数值相同时，不能用‘同上’、‘同左’和其它类似用词，应重新标注。表名和表号置于表格上方中间位置。

(3) 图：工科类各专业的学生手工绘图量不少于总绘图量的 1/3。插图要有图名、图号，图号可以连续编序，也可以逐章单独编序。图号必须连续，不得重复或跳跃。仅有一图时，在图名前加‘附图’字样。毕业论文、毕业设计说明书中的插图以及图中文字符号应打印，无法打印时一律用钢笔绘制。由若干个分图组成的插图，分图用 a，b，c，…… 标出。图号和图名置于图下方中间位置。

(4) 公式：毕业论文或毕业设计说明书中重要的或者后文中须重新提及的公式应注序号并加圆括号，序号一律用阿拉伯数字按章编序（如：(6-10)），序号排在版面右侧，且与右边距离相等。公式与序号之间不加任何线段。

(5) 数字用法：公历世纪、年代、年、月、日、时间和各种计数、计量，均用阿拉伯数字。年份不能简写，如 1999 年不能写成 99 年。数值的有效数字应全部写出，如：0.5∶2.0 不能写作 0.5∶2。

(6) 软件：软件流程图和原程序清单要按软件文档格式附在毕业论文后面，特殊情况可在答辩时展示，不附在毕业论文内。

1.7.2　毕业设计说明书、毕业论文的装订要求

按以下顺序装订毕业论文或毕业设计说明书：封面、毕业设计任务书、开题报告、目录、中文摘要（含关键词）、英文摘要（含关键词）、正文、谢辞、参考文献、注释、附录。毕业设计审阅和答辩成绩评定书，答辩结束后由指导教师粘贴至封底。

1.7.3　毕业设计的质量检查与评估

毕业设计阶段主要检查学院对提高毕业设计质量、调动教师和学生的积极性、加强指导教师的责任心、解决教师和学生对此项工作精力集中不够所采取的实施方案；对过程管理所采取的具体监控措施。同时检查指导教师对保证毕业设计质量，加强毕业设计工作过程管理所采取的具体办法。重点对以下内容进行检查：

(1) 毕业设计文件是否齐全（任务书、指导书、设计方案、毕业实习大纲等）；

(2)课题选择是否满足教学基本要求，是否符合专业培养目标，与毕业设计课题选择原则是否一致；

(3)指导教师是否认真负责，对学生辅导力度情况。学生精力投入情况及课题进展情况；

(4)抽查、审阅学生毕业设计报告，考核毕业答辩水平；

(5)审查学生毕业设计成绩是否符合评分标准。

毕业设计过程检查表格如下(供参考)：

表1-1　毕业设计中期检查情况表

表1-2　________届本科生毕业设计质量检查表

表1-3　________届本科生毕业论文质量检查表

表1-1　毕业设计中期检查情况表(学生填写)

<table>
<tr><td>学生姓名</td><td></td><td>学号</td><td></td><td>专业班级</td><td></td></tr>
<tr><td>课题名称</td><td colspan="3"></td><td>指导教师</td><td></td></tr>
<tr><td colspan="6">请同学们对下列10项进行打√或填数字</td></tr>
<tr><td colspan="6">1.课题有否变动：无　　小变动　　换题</td></tr>
<tr><td colspan="6">2.对课题任务要求是否明确：明确　　较明确　　不甚明确</td></tr>
<tr><td colspan="6">3.已调研几个单位：　个　　调研笔记：有　　无</td></tr>
<tr><td colspan="6">4.查阅文献资料：中文　本　　外文　本</td></tr>
<tr><td colspan="6">5.制定方案：个</td></tr>
<tr><td colspan="6">6.要做的实验与测试：预计要做　个　　已做　个</td></tr>
<tr><td colspan="6">7.指导教师每周辅导　次　　合计约　小时</td></tr>
<tr><td colspan="6">8.使用计算机型号　机　　已用机时　小时</td></tr>
<tr><td colspan="6">9.预计课题进展：超前　　按时　　延迟</td></tr>
<tr><td colspan="6">10.任务能否完成：能　　否</td></tr>
<tr><td colspan="6">对指导教师的评价和要求：</td></tr>
<tr><td colspan="6">几周来的收获和后期工作的打算：</td></tr>
</table>

学生签名________

年　月　日

表1-2　______届本科生毕业设计质量检查表

年　　月　　日

<table>
<tr><td colspan="2" rowspan="2">专业
班级</td><td rowspan="2"></td><td>学生姓名</td><td></td><td colspan="2">指导教师姓名</td><td></td></tr>
<tr><td>学生学号</td><td></td><td colspan="2">教 研 室</td><td></td></tr>
<tr><td colspan="2">毕业设
计题目</td><td colspan="6"></td></tr>
<tr><td colspan="4">检查项目</td><td>A</td><td>B</td><td>C</td><td>D</td></tr>
<tr><td rowspan="4">选题</td><td>1</td><td colspan="2">选题符合专业培养目标，体现综合训练基本要求</td><td></td><td></td><td></td><td></td></tr>
<tr><td>2</td><td colspan="2">题目难易度</td><td></td><td></td><td></td><td></td></tr>
<tr><td>3</td><td colspan="2">题目工作量</td><td></td><td></td><td></td><td></td></tr>
<tr><td>4</td><td colspan="2">题目与生产、科研、实验室建设等实际的结合程度</td><td></td><td></td><td></td><td></td></tr>
<tr><td rowspan="12">毕业设计质量</td><td>5</td><td colspan="2">综合运用知识的能力（毕业设计涉及学科范围，内容深广度及问题难易度）</td><td></td><td></td><td></td><td></td></tr>
<tr><td>6</td><td colspan="2">应用文献资料的能力</td><td></td><td></td><td></td><td></td></tr>
<tr><td>7</td><td colspan="2">实验设计能力</td><td></td><td></td><td></td><td></td></tr>
<tr><td>8</td><td colspan="2">计算能力（数据运算与处理能力等）</td><td></td><td></td><td></td><td></td></tr>
<tr><td>9</td><td colspan="2">外文应用能力</td><td></td><td></td><td></td><td></td></tr>
<tr><td>10</td><td colspan="2">计算机应用能力</td><td></td><td></td><td></td><td></td></tr>
<tr><td>11</td><td colspan="2">对实验结果的分析能力（或综合分析能力、技术经济分析能力）</td><td></td><td></td><td></td><td></td></tr>
<tr><td>12</td><td colspan="2">插图（或图纸）质量</td><td></td><td></td><td></td><td></td></tr>
<tr><td>13</td><td colspan="2">设计说明撰写水平</td><td></td><td></td><td></td><td></td></tr>
<tr><td>14</td><td colspan="2">设计的实用性与科学性</td><td></td><td></td><td></td><td></td></tr>
<tr><td>15</td><td colspan="2">设计规范化程度和设计栏目齐全合理等</td><td></td><td></td><td></td><td></td></tr>
<tr><td>16</td><td colspan="2">创建性（“有”或“无”）</td><td colspan="2">有</td><td colspan="2">无</td></tr>
<tr><td>评阅与答辩</td><td>17</td><td colspan="2">有否指导教师和设计评阅人评阅意见、答辩委员会意见以及成绩评定是否恰当等</td><td></td><td></td><td></td><td></td></tr>
<tr><td colspan="2">原成绩：</td><td colspan="2"></td><td colspan="4">检查建议成绩：</td></tr>
<tr><td colspan="8">检查意见：</td></tr>
<tr><td colspan="8">说明：1. 评价标准与评分关系：A = 优，B = 良，C = 及格，D = 不及格；2. 评价标准与设计最终评分结果关系：A多、B少、无C，则成绩为优秀；A、B多（70%以上）、C少、无D，若A多，则成绩是良好；若B多，则成绩是中等；C多（70%以上）、A、B少，则成绩为及格；D多则成绩为不及格。</td></tr>
</table>

表 1-3 ______届本科生毕业论文质量检查表

年 月 日

<table>
<tr><td rowspan="2">专业
班级</td><td rowspan="2"></td><td>学生姓名</td><td></td><td>指导教师姓名</td><td colspan="4"></td></tr>
<tr><td>学生学号</td><td></td><td>教 研 室</td><td colspan="4"></td></tr>
<tr><td>毕业论文
题目</td><td colspan="8"></td></tr>
<tr><td colspan="5">检查项目</td><td>A</td><td>B</td><td>C</td><td>D</td></tr>
<tr><td rowspan="4">选题质量</td><td>1</td><td colspan="3">选题符合专业培养目标，体现综合训练基本要求</td><td></td><td></td><td></td><td></td></tr>
<tr><td>2</td><td colspan="3">题目难易度</td><td></td><td></td><td></td><td></td></tr>
<tr><td>3</td><td colspan="3">题目工作量</td><td></td><td></td><td></td><td></td></tr>
<tr><td>4</td><td colspan="3">理论意义或实际价值</td><td></td><td></td><td></td><td></td></tr>
<tr><td rowspan="5">能力与水平</td><td>5</td><td colspan="3">查阅文献资料能力</td><td></td><td></td><td></td><td></td></tr>
<tr><td>6</td><td colspan="3">综合运用知识能力</td><td></td><td></td><td></td><td></td></tr>
<tr><td>7</td><td colspan="3">研究方案的设计能力</td><td></td><td></td><td></td><td></td></tr>
<tr><td>8</td><td colspan="3">研究方法和手段的运用能力</td><td></td><td></td><td></td><td></td></tr>
<tr><td>9</td><td colspan="3">外文应用能力</td><td></td><td></td><td></td><td></td></tr>
<tr><td rowspan="5">成果质量</td><td>10</td><td colspan="3">文体相符</td><td></td><td></td><td></td><td></td></tr>
<tr><td>11</td><td colspan="3">写作水平</td><td></td><td></td><td></td><td></td></tr>
<tr><td>12</td><td colspan="3">写作规范</td><td></td><td></td><td></td><td></td></tr>
<tr><td>13</td><td colspan="3">篇幅</td><td></td><td></td><td></td><td></td></tr>
<tr><td>14</td><td colspan="3">成果的理论或实用价值</td><td></td><td></td><td></td><td></td></tr>
<tr><td>评阅与答辩</td><td>15</td><td colspan="3">有否指导教师和设计评阅人评阅意见、答辩委员会意见以及成绩评定是否恰当等</td><td></td><td></td><td></td><td></td></tr>
<tr><td>原成绩：</td><td colspan="2"></td><td colspan="6">检查建议成绩：</td></tr>
<tr><td colspan="9">检查意见：</td></tr>
<tr><td colspan="9">说明：1. 评价标准与评分关系：A＝优，B＝良，C＝及格，D＝不及格；2. 评价标准与设计最终评分结果关系：A 多、B 少、无 C，则成绩为优秀；A、B 多(70% 以上)、C 少、无 D，若 A 多，则成绩是良好；若 B 多，则成绩是中等；C 多(70% 以上)、A、B 少，则成绩为及格；D 多则成绩为不及格。</td></tr>
</table>

第 2 章　计算机在毕业设计中的应用

计算机辅助设计是计算机最重要的应用之一，也是计算机科学和技术发展的主要动力。目前计算机辅助设计已成为现代各行各业不可缺少的技术基础和可持续发展的必要手段。而且，随着工程技术人员计算机水平的不断提高，越来越多的专业软件不断问世，解放了工程设计人员的大脑，大大降低了工程设计的周期。但考虑到现在使用的大多数专用程序都没有做合法的技术鉴定工作，因而在应用程序之前，必须用经典实例校核或用公认的通用程序进行校核。

2.1　计算机辅助道路工程设计

2.1.1　概述

计算机辅助道路工程设计主要应用于路线设计、路面设计、挡土墙设计、排水设计以及图纸绘制等，目前大部分软件只能做到路线设计和比较粗糙的排水设计，涉及到路面结构、挡土墙、涵洞等要进行进一步的结构验算，需要利用其它的专业或通用程序进行计算，目前个别专业软件已开始这方面的完善。

2.1.2　计算机辅助道路工程设计方法

计算机辅助道路工程设计主要是对路线进行设计，一般有两种方法。一种是在目前运用十分广泛的数字化地面模型（简称数模，DTM）的基础上，借助数学方法，由计算机初定路线走向，并自动进行优化设计，然后根据计算机推荐的最优方案和数模提供的地形资料，完成整个路线设计工作。此种方法虽然自动化程度较高，但是由于优化方案涉及很多因素，目前还不完善，因此实用性不强。另一种方法是借助数模或平面地形图先确定平面线形，然后再进行路线设计，这种方法比较传统，也是目前常用的方法。目前的公路辅助设计系统一般都是采用这种方法，通常由设计人员利用计算机在数模上根据要求进行平面线形设计、纵断面设计以及横断面设计等。以下仅叙述常用基于数模的人机交互式的路线设计方法。

1. 路线平面设计

设计人员根据设计要求和实际情况在数模上定线，并用直线、圆曲线和缓和曲线拟合平面线形，计算机根据所输入的平曲线参数或根据内置的设计规范自动计算线形数据，输出该线形的设计结果，设计者可根据输出的结果判断是否满足要求，如不满足要求可反复调整设计参数，直至满意为止。

平面设计完成后，可通过菜单或命令进行数据结果的输出和设计图纸的绘制，并保存数据文件以供下阶段设计。

2. 路线纵横断面设计及其他

路线平面设计完成之后，计算机根据前一阶段的设计成果和采集的数据绘制纵断面地面线图，设计人员在上面进行动态纵断面设计或手工拉坡，计算机实时显示纵曲线参数计算结果并显示拉坡结果。部分程序根据横断面自然高程，识别多种格式的横断面自然标高文件，自动提取横断面各特征桩参数，全面支持变宽变板块道路；边坡型式根据需要自由组合，模糊智能自动边坡设计；挡土墙动态设计；土方量自动计算和分类统计，清表土方量统计；任意图幅和比例下自动分幅出图，按照用户输入桩号范围进行横断面出图；自动绘制工程范围线、标准横断面、多种横断面详图和路拱曲线。

软件内置多种三维图块可方便调用；绿化带路面自动填充；经过相应的处理后即可生成三维效果图。

3. 海地公路优化设计系统(Hard)

海地公路优化设计系统(Hard)是海地公司出品的公路设计软件之一，功能比较完善，特别针对细节问题的开发使得 Hard 系统能够顾全到设计中极为细小的问题。

Hard 系统是国内第一个引入数字化地面模型(简称 DTM)技术的公路设计系统，真正实现了三维设计，在设计过程中可以尽可能多的考虑优化设计的问题。Hard 实现了公路设计软件和 AutoCAD 系统、表格与 EXCEL 系统的无缝连接，用户可以方便的对设计成果进行编辑修改。Hard 成功开发了针对扫描图像如 JPG、BMP 格式的地形图矢量化功能，并提供对扫描图的纠偏、缩放等处理，Hard 系统能够处理任意格式的地形图，在处理二维线转三维线时，能够一次性沿坡向转换任意多条等高线，数字化一张图纸仅需几分钟。Hard 系统能够在地形图上进行三维的定线设计、修改；并可以在 DTM 上采集到纵断面、横断面设计所需的外业资料，即自动在地形图上提取地面高程和地面线文件(*.dmg、*.dmx)，该文件可直接用于纵断面拉坡和横断面戴帽子。由于系统能够自动在地形图上采集设计所需的基础外业资料，所以桩和桩之间的间距可以缩小为1m甚至0.5m，用此精度的地面线资料进行横断面设计，与一般外业测量的桩和桩间距为 20m 的地面线进行设计的结果进行比较，可以大大提高设计精度，同时大量的节省外业测量所投入的人力、物力和时间的消耗。

平面设计中引入回旋线实体，实现了线形的精确设计，通过交点法、积木法、控制法并利用交互设计方式，精确、直观、快速的定义直线、圆弧、回旋线组合的各种线形。系统还针对四级路的设计增加了 LS 和 LC 选项，用户可以针对个别的弯道自由选择是否设置缓和曲线 LS 还是只设缓和段 LC；系统能够依据最新版的《技术标准》自动检测平面设计的各项指标是否满足技术规范要求，并提交检测报告供用户参考。平面设计成果输出有：路线平面设计总图、超高方式图、用地图、用地表、用地面积表、直线曲线及转角表、曲线要素表、逐桩坐标表、青苗补偿表、断链桩号对应表、加宽面积表、路线固定表、导线点表等。Hard 系统能够自动处理任意段数、任意位置的长链和短链，使桩号和里程的概念在系统中得到完美统一。系统自动生成平面设计总图，图纸内容包括地形等高线、地物、桥涵隧等构造物、断链标示、路中线、路边线、坡角线、示坡线、排水线、转点、水准点、转点表、曲线要素表以及指北针等。

Hard 系统特别增加工程设计，在工程设计中经济评价占重要地位，Hard 系统可以非常方便、准确的计算并生成经济评价的八张表格，完成一份评价设计不超过 10 分钟。

Hard 系统的横断面设计堪称业内功能最为全面、考虑因素最为周到、成果最为符合工程实际情况。系统适用于各等级的公路和城市道路，通过交互设计方式对路线进行分段定制路拱、边坡、边坡防护形式及材料、边沟形式及材料、排水沟形式及材料，以及针对水沟底进行拉坡、截水沟形式及材料、挡土墙的形式、开挖地质台阶、扣除路槽、清理地表的尺寸、超挖、换填等等；系统在帽子定制中充分考虑了如小填方做挖方处理、截水沟设置条件、清理地表的土石方是否直接弃方、开挖排水沟和截水沟的土石方是否计入主体路基工程、公路超填碾压设计等众多横断面设计中的细节问题;根据设计规则自动完成各桩号的戴帽子,并提交设计报告,查询各桩号的横断面设计图和设计参数,并可进行交互式编辑修改;横断面设计成果输出有:横断面图、标准横断面图、自动进行土石方调配、土石方表、生成三维全景模型图、透视图、动态仿真图、道路排水图、路面高程表、边坡面积表、坡口坡脚放样表、涵洞表、边坡水沟挡墙防护工程数量表、地质台阶数量表、超宽碾压数量表、清理地表每公里数量统计表、路基超挖每公里数量统计表、扣路槽每公里数量统计表、绿化带种植土每公里数量统计表、路基包边土每公里数量统计表、路基换填每公里数量统计表等等。

路线设计完成后,系统根据几何设计参数、交通工程参数自动建成三维全景模型图,并与实际的地面模型生成于一体,用户可直接在Hard 3D系统中生成三维仿真动画,用于检验设计方案是否合理与正确,并将工程设计以更直观的形式体现在招投标和成果汇报工作中。

Hard系统直接依据横断面设计结果生成挡土墙的设计图纸,并提交验算报告,同时将挡土墙设计结果反馈到路基横断面,及时更新由于挡土墙设计引起的路基土方量的变化。

系统可直接依据平面设计结果文件,通过切线支距法、偏角法、极坐标法以及全站仪法得到路线任意批量桩号的放样数据并生成放样数据文件,同时可直接连通全站仪,极大的方便用户进行外业的测设工作。

4. 纬地三维道路辅助设计软件(hintCAD)

纬地三维道路辅助设计系统软件自1996年开始第一版本研发起,经过10多年的发展,从单一的路线平、纵、横设计软件到路线、隧洞、涵洞、挡土墙、土方调配与虚拟仿真分析与评价等各工程专业层面高度集成的CAD系列软件系统。纬地系列软件作为国内优秀的CAD行业软件之一,可为道路勘察设计全过程提供完整、成套的解决方案。

公路设计具有专业性强、过程复杂、涉及专业面广等特点。在目前大规模使用计算机进行设计的前提下,公路设计任务亟须整体解决方案。基于完整、系统化的工程勘察设计流程,各部分之间的工作关系变得越来越紧密,所以各个软件之间的配合就变得越来越重要。纬地软件始终根植在设计工作的第一线,根据公路设计的阶段特点,陆续开发出纬地三维道路CAD系统、挡土墙设计系统、土石方可视化调配系统、涵洞设计系统、隧道设计系统、道路三维漫游系统、外业手簿系统、运行速度测算分析系统等软件产品。这些系列软件协同工作,内外业集成,实现数据资源的共享,避免重复录入、转换数据以及各专业独立工作的误区,流程化的设计正像工业文明中大规模的生产线,极大地提高您的工作效率,提高设计的产出。同时,纬地软件不仅能够实现基于数字地面模型基础上的高等级公路三维化设计,而且完全支持基于全站仪、经纬仪等现场测设资料基础上的低等级公路设计。既能够满足专业设计院(所)高速公路和互通立交的复杂设计要求,又能满足地方公路建设管理单位对低等级公路测设的需要。

(1) 路线辅助设计

纬地三维道路辅助设计软件(hintCAD)系统沿用传统的导线法(交点法)经典理论,可进行任意组合形式的公路平面线形设计计算和多种模式的反算。用户可在计算机屏幕上交互进行定线及修改设计,在动态拖动修改交点位置、曲线半径、切线长度、缓和曲线参数的同时,可以实时监控其交点间距、转角、半径、外距以及曲线间直线段长度等技术参数。而使用纬地智能布线技术,可以将已确定的直线、圆曲线等控制单元自动衔接为完整的路线,并可以对路线中任一控制单元(均为CAD的线元实体)方便地进行平移、旋转、缩放等操作调整,从而直观快捷并准确地确定出路线线位。在平面设计完成的同时,系统可自动完成全线桩号的连续计算和平面绘图。

系统在自动绘制拉坡图的基础上，支持动态交互式完成拉坡与竖曲线设计。用户可实时修改变坡点的位置、标高、竖曲线半径、切线长、外距等参数；对设计者指定的控制点高程或临界坡度，受控处系统可自动提示控制情况。系统支持以“桩号区间”和“批量自动绘图”两种方式绘制任意纵、横比例和精度的纵断面设计图及纵面缩图，自动标注沿线桥、涵等构造物，绘图栏目也可根据用户需要自由取舍定制。

系统支持处理各种加宽、超高方式及其过渡变化，进而完成路基设计与计算、方便、准确地输出路基设计表，可以自动完成该表中平、竖曲线要素栏目的标注。

系统利用在横断面设计输出的土石方数据，直接计算并输出 Excel 或 word 格式的土石方计算表，方便用户打印输出和进行调配、累加计算等工作。系统可在计算中自动扣除大、中桥，隧道以及路槽的土石方数量，并考虑到松方系数、土石比例及损耗率等影响因素。特别是系统直接为最新开发完成的纬地系列软件“纬地土石方可视化调配系统”提供原始数据，用户在方便、直观的鼠标拖曳操作中完成土石方纵向调配。

基于公路几何设计成果，系统批量自动分幅绘制公路用地边线，标注桩号与距离或直接标注用地边线上控制点的平面坐标，同时可输出公路逐桩用地表（仅供参考）和公路用地坐标表。同样，系统还可基于路线平面图，直接绘制路基边缘线、坡口坡脚线、示坡线以及边沟排水沟边线等，自动分幅绘制路线总体布置图。

系统可直接利用路线的平、纵、横原始数据，绘制出任意指定桩号位置和视点高度、方向的公路概略透视图（线条图）。可直接生成全线的地面模型和公路全三维模型，可得到任意位置的三维全景透视图，并可使用纬地实时漫游系统方便地渲染制作成三维动态全景透视图（三维动画），并模拟行车状态或飞行状态。

(2) 互通式立交辅助设计

系统采用曲线单元设计法和匝道起终点智能化自动接线相结合的立交匝道平面设计思路，方便、快捷地完成任意立交线形的设计和接线。特别是系统在任意曲线单元和起点接线约束时，可实时拖动其它曲线单元，匝道终点动态接线更为直观、灵活。

系统采用独特而精巧的路幅变化描述和超高变化描述方式，可支持处理任意路基断面变化型式（如单、双车道变化、分离式路基等）和各种超高变化。

纬地系统除支持处理立交设计中各种形式的加宽和超高过渡外，还可自动搜索计算立交匝道连接部（加、减速车道至楔形端）的横向宽度变化。在绘制连接部图时根据用户指定可批量标注桩号及各变化段的路幅宽度，自动搜索确定楔形端位置及相关线形的对应桩号。

(3) 数字化地面模型应用（DTM）

系统支持 AutoCAD 的 dwg / dxf 格式、Microstation 的 dgn 格式、Card/1 软件的 asc/pol 格式，以及 pnt/dgx/dlx 格式等多种三维地形数据来源（接口），三维地形数据既可以是专业测绘部门航测后提供的，也可以是用户自行对地形图扫描矢量化后得到的。

以独特的内存优化模块和最快的点排序方法为引擎，纬地系统建立最优化三角网状数字地面模型的速度是国外其他同类软件的两倍以上，并且突破了其他软件在处理公路带状长大数模时存在的限制，没有可处理点数上限。

系统不仅提供多种编辑三角网的功能，如插入、删除三维点，交换对角线或插入约束段，另外系统专门开发了自动优化去除平三角形的数模优化等模块。

系统可根据用户需求快速插值计算（或剖切），并输出路线纵、横断面的地面线数据。用户可立即在计算机上完成纵断拉坡设计、路基设计、横断面设计，进而直接得到土石方工程量，使大范围的路线方案深度比选和优化成为现实。

(4) 公路三维真实模型的建立(3DRoad)

利用计算机虚拟现实与仿真技术，针对公路工程专业特点而开发的计算机数字仿真技术。该技术直接利用道路几何设计的基础数据和地形数据，构建准确的地面、道路以及桥隧等的三维实体模型，在利用卫星或者航空数字影像进行模型贴图处理后，营造出公路虚拟现实空间，可实现驾驶、飞行、行走等游历仿真(并可输出成三维的动画)。更可实现空间行车视距检测、运行速度测算等，为公路项目总体方案展示、安全评价、环境评价等提供手段和科学依据。

(5) 平交口自动设计

纬地系统提供了平交专业设计模块，可以自动计算输出平交口等高线图，自动标注板块的尺寸及板角设计高程等。

(6) 输出成果

纬地系统可批量、高效输出路线平、纵、横等所有相关图纸，用户可单张、多张或一次性输出打印所有图纸。输出的各类成果表格均可由用户自由选择输出方式(AutoCAD图形、WORD、EXCEL三种方式)，并自动分页，方便打印。

2.2 专业软件开发

土木工程专业是一个实践性很强的应用性专业，在实践过程中重复性高、数据计算复杂等现象普遍存在，随着计算理论的发展以及工程复杂程度的增加，人们对工程结构提出更高的要求，工程周期越来越短，手工计算已无法满足工程的要求。随着计算机技术的发展，各种通用软件或专业软件开发并投入运用，工程技术人员能够掌握一种或几种程序语言，能够设计出符合工程应用需要的专业软件或对已有软件进行二次开发。土木工程专业毕业设计是考察学生大学阶段所学知识的掌握程度和综合运用各种技能能力的手段，同学们应该能够利用所学的专业知识应用或开发各种专业软件，做好毕业设计，充实大学学习的最后阶段。

2.2.1 专业软件程序设计

随着计算机技术的发展，各种程序设计语言数不胜数，特别是像Fortran、Basic、C\C++、Java等高级语言的诞生与流行，更是让计算机语言变得平易近人，人们不必再去学习晦涩难懂的机器语言或汇编语言。

高校一般在一、二年级就为学生开设了计算机技术以及高级程序语言设计课程，如合肥工业大学就要求每一位土木工程专业的学生必须掌握C语言，并且能够运用C语言解决所学专业的常见问题，个别优秀学生还通过设计专业程序而获得免考所学课程的奖励。

土木工程(道路工程专业方向)毕业设计题目已不仅仅局限于道路工程设计，而延伸到了计算机程序设计这一领域，形成交叉学科。学生通过所学的高级程序语言，并结合所学的专业知识开发本专业应用程序。计算机语言那么多，人们只需掌握其中一种就可以了，语言基本都是相通的，不必要陷入语言的汪洋大海之中。

应用软件的开发主要经历以下几个方面，即可行性研究、需求分析、总体设计、详细设计和编码、工程测试以及后期的运营维护。程序设计一般可按照下述程序进行。

1. 可行性研究

可行性研究是软件开发的第一个阶段，是对整个开发过程中开发的时间与期限、安排所需资源的投入作出客观的分析与评价。

可行性研究主要分为两个方面，即经济可行性和技术可行性：

(1) 经济可行性：主要是对经济合理性进行评价，包括对项目进行成本效益分析，比较项目开发的成本与预期将得到的效益。一般对于毕业设计可不考虑效益，只进行成本分析，控制成本在一定的范围之内即可。

(2) 技术可行性：分析技术风险的各种因素，如对技术掌握的成熟可靠性，开发软件的所有硬件和软件资源的可利用性等，确保软件开发在技术上是可靠的。

可行性研究的成果就是可行性报告，其格式可以不同，但内容基本一致，主要包括：① 背景资料：所开发软件的历史现状以及市场需求；② 系统描述：总体方案和技术路线、项目分解、关键技术、计划目标和阶段目标等；③ 成本效益分析：成本概算和预期经济效益；④ 技术风险分析：技术可行性；⑤ 其他问题。

2. 需求分析

需求分析阶段就是对可行性研究阶段中制定出的目标和功能进行进一步的详细论证；对系统环境，包括用户需求、软件需求进行更深入的分析；对软件开发计划进一步细化。需求分析阶段的具体内容主要包括以下几个方面：

(1) 系统环境要求

① 功能要求：软件必须完成的所有功能，这是最主要的需求；② 性能要求：系统应该能达到的标准，一般包括系统的反应速度、所需的存储空间、系统的可靠性等；③ 运行要求：即系统运行时所处环境的要求，包括支持系统运行的系统软件是什么，采用哪种数据库管理系统等；④ 未来可能需求：即目前不需要开发的，但是根据分析将来可能需要开发的功能，以便在此次开发过程中能够考虑到将来升级或扩充的需要，留下必要的接口或位置等。

(2) 系统数据要求

系统必须处理的信息和系统应该产生的信息在很大程度上决定了系统的面貌，数据流图和数据字典就可以清晰的表达数据处理的要求。

(3) 修正开发计划

通过需求分析阶段的工作，对所要开发的软件有了更清晰的认识，因此可以对成本和进度作出更准确的估计，从而对原计划进行修正。

需求分析阶段的成果就是编写软件需求规格说明书和初步的用户手册。

3. 总体设计

经过需求分析阶段的工作，软件的功能以及问题所在已经很清楚了，接下来就应该解决软件运行的机制问题。总体设计阶段主要任务有两个：

(1) 设计软件系统结构

就是要确定系统中每一个程序是由哪些模块组成的，以及这些模块相互间的关系。

(2) 设计主要数据结构

总体设计的过程主要有以下几个方面：① 选取最佳实现方案：开发一个软件系统通常有多种不同的实现方案，因此要对每一个方案进行分析，在其中选择一个最佳的方案；② 设计软件总体结构：通过对系统进行功能分解，划分功能模块，并组成良好的层次结构，通常用层次图或结构图来描述；③ 设计主要数据结构：确定主要算法的数据结构、文件结构或数据库模式，特别是对需要数据库的应用领域，应该对数据库作进一步设计，包括模式、子模式、完整性和安全性设计；④ 完成用户手册：对需求分析阶段编写的初步用户手册进行重新审定、完善，在总体设计的基础上确定用户使用的要求；⑤ 制定初步测试计划：应对测试的策略、方法和步骤等提出明确的要求，作为软件设计和今后软件测试工作的依据；⑥ 总体设计评审：在上述工作完成后，应对总体设计的工作进行评审。

总体设计阶段结束后应提交总体设计报告。

4. 详细设计

详细设计阶段的根本目标就是确定怎样具体的实现所要求的系统，即经过这个阶段的工作，应该得出对目标系统的精确描述，从而在编码阶段可以把整个描述直接翻译成程序，其结果基本决定了最终的程序代码的质量。

详细设计阶段主要借助图形、表格或次高级语言来实现，要求对设计的描述应该无歧义，也就是应该指名控制流程、处理功能、数据组织以及其他方面的实现细节，从而编码阶段能够直接翻译成程序代码。

5. 软件编码

要想使计算机能够执行设计，必须将设计转换成计算机能识别的代码，即编码过程。程序的质量主要取决于软件设计的质量，但是程序设计语言的特性和编码风格也会对程序的可靠性、可读性、可测试性和可维护性产生深远的影响。

编码时应注意以下几个方面：

(1) 程序内部文档：包括恰当的标识符、适当的注释和程序代码的布局等；

(2) 语句构造：要求简单直接、层次清晰、干净整洁；

(3) 输入输出：要求输入输出的位置合理、规则正确、输入格式简单、输出格式清楚易读；

(4) 效率：包括时间效率和空间效率，要求尽量缩短程序所用时间和存储空间。

6. 软件测试

测试工作非常重要，软件编码完成后必须进行测试，以便找出错误，完善设计。对于应用软件的测试应遵循以下几个原则：

(1) 应充分预测可能出现的错误；

(2) 测试文件必须说明预测的测试结果；

(3) 对合法的和非法的输入条件都要进行测试。

软件测试方法主要有黑盒测试和白盒测试，黑盒测试也称为功能测试或数据驱动测试，它把程序看成是一个黑盒子，完全不考虑程序的内部结构和处理过程，只对程序的接口进行测试，即检查程序是否能适当地接收输入数据并产生正确的输出信息。白盒测试也称结构测试或逻辑驱动测试，就是把程序看成是一个透明的盒子，也就是完全了解程序的结构和处理过程，即检验程序中的每一条通道是否都能正确工作。

土木工程专业作为一个应用型专业，通常只需要正确的结果，而并不要求深究其中的过程，因此，软件测试的方法主要以黑盒测试为主，即检测程序能否按输入数据计算产生正确的结果。

测试阶段的关键问题就是确定测试方案，包括预定测试的功能、应该输入的测试数据（测试用例）和预期结果，测试用例应选取最有效的数据。

经过测试之后，应该对软件作为结论性评价，并提交软件测试报告。

7. 软件维护

软件开发测试完成并交付使用后应对软件进行维护，主要有以下几个方面：

(1) 改正在运行中新发现的软件错误和设计上的缺陷；

(2) 增强软件对外部环境的适应性；

(3) 扩充软件功能，提高原有软件的性能。

作为毕业设计，软件开发完成后的软件维护基本无法实施，因此，软件维护不作为毕业设计要求。

2.2.2 二次开发

采用高级语言程序独立开发专业软件周期较长、难度较大，对于对本专业还不能深刻理解的毕业班学生来说相对较困难，而借助于已商品化的应用软件二次开发出专业程序则是比较简单的事情，用户只需要将软件掌握熟练即可。目前，大部分通用软件都具有二次开发的功能，如大型通用结构分析软件 Ansys、Sap 等，都有很好的扩展性能，如何在这些软件基础上推出自己的专业软件也是一种技术进步的表现。

基于已有软件的二次开发的详细步骤同上述的程序设计步骤。以下仅介绍工程中应用比较多的二次开发所使用的软件。

1. Microsoft office Excel 软件

Excel软件其实并没有提供诸如 Ansys APDL 那样的参数化设计语言，因此并不能算是真正意义上的二次开发软件，但是由于该软件具有强大的数据处理功能，而且用户又不需要掌握很深奥的程序设计知识，只要能够使用 Excel 本身提供的函数即可，编写速度快，结构一目了然，因此，Excel 在工程中应用是十分广泛的。

工程人员利用 Excel 中强大的函数和数据处理功能，将复杂的工程公式编制成 Excel 表格，用户只需要输入一些数据就可以及时得出结果，特别是数据后期处理方面，Excel 更加具有竞争性。但是也有不利的方面，那就是缺少直观的图形显示功能，像结构的挠度变形、应力云图等就无能为力，而这方面在工程中是很重要的。因此，Excel 主要应用于工程中某一方面的数据处理，为后续作业提供基本数据。

2. 大型通用结构分析软件 Ansys

Ansys 软件是融结构、流体、电磁场、声场和耦合场分析于一体的大型通用有限元分析软件。它的用户涵盖了机械、航空航天、能源、交通运输、土木建筑、水利、电子、地矿、教学科研等众多领域。

APDL 是 ANSYS Parametric Design Language 的缩写，即 ANSYS 参数化设计语言。APDL 实质上由类似于 FORTRAN77 的程序设计语言部分和 1000 多条 ANSYS 命令组成。其中，程序设计语言部分与其它编程语言一样，具有参数、数组表达式、函数、流程控制(循环与分支)、重复执行命令、缩写、宏以及用户程序等。因此，但凡学过高级语言的工程人员都可以很快的学会并掌握它。

标准的 ANSYS 程序运行是由 1000 多条命令驱动的，这些命令可以写进程序设计语言编写的程序，命令的参数可以赋确定值，也可以通过表达式的结果或参数的方式进行赋值。从 ANSYS 命令的功能上讲，它们分别对应 ANSYS 分析过程中的定义几何模型、划分单元网格、材料定义、添加载荷和边界条件、控制和执行求解和后处理计算结果等指令。

用户可以利用 APDL 将 ANSYS 命令组织起来，编写出参数化的用户程序，从而实现有限元分析的全过程，即建立参数化的CAD模型、参数化的网格划分与控制、参数化的材料定义、参数化的载荷和边界条件定义、参数化的分析控制和求解以及参数化的后处理。

目前有不少单位或个人采用APDL二次开发出针对某一专业方面的程序，以便遇到同类型问题时只需修改个别参数就可以了，大大节约了时间，提高了效率。例如清华大学基于ANSYS平台，进行了大跨度双向拉索斜拉桥及悬索桥新型结构布局的全桥仿真，研究和设计了新型"大跨度双向拉索斜拉桥"和"大跨度双向拉索悬索桥"，提供一种用于提高大跨度斜拉桥和悬索桥整体动力学特性和抗风能力的新型双向拉索结构体系，该发明所提供的结构体系可用于设计和建造跨度超过1000m，且对抗风能力和整体动力学特性有很高要求的跨江、跨海大型和特大型斜拉桥，特别适用于那些对稳定性有很高要求的铁路桥，该成果已申请到国家专利。

作为土木工程专业毕业生，应该有能力利用所学知识并利用各种工具开发出具有专业水准的软件。

第3章 公路工程设计的基本程序、依据和标准

3.1 公路工程建设的基本程序

为了加强公路工程基本建设管理，多快好省地进行公路工程建设，所有公路工程基本建设项目，都要严格按照国家规定的基本建设程序和有关规定进行。根据《公路工程基本建设管理办法》，公路工程基本建设程序规定如下：

(1) 根据长远规划或项目建议书，进行可行性研究；

(2) 根据可行性研究，编制计划任务书(也称设计计划任务书，下同)；

(3) 根据批准的计划任务书，进行现场勘测，编制初步设计文件和概算；

(4) 根据批准的初步设计文件，编制施工图和施工图预算；

(5) 列入年度基本建设计划；

(6) 进行施工前的各项准备工作；

(7) 编制实施性施工组织设计及开工报告，报上级主管部门核备；

(8) 严格执行有关施工的规程和规定，坚持正常施工秩序，做好施工记录，建立技术档案；

(9) 编制竣工图表和工程决算，办理竣工验收。

以上程序，在符合审批制度的前提下，可根据具体情况进行合理的交叉；小型项目可根据具体情况适当并免一些程序。

3.2 设计阶段及其内容

3.2.1 设计阶段

交通部《公路工程基本建设项目设计文件编制方法》规定，公路工程基本建设项目可以采用一阶段设计、两阶段设计或三阶段设计。

一阶段设计即一阶段施工图设计，适用于技术简单、方案明确的小型建设项目；

两阶段设计即初步设计和施工图设计，适用于一般建设项目；

三阶段设计即初步设计、技术设计和施工图设计，适用于技术上复杂的大型建设项目或基础资料缺乏和不足的建设项目。

3.2.2 各设计阶段主要内容

1. 初步设计

初步设计应根据批复的可行性研究报告、测设合同和初测、初勘或定测、详勘资料编制。初步设计阶段的主要任务是确定设计方案。主要内容包括拟定修建原则、选定设计方案，计

算工程数量及主要材料数量、提出施工的方案意见、编制设计概算、提供文字说明及图表资料。初步设计在选定方案时，应对路线的走向、控制点和方案进行现场核查，征求沿线地方政府和建设单位意见，基本落实路线布置方案。一般应进行初步定线，并赴实地核对，落实并放出必要的控制线位桩。对复杂困难地段的路线，应选择两个或两个以上的方案，进行同深度、同精度的测设工作和方案比选，提出推荐方案。

2. 技术设计

技术设计的主要依据是初步设计批复意见和测设合同的要求。主要内容包括通过科学实验、专题研究，加深勘探调查及分析比较，解决初步设计中未解决的问题，落实技术方案，计算工程数量，提出修正的施工方案、修正设计概算。批准后则为编制施工图设计的依据。

技术设计应根据初步设计批复意见、测设合同和需要解决的技术问题，满足下列要求：

(1) 对初步设计所定方案详加研究，进一步补充和修改；

(2) 补充必要的地质、水文、气候、地震和地质钻探资料，以及土工、材料、结构或模型试验成果；

(3) 提出科学试验成果、专题报告；

(4) 提出修正的施工方案；

(5) 编制修正概算。

3. 施工图设计

对于常规公路工程，通常不需要进行技术设计而直接进行施工图设计。施工图设计的主要任务是根据初步设计批复意见、测设合同，进一步对审定的修建原则、设计方案、技术决定加以具体和深化，最终确定各项工程数量，提出文字说明和施工需要的图表资料及施工组织计划，并编制施工图预算。

公路工程施工图设计阶段的具体任务包括：

(1) 确定路线具体位置；

(2) 确定路基标准横断面和特殊路基横断面，绘制路基超高、加宽设计图；计算土石方数量并进行调配；确定路基取土弃土的位置，绘制取土坑纵、横断面图；

(3) 确定路基路面排水系统和防护工程的结构类型及尺寸，绘制相应布置图和结构设计图；

(4) 确定特殊路基设计的结构类型及尺寸，绘制特殊路基设计图；

(5) 确定各路段的路面结构类型及尺寸，绘制路面结构图；

(6) 确定大、中桥的位置、孔数和孔径及结构类型；

(7) 确定小桥、涵洞的位置、孔数和孔径、结构类型及各部尺寸，绘制布置图。特殊设计的，应绘制特殊设计详图；

(8) 确定路线交叉形式、结构类型及各部尺寸，绘制布置图及设计详图；

(9) 确定交通工程及沿线设施的位置类型及数量，绘制布置图和设计详图；

(10) 确定环境保护设施的位置、类型及数量，绘制布置图和设计详图；

(11) 调查筑路材料的质量、储存量、供应量及运距、绘制筑路材料运输示意图；

(12) 确定征用土地、拆迁建筑物及电力、电讯等的数量；

(13) 计算各项工程数量；

(14) 提出施工组织计划；

(15) 编制施工图预算。

各个设计阶段都有各自需要包含的内容和深度以及要达到的目的和需要解决的问题。各阶段设计文件完成后的上报和审批都由国家指定的主管部门(建设单位或业主)办理。批准后的文件就是各建设程序进行的依据,也是下一阶段设计文件编制的依据。

3.3 设计依据和标准

3.3.1 公路工程设计依据

公路工程设计的依据主要有交通部颁发的现行技术规范及有关工作细则、实测和预测交通量、地形图、地方政府以及建设单位下发的文件、会议纪要、设计任务书等,它们都是公路工程设计中不可缺少的资料。

(1) 技术规范及有关工作细则。以科学的工程知识和成熟的工程经验为基础,全面系统地汇集整理有关公路工程设计、施工、养护的技术要求,形成统一的标准规定,并以此作为公路工程各项工作必须遵循的准则,这种成册的准则条文,就称之为公路工程技术规范。对内容广泛或技术复杂而在规范条文中不便一一纳入的技术文件,通常采用工作细则的形式加以补充。在开展相应工作时,应视这些细则与技术规范具有同等效力,必须遵照执行。

(2) 实测和预测交通量。交通量调查资料是确定道路等级的依据,也是道路勘测设计的依据。实测交通量通常采用交通量调查、观测整个道路网交通流量分布状况的方法。通过对交通量的现状分析,结合国民经济发展状况,预测拟建公路未来交通量。预测采用"四阶段法",即国民经济预测阶段、集中发生交通量预测阶段、分布交通量预测阶段、分配交通量预测阶段。

(3) 地形图。地形图比例一般为 1∶10000 ~ 1∶50000,用于路线的方案选择,是公路选线的重要依据。路线选择应充分利用有利地形、地势,尽量回避不利地带,对路线与地形的配合加以研究,做好路线平、纵、横三方面的结合,力求平面顺适、纵断面均衡、横断面合理。

(4) 地方政府建设单位下发的文件、会议纪要、设计任务书。地方政府建设单位下发的文件、会议纪要、设计任务书是对道路设计提出的要求,在路线设计时要能充分满足这些要求,如路线的起终点、桥涵的设置与要求、通讯设施要求等。如果在这些资料文件中没有作要求的则按规范实施。

3.3.2 现行公路工程技术标准和设计规范

公路工程设计规范是指导公路工程设计的标准。这一标准基于结构分析与设计理论、荷载与材料试验成果和工程经验,且不断充实和完善。公路新建和改建工程必须遵循这一基本技术法规,它规定了各等级公路的建设技术指标和有关设施的技术要求,以充分发挥公路的使用效能。

1. 发展简史

从 19 世纪末汽车问世到第一次世界大战期间,公路处于初期发展阶段。公路上汽车与畜力车混合行驶,对公路的技术要求比较简单。19 世纪 30 年代以后,汽车制造业迅速发展,一些工业发达国家大量使用汽车,而畜力车被逐渐淘汰。与此同时,公路的标准和质量也逐渐提高,如德国于 1933 年开始修建高标准的汽车专用公路。第二次世界大战后,汽车的载重量、行驶速度日益提高,要求公路提供迅速、安全、舒适的行驶条件。因此,公路技术标准便由简到繁,以适应现代化公路运输的需要。

中国自周、秦时期，对道路建设就作了一些规定。清末民初，开始引进汽车和筑路技术。1929年10月，当时的铁道部颁发了《国道工程标准及规则》，其内容甚简陋，公路也没划分等级。1934年7月，全国经济委员会颁发了《公路工程标准》，按公路路基、路面宽度将公路分为甲、乙、丙三个等级，分别是有一、二、三个车道。1941年6月，交通部公路管理处颁发了《公路工程设计准则草案》，按地形分别规定了各等级公路的设计速度和相应的技术指标。1946年10月，交通部交通技术标准委员会，按行车密度和运量大小，将公路划分为甲、乙、丙、丁四个技术等级，并按地形规定了各个等级的公路设计速度及其相应指标。此外，还按行政管理系统将公路分为主要干线、次要干线、主要支线、次要支线及乡村支线五种，并分别规定其技术等级，公路技术标准的内容逐渐完善。

中华人民共和国成立以后，1951年9月，交通部颁发了《公路工程设计准则（草案）》，将公路按10～15年的远景行车密度分为五个等级。现行的《公路工程技术标准》（JTG B01－2003）自2004年3月1日起施行，原《公路工程技术标准》（JTJ 001－97）同时废止。随着科技的进步和公路工程的发展，公路工程设计规范的内容也在不断更新和完善。

2. 公路工程技术标准

《公路工程技术标准》（JTG B01－2003）适用于新建工程与改（扩）建工程，并对改建工程中的利用现有公路路段的技术指标、维持通车路段的服务水平等作了规定。它包含了总则、控制要素、路线、路基路面、桥涵、汽车及人群荷载、隧道、路线交叉、交通工程及沿线设施等九方面的内容，并附带了其条文说明。

3. 公路工程设计规范

公路工程设计规范的主要任务是帮助公路设计者正确决定结构的各主要尺寸，尤其是截面的主要尺寸，使所设计的结构服从安全、适用、经济和美观的原则。公路工程设计规范所包含的基本内容有：荷载及荷载组合，结构内力分析方法，材料和工艺，构造规定等。

公路工程设计规范的条文，是在总结已有成熟经验（包括理论和试验成果）的基础上，进行简化并提炼出来的。因是成熟经验，就不可能将缺乏足够经验的事物包括进去；由于简化和提炼，也不可能把一些道理和理论背景知识完全包括进去。因此，了解和掌握与规范条文相关的理论知识以及其他技术标准和文件，是正确理解和使用规范的前提。

设计规范是一种标准。它一经批准颁布执行，就成为政府文件，必须严肃对待。在国内规范中，凡条文用“必须”或“严禁”字样者，就表示具有强制性；凡条文用“应”或“不应”、“不得”字样者，则表示在正常情况下均须执行规范条文；凡条文用“宜”、“可”或“不宜”字样者，则表示在条件许可时首先须执行规范条文。

现行公路工程设计主要标准、规范：

（1）《公路工程技术标准》（JTG B01－2003）（文中简称**《标准》**）

（2）《公路路线设计规范》（JTG D20－2006）

（3）《公路路基设计规范》（JTG D30—2004）

（4）《公路水泥混凝土路面设计规范》（JTG D40－2002）

（5）《公路沥青路面设计规范》（JTG D50－2006）

（6）《公路桥涵设计通用规范》（JTG D60－2004）

（7）《城市道路设计规范》（CJJ37－90）

（8）《城市道路交通规划设计规范》（GB50220－1995）

（9）《公路桥涵地基与基础设计规范》（JTG D63－2007）

第4章　道路工程设计

4.1 选　线

4.1.1　平原微丘区选线

平原微丘区地形平易，选(定)线时应以两控制点间的航空线为主导方向，既要力争线路顺直，又要尽量节省工程投资，合理解决对障碍物的穿越与绕避。为此，应注意以下几点：

(1) 路线应短直，如离开短直方向，必须有足够的依据。为了绕避障碍而使路线偏离短直方向时，必须尽早绕避前方的障碍，尽量减少曲线数目，采用大而平缓的平曲线。图4-1示出两种绕避障碍物的方法，虚线方案在全长范围内很少偏离短直方向，但曲线数目多，平面指标低，路线长。所以，如果不得已而需绕避障碍时，定线应从一个障碍尽早引向另一障碍。

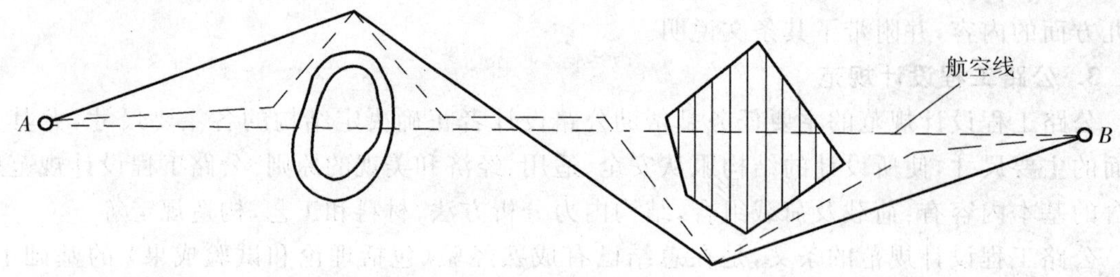

图4-1　绕避障碍物

(2) 在微丘区，路线绕避山嘴，跨越沟谷或其他障碍时，一般应使曲线交点正对主要障碍物，使障碍物在曲线的内侧并使其偏角较小。从图4-2中可见，曲线正对障碍物的实线方案就比未正对障碍物的虚线方案的土石方数量少。但是，若曲线半径不大，视距受限时，曲线交点与障碍物要错开以保证视距要求。

(3) 路线应少占农田，特别是高产田。路线位置和施工取、弃土要结合农田规划、灌溉、交通等情况，尽量做到绕避农田(或经济作物区)。

(4) 力争减少路基填土高度，但绕避高程障碍而导致路线延长时，则应认真比选。

(5) 路线应尽可能采取较高的平、纵面设计标准，路基应保持一定高度，在充分满足桥涵及其他建筑物高度的条件下，适应地形起伏，以节省工程量。同时还应为提高行车速度，节省运营费用，提高运营指标创造条件。

(6) 正确处理路线与桥位的关系

① 特大桥是路线基本走向的控制点，大桥原则上应服从路线总方向并满足桥头接线的要求，桥路综合考虑。一般情况下，桥位中线应尽可能与洪水的主流流向正交，桥梁和引道最好都在直线上。位于直线上的桥梁，如两端引道必须设置曲线时，应考虑桥梁及其引道的位置对线形设计的影响，要使桥梁与线形的配合视野开阔，视线诱导良好。当条件受限时，也可

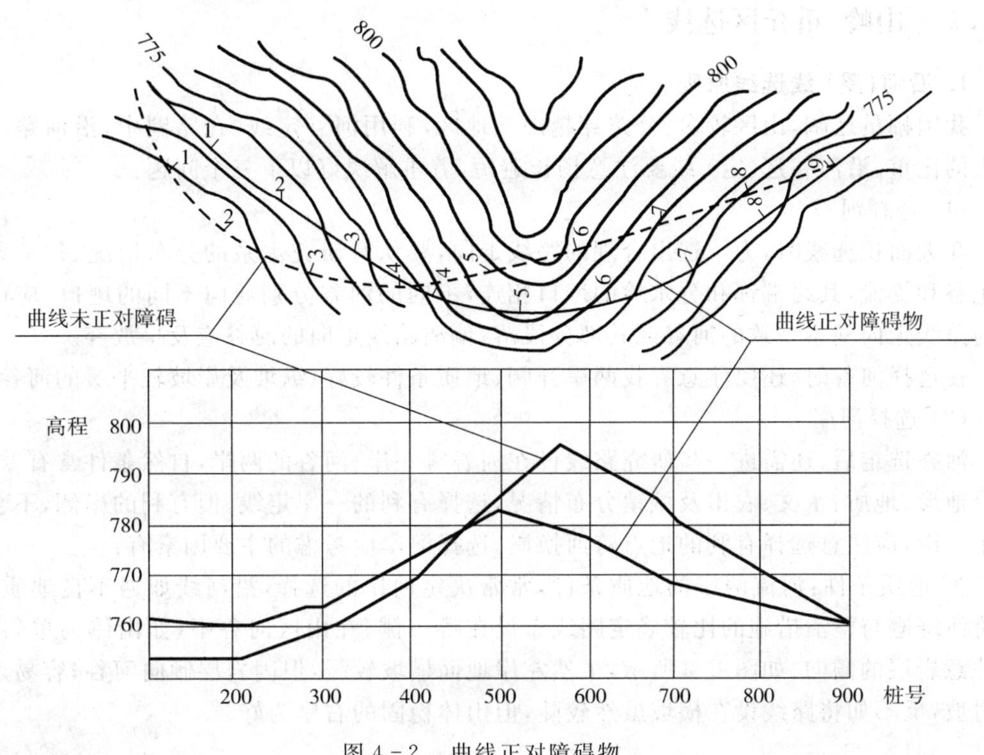

图4-2　曲线正对障碍物

设置斜桥或曲线桥。要注意防止两种偏向：一种是单纯强调桥位，造成路线过多的迂绕，或过分强调正交桥位，出现桥头急弯影响行车安全；另一种只顾线形顺直，不顾桥位，造成桥位不合适或斜交过大，增加建桥困难。如图4-3，路线跨河有三个方案：就桥梁而言，乙线较好，但路线较长；就路线而言，甲线里程最短，但桥梁多，且都为斜交；丙线则各桥都近于正交，线形也较舒顺美观。三个方案都有可取之处，若交通量大，且有超车需要，应采用甲线。

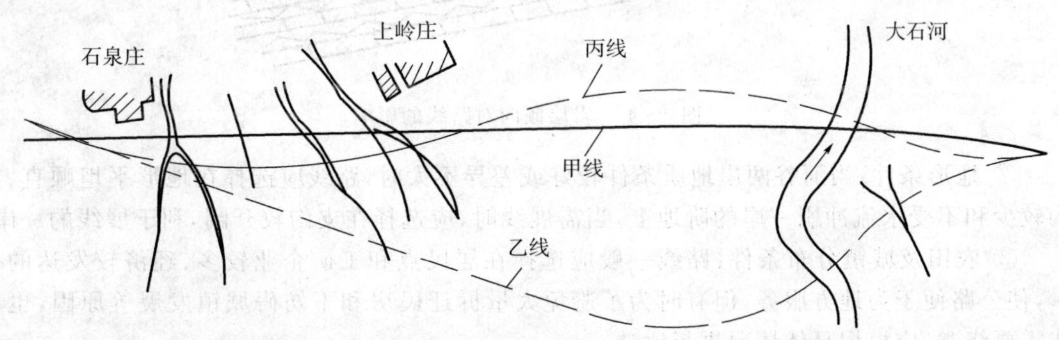

图4-3　路线与桥位的关系

② 中、小桥和涵洞位置应服从路线走向，但遇到斜交过大（一般在桥轴线与洪水流向的夹角小于45°时）或河沟过于弯曲的情况，可采取改河措施或改移路线，调整桥轴线与流向的夹角，以免过分增加施工难度或加大工程投资，选线时应全面比较确定。

4.1.2 山岭、重丘区选线

1. 沿河(溪)线选线原则

我国幅员辽阔,山区较多。公路穿越山丘地区,利用河谷定线。在路网中,沿河路线占有较大的比重。沿河谷选(定)线要注意扬长避短,着重解决好以下三个问题:

(1) 选择河谷

在大面积选线时,为了选出合理的路线走向,要认真研究水系的分布情况。每一条河流的主谷和支流,其终端都和分水岭的垭口相连,不同的河谷分别通向不同的垭口。应优先选择与路线走向基本一致的河谷或其部分段落,偏离路线走向的河谷应及早放弃。

在选择河谷时,还要注意寻找两岸开阔、地质条件较好、纵坡及岸坡较平缓的河谷。

(2) 选择河岸

河谷选定后,还需进一步研究路线设在河谷哪一岸。河谷的两岸,自然条件常有差异,应结合地形、地质、水文、农田及城镇分布情况,选择有利的一岸定线。但有利的岸侧,不会始终位于一岸,应注意选择有利的地点跨河换岸。选择河岸应考虑的主要因素有:

① 地质条件:河流两岸的地质条件,常常决定河岸的选择,沿河线如遇不良地质,应通过跨河绕避与整治措施的比较确定路线布设在哪一侧。在山区河谷中,如山体为单斜构造,应注意岩层的倾向。如图 4-4 所示,虽然左岸地面横坡较缓,但因岩层倾向河谷,容易产生顺层滑坡,反不如将路线设在横坡虽然较陡,但山体稳固的右岸为好。

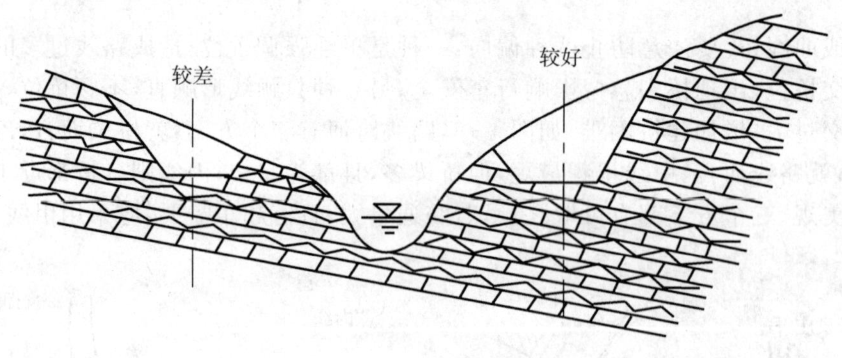

图 4-4 岩层倾向对路线的影响

② 地形条件:当河谷两岸地质条件较好或差异不大时,路线应选择在地形平坦顺直、支沟较少和不受水流冲刷一岸的阶地上。当需展线时,应选择在支沟较开阔,利于展线的一岸。

③ 农田及城镇分布条件:路线一般应选择在居民点和工矿企业较多、经济较发达的一岸,使公路便于为地方服务。但有时为了避免大量拆迁民房和不妨碍城镇发展等原因,也可能需要绕避,应根据具体情况进行比选。

河谷地带一般农业发达,农田及水利设施较多,节约用地是定线中应重点考虑的问题之一。而地形较平坦的一岸,往往良田及建筑物密集,占地的矛盾尤为突出。河岸选择,应征求地方意见,慎重取舍。河谷中遇有引灌渠道与路线平行时,若两岸地形、地质条件差不多,路线与渠道宜各走一岸,避免干扰;当必须选在同一岸时,路线位置最好设于灌溉渠道上方。

(3) 选择路线位置

沿河谷选线,在河岸选定之后,路线中线的具体位置定于何处,是靠山一些还是靠河一些,往往差异几十米甚至几米,但对公路的安全和工程大小影响很大。

选择路线合理位置,可分三种情况加以分析研究:

① 当河谷较开阔,横坡较缓且地质良好时,理想的路线位置应设在不受洪水冲刷的阶地上。

② 当河谷狭窄,横坡较陡,地质不良时,路线宜避开山坡,与外移建桥(顺河桥)的方案比选。

③ 当河谷十分弯曲时,可根据山嘴或河湾的实际情况,分别采取沿河绕行或取直方案。

线路遇到山嘴时,有两种定线方式:其一是沿山嘴绕行,这种方式线路较长,在坡度受限地段有利于争取高度,但易受不良地质危害和河流冲刷的威胁,路线安全条件差;另一是以隧道取直通过,这种方式路线短直,安全条件好,对运营有利,但工程投资较大。设计中应比选决定,当两种方案的工程量比较接近时,一般以采用取直方案为佳。

当路线遇到河湾时,有沿河绕行、建桥跨河及改移河道三种方案。沿河绕行方案,线路迂回较长,岸坡一般陡峭,水流冲刷严重,路基防护工程大,线路安全条件差;跨河建桥方案比较顺直,线路短,安全条件好,但桥梁的工程量较大;改河方案也可使路线短直,但改变了天然河槽,故仅在地形有利、能控制洪水流向、且土石方工程量不太大时考虑。方案的取舍,应通过技术经济比较确定。

2. 越岭线选线原则

当路线需要从某一水系(河谷)转入另一水系(河谷)时,必须穿越分水岭。越岭地区高程障碍大,地质复杂,工程集中,对路线的走向、主要技术标准以及工程数量和运营条件等影响极大。所以在越岭地区应进行大面积选线,认真研究、寻找合理的越岭路线方案。为定好越岭路线,应解决的主要问题为选择越岭垭口、选择越岭标高和越岭展线。

(1) 选择越岭垭口

垭口是越岭路线的控制点,选择越岭垭口,应注意以下几点:

① 选择标高较低、靠近短直方向的垭口:在大面积选线中,首先注意找出标高较低的垭口,低标高垭口克服高度小,可以缩短路线或采用较平缓的坡度,节省了投资,降低了运营费。

② 选择山体较薄的垭口:垭口山体薄,有利于缩短越岭隧道的长度或挖方数量。当垭口标高虽高而山体较薄时,设置较长的越岭隧道,可缩短路线长度或减缓设计纵坡,因而也是有比较价值的垭口。

③ 选择地质条件较好的垭口:垭口往往是地质构造的薄弱地带,当越岭线路难以避开严重不良地质地段时,则应另选地质条件较好的垭口。

④ 选择展线条件较好的垭口:垭口选择时,应充分顾及到两侧河谷的引线条件,一般要求:

a. 定线的河谷(或沟谷)开阔,纵坡平缓,河谷方向与航空线方向基本一致。

b. 展线地段的地质条件较好,不良地质易于整治或绕避。

(2) 选择越岭标高

路线过岭,主要采用路堑或隧道两种方案通过。过岭标高越低,路线就越短,但路堑或隧道就越深、越长,工程量也越大。因此过岭标高应结合路线等级,越岭地段的地形、地质以及两侧展线方案,过岭方式等因素经过技术经济比较来选定。这些因素是互相影响的,必须全面分析研究各种可能的比较方案,做出合理的选择。一般都用隧道通过,选择越岭标高,就是选择越岭隧道的标高与隧道的长度。标高愈高，隧道愈短，但两端引线愈长。就工程而言，理想的越岭标高应使引线和隧道总的建筑费最小；就运营而言，越岭标高愈低、引线愈短愈有利。实践证明，垭口两侧的地面坡度通常是上陡下缓，故选择隧道标高多以地面坡度陡缓过渡部分作为研究的基础。有时，当隧道标高过高，隧道缩短有限，而过低时则隧道急剧加长，且可能受地面洪水位控制。

越岭隧道的合理标高与长度的选择，除取决于垭口的标高、地面自然坡度、地质条件外，还与交通量、限制坡度以及隧道施工技术水平有关。

(3) 越岭展线

越岭线的高程主要是通过垭口两侧山坡上的展线来克服的。虽然山坡地形千差万别，线形多种多样，但路线的布局首先要以纵坡为指引，即平、纵、横三个面的结合要以纵断面为主。越岭线利用有利地形、地质，避让不良地形、地质，是通过合理调整坡度和设置必要的回头曲线来实现的。而回头曲线的布置，也要根据纵坡来选定，只有符合纵坡标准的路线方案，才能成立。为了能控制合理的展线长度，应从垭口往两侧即从高处往低处定线，以避免展线不足或展线过长。由于垭口两坡度上陡下缓，在上游应尽量利用支沟侧谷合理展线，使路线尽早降入主河沟的开阔台地。

在山岭、重丘区，由于地面的平均自然坡度大于采用的路线设计平均坡度，路线主要受高程控制。这时主要矛盾在于克服高程障碍，定线时应设法利用地形的变化展长路线（即展线），既可以达到预定高程，又使路线行经的地面平均自然坡度基本上与路线平均坡度相适应，以免产生不合理的填挖方和高桥、长隧道。

3. 选线要点

(1) 用足平均坡度，争取高度，不无谓地展长路线。当线路遇到巨大高程障碍（如跨越分水岭）时，若按短直方向定线，就不能达到预定的高度，或出现很长的越岭隧道或高桥。为使路线达到预定高度，就需要用足平均坡度结合地形展线。

(2) 为纵坡设计留有余地。在长距离内，持续用足平均纵坡，必然会给运营和将来的改建工程带来困难，所以还应结合地形、地质等自然条件，在坡度设计上留有余地。

(3) 展线地段若无特殊理由，一般不应采用反向坡度，以免增大克服高度的难度，引起路线不必要的展长。

(4) 一般应从困难地段向平易地段展线。因为垭口附近地形困难，展线不易，故从预定的越岭隧道洞口或深挖方起终点开始向下展线较为合适。个别情况下，当受山脚的控制点（如高桥）控制时，也可由山脚向垭口展线。

4. 展线方式

为了克服巨大高差需要迂回展线时，应根据需要展线的长度，结合地形和地质等条件，用直线和曲线组合成各种形式，如套线、回头曲线、螺旋线等来展长路线。

(1) 套线展线：当沿河谷定线时，遇到主河谷自然坡度大于平均坡度，而侧谷又比较开阔时，常常在侧谷采用套线来展线。

(2) 回头展线：在谷口狭窄的侧谷内，采用套线展线往往在谷口会引起较大的工程量，为了更好地适应谷口狭窄地形，可以采用回头展线。

(3) 螺旋展线：在地形特别困难的地段，线路可以迂回 360° 成环状，称为螺旋线。在上下两线交叉处，可以用跨线桥或隧道通过。

4.1.3　定线步骤

1. 平原、微丘区定线步骤

(1) 定导向点：在选线布局确定的控制点之间，根据平原、微丘区路线布设要点，通过分析比较，确定可穿越、应曲就和该绕避的点和活动范围，建立一些中间导向点。

(2) 试定路线导线：参照导向点，试穿出一系列直线、交汇出交点，作为初定的路线导线。

(3) 初定平曲线：读取交点坐标计算或直接量测转角和交点间距，初定圆曲线半径和缓和曲线长度，计算曲线要素。

(4) 定线：检查各技术指标是否满足《标准》的要求，以及平曲线线位是否合适，不满足时应调整交点位置或圆曲线半径或缓和曲线长度，直至满足为止。

2. 山岭、重丘区定线步骤

(1) 定导向线

① 分析地形，找出各种可能的走法。在地形图上仔细研究路线布局阶段选定的主要控制点间的地形、地质情况，选择有利地形如平缓顺直的山坡、开阔的侧沟、利于回头的地点等，拟定路线的各种可能走法。如图 4-5，图左侧地形较陡，图右侧地形较缓，A、D 为两控制点，B 为可利用的山脊平台，C 为应避让的陡崖，则 A—B—C—D 为路线的一种可能走法，须由放坡试定。

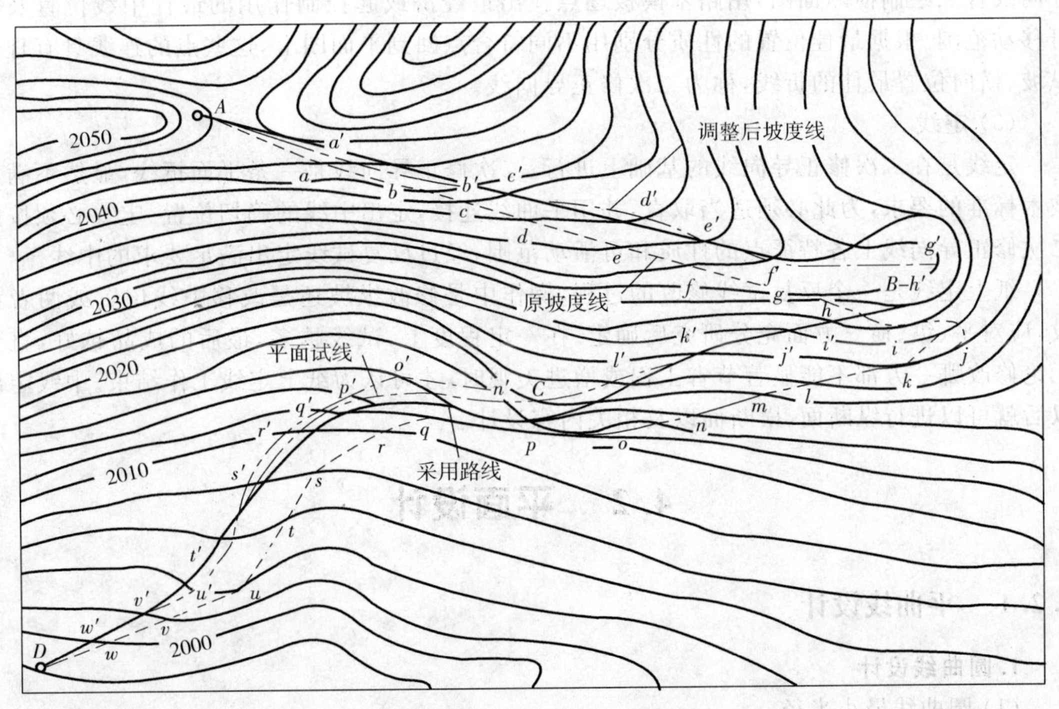

图 4-5　纸上定线平面图

② 求平距 a，定坡度线。由等高线间距 h 和选用的平均纵坡 $i_{均}$（5.0% ～ 5.5%，视地形曲折程度和高差而定），按 $a = h/i_{均}$ 计算等高线间平距 A。使两脚规的张开度等于 a（按地形

图比例尺),从某一固定点如 A 点开始,沿拟定走法依次截取每根等高线 a、b、c… 点,在 B 点附近回头(如图中 j 点)后再向 D 点截取。当最后一点的位置和标高都与 D 点接近时,说明该方案成立,否则应修改走法(如改变回头位置)或调整 $i_{均}$(在 5.0% ~ 5.5% 内),重新试坡至方案成立为止。连线 $Aab \cdots D$ 为具有平均纵坡的折线,称为坡度线,它验证了一种走法的成立,并可发现一些中间控制点为下一步工作提供依据。

③ 确定中间控制点,分段调整纵坡,定导向线。分析坡度线利用地形、避让地物或不良地质情况,找出应穿或应避的中间控制点。如图在 B 处利于回头的地点未能利用,在 C 处的陡崖未能避让,若调整 B、C 前后的纵坡,就能避开陡崖和利用有利回头地点,因此将 B、C 定为中间控制点。然后再仿照上法分段调整纵坡试定匀坡线,各段匀坡线的连线 $Aa'b' \cdots D$ 为具有分段安排纵坡的折线,称为导向线,它利用了有利地形,避开了不利障碍,示出了路线将经过的部位。

(2) 修正导向线

① 试定平面和纵断面。参照导向线定出直线和平曲线即平面试线,按地形变化特征点量出或读取桩号及地面标高,点绘纵断面图的地面线,参考地面线和前面分段安排的纵坡,设计理想纵坡,量出或读取各桩的概略设计标高。

② 定修正导向线。目的是用纵断面修正平面,避免纵向大填大挖。在平面试线各桩的横断方向上点出与概略设计标高相应的点子,这些点的连线是具有理想纵坡、中线上不填不挖的折线,称为修正导向线。当纵断面上填挖过大时,应进行修改。

③ 定二次修正导向线。目的是用横断面最佳位置修正平面,避免横向填挖过大。对修正导向线各点绘制横断面图,用路基模板逐点找出最经济或起控制作用的最佳中线位置及其可移动范围。根据最佳位置的性质分别用不同符合点回到平面图上,这些点的连线具有理想纵坡、横向位置最佳的折线,称为二次修正导向线。

(3) 定线

定线是在二次修正导向线的基础上进行。二次修正导向线是一条平面折线,显然不满足技术标准的要求,为此必须适当取直,并用平曲线连接,定出中线的确切位置。定线必须按照二次修正导向线上各特征点的性质和可活动范围,经过反复试线定出满足要求的中线。

纸上定线是一个反复试线修改的过程,操作中是修改纵坡还是改移中线位置或两者都改,应对平、纵、横三方面充分研究后确定。在一定程度上,试线越多,最后的成品越好,直到无论修改哪一方都不能显著节省工程或增进美观时,才可认为纸上定线工作结束。中线定出以后就可以进行纵断面、横断面以及相关内容设计。

4.2 平面设计

4.2.1 平曲线设计

1. 圆曲线设计

(1) 圆曲线最小半径

圆曲线的半径包括极限最小半径、一般最小半径和不设超高的最小半径(表 4-1)。

表 4-1　各级公路最小平曲线半径

设计速度(km/h)		120	100	80	60	40	30	20
一般值(m)		1000	700	400	200	100	65	30
极限值(m)		650	400	250	125	60	30	15
不设超高最小半径(m)	路拱 ≤ 2.0%	5500	4000	2500	1500	600	350	150
	路拱 > 2.0%	7500	5250	3350	1900	800	450	200

(2) 圆曲线最大半径

圆曲线的最大半径不宜超过 10000m。

(3) 圆曲线半径的确定

确定圆曲线半径时，应注意以下几点：① 在条件许可时，争取选用不设超高的圆曲线半径；② 在一般情况下，宜采用极限最小半径的 4 ~ 8 倍或超高横坡度为 2% ~ 4% 的圆曲线半径；③ 当地形条件受到限制时，曲线半径应尽量大于或接近于一般最小半径；④ 在自然条件困难或受其他条件严格限制而不得已时，方可采用圆曲线的极限最小半径。

2. 缓和曲线设计

(1) 缓和曲线的最小长度

为了车辆在缓和曲线上平稳地完成曲率的过渡与变化，保证线形顺适美观，同时为在圆曲线上设置的超高和加宽提供过渡段，应规定缓和曲线的最小长度。该值的大小需要考虑以下因素：

① 离心加速度的变化率。选定能保证舒适的离心加速度变化率 α_s（缓和系数），公路上一般规定 $\alpha_s \leqslant 0.6(\mathrm{m/s^3})$，从而缓和曲线的最小长度为：

$$L_s(\min) = 0.036\frac{v^3}{R} \tag{4-1}$$

② 超高渐变率适中。选取适中的超高渐变率，由此可计算出缓和段最小长度为：

$$L_s(\min) = \frac{B\Delta i}{p} \tag{4-2}$$

式中：B—— 旋转轴至行车道(设路缘带时为路缘带)外侧边缘的宽度(m)；

Δi—— 超高坡度与路拱坡度代数差(%)；

p—— 超高渐变率，即旋转轴线与行车道外侧边缘线之间的相对坡度。

③ 行驶时间不过短。一般认为汽车在缓和曲线上行驶时间至少应有 3s，于是有：

$$L_s(\min) = \frac{v}{1.2} \tag{4-3}$$

④ 视觉条件。根据国外经验，当使用回旋线作为缓和曲线时，回旋线参数 A 和所连接的圆曲线应保持的关系式一般为：

$$R/3 \leqslant A \leqslant R \tag{4-4}$$

需要说明的是这种关系只适用 R 在某种范围之间。根据经验，当 R 在 100m 左右时，通常取 $A = R$；如果 A 小于 100m，则选择 A 等于 R 或大于 R。反之，在圆曲线较大时，可选择 A 在

$R/3$ 左右，如 R 超过了 3000m，A 可以小于 $R/3$。

考虑了上面各项因素的影响，取满足上述各项要求的最大值（取 5 的整数倍）就得到了缓和曲线的最小长度 $L_{\min}$。但值得注意的是，该值只是满足各项要求的最小值，在设计中应综合考虑缓和曲线与相邻平面线形的协调性、与对应的纵面线形的组合关系以及与地形、地物等自然环境相适应，确定一个更为合理的缓和曲线长度作为设计值，而不应在一条路线上大量采用、甚至是全线采用 $L_{\min}$ 作为设计结果。

（2）缓和曲线的选用

① 直线同半径小于不设超高最小半径的圆曲线径相连接处，应设置缓和曲线。四级公路可将直线与圆曲线径相连接，用超高、加宽缓和段代替缓和曲线。

② 半径不同的同向圆曲线径相连接，应设置缓和曲线，但符合下述条件时可不设缓和曲线：

a. 小圆半径大于表 4－1 所列不设超高的最小半径时。

b. 小圆半径大于表 4－2 中所列半径，且符合下列条件之一时：

Ⅰ. 小圆半径按规定设置相当于最小缓和曲线长的回旋线时，其大圆与小圆的内移值之差不超过 0.10m；

Ⅱ. 设计速度 ≥ 80km/h 时，大圆半径（R_1）与小圆半径（R_2）之比小于 1.5；

Ⅲ. 设计速度 < 80km/h 时，大圆半径（R_1）与小圆半径（R_2）之比小于 2。

表 4－2 复曲线中的小圆临界曲线半径

设计速度（km/h）	120	100	80	60	40	30
临界圆曲线半径（m）	2100	1500	900	500	250	130

③ 各级公路的缓和曲线应大于或等于表 4－3 中所列之值。

表 4－3 回旋线最小长度

设计速度（km/h）	120	100	80	60	40	30	20
回旋线最小长度（m）	100	85	70	50	35	25	20

④ 回旋线长度应随圆曲线半径的增大而增长。当圆曲线部分按规定需要设置超高时，缓和曲线长度还应大于超高过渡段长度。

3. 直线设计

为了更好地与环境相协调、节约耕地和工程造价以及保证必要的视距条件，通常情况下平面线形适宜采用直线的地段有：(1) 不受地形、地物限制的平坦地区或山间的开阔谷地；(2) 市镇及其近郊或规划方正的农耕区等以直线条为主体的地区；(3) 长大桥梁、隧道等构造物路段；(4) 路线交叉点前后；(5) 双车道公路提供超车的路段。

在平面线形设计中，当采用了长直线时，应结合沿线的具体情况采取相应的技术措施，以弥补景观单调的缺陷，并需要注意以下事项：(1) 在长直线上纵坡不宜过大，因长直线再加下陡坡行驶更易导致高速度；(2) 长直线尽头的平曲线半径应尽量大一些，以保证线形的连续性，除了保证曲线超高、视距等符合相应的规定外，还必须采取设置标志、增加路面抗滑能力等必要的安全措施；(3) 为了缓和长直线带来的呆板，长直线宜与大半径凹形竖曲线组合为宜；(4) 道路两侧地形过于空旷时，宜采取不同的植被条件或设置建筑物雕塑、广告牌等各种措施，以改善单调的景观。

尽量避免长大直线，直线的最大长度宜 20V 为参考，但应充分考虑周围景观、地形、地物的适应性。直线的长度也不宜过短，关于直线最小长度的规定是：(1) 同向曲线间的最短直线长度以不小于 6V 为宜，对于设计速度 V ≤ 40km/h 时，可参照上述规定执行。(2) 反向曲线间最小直线长度以不小于 2V 为宜。(3) 回头曲线间的直线(或过渡性曲线) 长度应满足表 4－4 的要求。

表 4－4　回头曲线间最小直线长度

设计速度(km/h) \ 直线长度(过渡性曲线)	(m)
40	200
30	150
20	100

4. 平曲线长度

平曲线太短，汽车在曲线上行驶时间过短会使驾驶操纵来不及调整，平曲线(包括圆曲线及其两端的缓和曲线) 最小长度见表 4－5。

表 4－5　平曲线最小长度

设计速度(km/h)		120	100	80	60	40	30	20
平曲线最小长度(m)	一般值	600	500	400	300	200	150	100
	最小值	200	170	140	100	70	50	40

[注]　“一般值”为正常情况下采用的值，“极限值”为条件受限制时可采用的值。

5. 平面线形要素组合类型及设计

(1) 基本型：按直线－回旋线－圆曲线－回旋线－直线的顺序组合，如图 4－6。基本型中的回旋线参数、圆曲线最小长度都应符合有关规定：① 两回旋线参数可以相等，也可以根据地形条件设计成不相等的非对称型曲线。② 从线型的协调性看，宜将回旋线、圆曲线、回旋线之长度以大致接近为宜。

(2)S 型：两个反向圆曲线用回旋线连接的组合，如图 4－7。

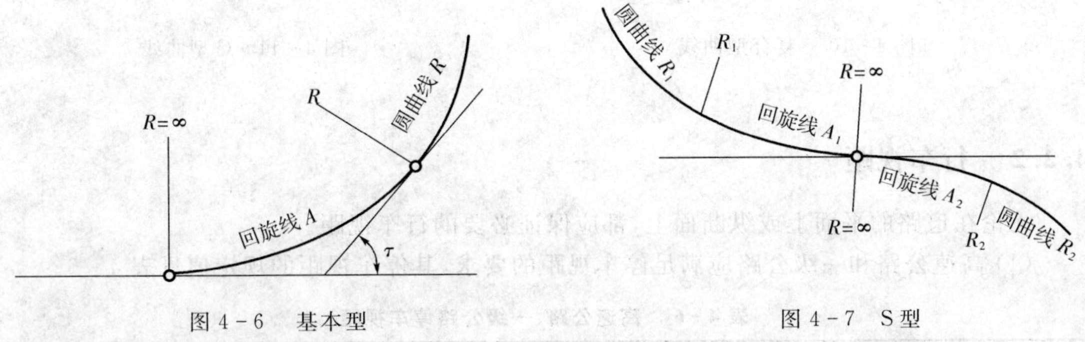

图 4－6　基本型　　　图 4－7　S 型

① S 型相邻两个回旋线参数 A_1 与 A_2 宜相等。达不到时，A_1 与 A_2 之比应小于 2.0，有条件时宜小于 1.5。

② S 型两圆曲线半径之比不宜过大：以 $R_1/R_2 \leqslant 2$ 为宜。

(3) 卵型:用一个回旋线连接两个同向曲线的组合,如图 4-8。

① $A=R_2/2\sim R_2$,R_2 为小圆半径。 ② $R_2/R_1=0.2\sim0.8$ 为宜。 ③ $D/R_2=0.003\sim0.03$(D 为两圆曲线间的最小间距)。

(4) 凸型:在两个同向回旋线间不插入圆曲线而径向相衔接的组合,如图 4-9。

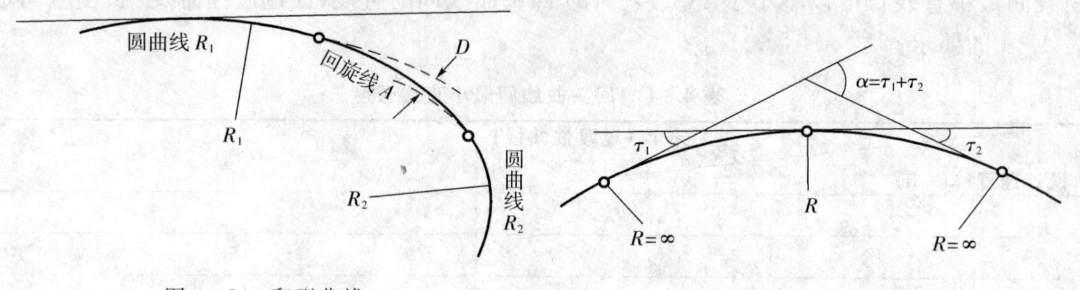

图 4-8 卵型曲线　　图 4-9 凸型曲线

凸型的回旋线的参数及其连接点的曲率半径,应分别符合容许最小回旋线参数和圆曲线最小半径的规定。① 最好不采用凸型。② 连接点附近 0.3V 长度范围内,应保持以对接点的曲率半径确定的路拱横坡度。③ 连接点处回旋线参数大于或等于容许最小回旋线参数。

(5) 复合型:两个以上同向回旋线间在曲率相等处相互连接的形式,如图 4-10。

① 复合型的两个回旋线参数之比以小于 1.5 为宜。② 除了受地形和其它特殊限制的地方外一般很少使用,多出现在互通式立体交叉的匝道线形设计中。

(6)C 型:同向曲线的两回旋线在曲率为零处径相衔接的形式,如图 4-11。它相当于两基本型的同向曲线中间直线长度为 0,对行车和线形都带来一些不利影响,所以 C 型曲线只有在特殊地形条件方可采用。

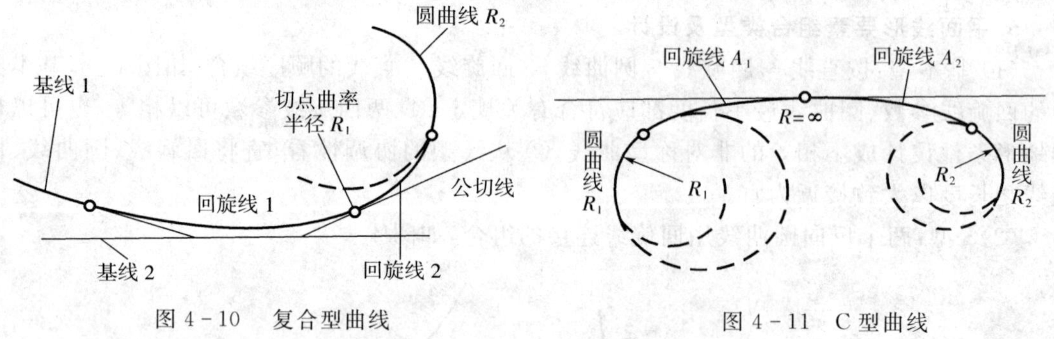

图 4-10 复合型曲线　　图 4-11 C 型曲线

4.2.2 行车视距

无论在道路的平面上或纵断面上,都应保证必要的行车视距。

(1) 高速公路和一级公路应满足停车视距的要求,其停车视距的规定值见表 4-6。

表 4-6 高速公路、一级公路停车视距

设计速度(km/h)	120	100	80	60
停车视距(m)	210	160	110	75

（2）二、三、四级公路，一般应满足会车视距的要求，其长度不应小于停车视距的两倍。在工程特别困难或受其它条件限制的地段，可以采用停车视距，但必须采取分道行驶的措施。二、三、四级公路的停车视距值和会车视距值的规定见表 4－7。

表 4－7　二、三、四级公路停车视距、会车视距与超车视距

设计速度(km/h)		80	60	40	30	20
停车视距(m)		110	75	40	30	20
会车视距(m)		220	150	80	60	40
超车视距(m)	一般值	550	350	200	150	100
	最小值	350	250	150	100	70

（3）具干线功能的二级公路交通量较大时，应根据需要，结合地形，间隔设置一定的具有超车视距的路段。一般情况下超车路段的总长度不应少于路线总长度的 30％，地形特殊较为困难时，也不应少于 10％，并应在全线范围内均匀分布，至少在 3min 的行驶时间里，提供一次超车路段。三、四级公路采取划分允许超车路段和禁止超车路段的方式。

（4）高速公路、一级公路以及大型车比例高的二、三级公路，应采用货车停车视距对相关路段进行检验。

（5）积雪冰冻地区的停车视距宜适当增长。

4.2.3　平面设计应提交的成果

完成路线平面设计以后应及时绘制各种图纸和表格，其中主要的图纸有路线平面设计图、道路平面布置图、纸上移线图等；主要表格有直线、曲线及转角表、逐桩坐标表、路线固定表、总里程及断链桩号表。

1. 直线、曲线及转角表

本表全面地反映了路线的平面位置和路线平面线形的各项指标，它是道路设计的主要成果之一。只有在完成“直线、曲线及转角表”以后，才能据此计算“逐桩坐标表”和绘制“路线平面设计图”，同时在进行路线的纵断面设计、横断面设计和其他构造物设计时都要使用本表的数据。

直线、曲线及转角表要求列出交点号、交点桩号、交点坐标、偏角、曲线各要素数值、曲线控制桩号、直线长、计算方位角或方向角、断链等。

2. 逐桩坐标表

高等级公路的线形指标高，表现在平面上是圆曲线半径较大，缓和曲线较长，在测设放样时须采用坐标法，方能保证其测量精度，所以计算一份“逐桩坐标表”是十分必要的。

逐桩坐标表要求列出各桩桩号，纵、横坐标以及方向角。

3. 总里程及断链桩号表

要求列出总里程，测量桩号、断链桩号、断链（增长、缩短）、断链累计（长链、断链）、换算连续里程等。

4. 路线平面图

路线平面图是道路设计文件的重要组成部分。该图全面、清晰地反映了道路平面位置和经过地区的地形、地物等，它是设计人员设计意图的重要体现。

（1）平面图的比例尺和测绘范围

路线平面图的比例尺若为供工程可行性研究、初步设计阶段的方案研究与比选，可采用1∶50000或1∶10000的比例尺测绘（或向国家测绘部门和其他工程单位搜集）。但作为初步设计、施工图设计的设计文件组成部分应采用更大的比例尺，一般常用的是1∶2000，在平原微丘可用1∶5000；在地形特别复杂地段的路线初步设计、施工图设计可用1∶500或1∶1000；若为纸上移线，则比例尺应更大一些。

路线带状地形图的测绘宽度，一般为中线两侧各100～200m。对1∶5000的地形图，测绘宽度每侧不应小于250m。若有比较线，应将比较线包括进去。

（2）路线平面图的内容及绘制方法

① 导线及道路中线的绘制。在展绘导线或中线以前，需按图幅的合理布局，绘出坐标方格网。坐标格网尺寸采用5cm或10cm，要求图廓网格的对角线长度和导线点间长度误差均不大于0.5mm。然后按导线点（或交点，下同）坐标、精确点绘在相应位置上，再按"逐桩坐标表"所提供的数据，展绘曲线，并注明各曲线主要特征点以及公里桩、百米桩、断链桩位置。对导线点、交点逐个编号，注明路线在本张图中的起点和终点里程等。列出平曲线要素表。

路线一律按前进方向从左至右画，在每张图的拼接处画出接图线。在图的右上角注明共×张，第×张。在图纸的空白处注明曲线元素及主要点里程。

② 控制点的展绘。各种比例尺的地形图均应展绘和测出各等级三角点、导线点、图根点、水准点等，并按规定的符号标识。

③ 各类建筑物、构筑物及其主要附属设施应按《工程测量规范》的规定测绘和表示。各种线状地物，如管线，高、低压电线等应实测其支架和电杆位置；对穿越路线的高压线应实测其悬垂线距地面的高度并注明伏安；地下管线应详细测定其位置；道路及其附属物应按实际形状测绘；公路交叉口应注明每条公路的走向；铁路应注明轨面高程；公路应注记路面类型；涵洞应注明涵低标高。高速公路、一级公路还应标出坐标网格，互通式立交平面布置形式，跨线桥（包括分离式立体交叉）位置及交叉方式，复杂平面交叉位置及形式。县以上境界，标出指北图式。

④ 地形、地貌、植被、不良地质地带等的测绘。均应详细测绘并用等高线和国家测绘局制定的"地形图图式"符号及数字注明。

4.3 纵断面设计

4.3.1 纵断面设计的有关规定和要求

1.纵断面的有关规定和要求

（1）最大纵坡

各级公路容许最大纵坡是根据汽车的动力特性、道路等级、自然条件、工程、运营等因素，通过综合分析全面考虑，合理确定的。我国《标准》3.0.16条规定的最大纵坡见表4-8。

表 4-8　最大纵坡

设计速度(km/h)	120	100	80	60	40	30	20
最大纵坡(%)	3	4	5	6	7	8	9

设计速度为 120km/h、100km/h、80km/h 的高速公路受地形条件或其他特殊情况限制时，经技术经济论证合理，最大纵坡可增加 1%。设计速度为 40km/h、30km/h、20km/h 的改建公路，经技术经济论证，最大纵坡可增加 1%。

(2) 高原纵坡折减

在高海拔地区，因空气密度下降而使汽车发运机的功率减小，汽车的驱动力以及空气阻力降低，导致汽车的爬坡能力下降，因此，对位于海拔 3000m 以上的高原地区，设计速度 ≤ 80km/h，最大纵坡值应按表 4-9 的规定予以折减。最大纵坡折减后若小于 4%，则仍采用 4%。

表 4-9　高原纵坡折减值

海拔高度(m)	3000 ~ 4000	4000 ~ 5000	5000 以上
折减值(%)	1	2	3

(3) 最小纵坡

公路的纵坡不宜小于 0.3%。在长路堑以及其他横向排水不通畅地段，采用平坡或小于 0.3% 的纵坡时，其边沟应作纵向排水设计。

(4) 平均纵坡

二、三、四级公路越岭路线的平均纵坡，一般以接近 5.5%(相对高差为 200m ~ 500m) 和 5%(相对高差大于 500m) 为宜，并注意任何相连 3km 路段的平均纵坡不宜大于 5.5%。

(5) 桥上及桥头接线纵坡、隧道及其洞口两端路线纵坡、位于市镇附近道路纵坡可参照现形规范执行。

2. 坡长的有关规定和要求

(1) 最短坡长限制

当设计速度 ≥ 60km/h 最短坡长以不小于设计速度 9s 的行程为宜；公路最短坡长应按表 4-10 选用。在平面交叉口、立体交叉的匝道，最短坡长可不受此限制。

表 4-10　最小坡长

设计速度(km/h)	120	100	80	60	40	30	20
最小坡长(m)	300	250	200	150	120	100	60

(2) 最大坡长限制

公路纵坡的大小及其坡长对汽车正常行驶影响很大。纵坡越陡，坡长越长，对行车影响也就越大。为保证行驶质量和行车安全，对陡坡的最大坡长规定如表 4-11。

表 4-11　公路纵坡坡长限制

设计速度(km/h)		120	100	80	60	40	30	20
纵坡坡度(%)	3	900	1000	1100	1200			
	4	700	800	900	1000	1100	1100	1200
	5		600	700	800	900	900	1000
	6			500	600	700	700	800
	7					500	500	600
	8					300	300	400
	9						200	300
	10							200

(3) 缓和坡段

当连续纵坡大于坡长限制值时,应设置缓和坡段,用以恢复在陡坡上降低的速度和保证安全。缓和坡段的纵坡坡度不大于3%,其长度应不小于该级公路相应的最短坡长。缓和坡段的具体位置应结合纵向地形起伏情况,尽量减少填挖工程数量,同时应考虑路线的平面线形要素。在一般情况下,缓和坡段宜设置在平面的直线或较大半径的平曲线上,以充分发挥缓和坡段的作用,提高整条公路的使用质量。在必须设置缓和坡段而地形又困难地段,可以将缓和坡段设于半径比较小的平曲线上(如越岭线中,缓和坡段与回头曲线的组合),但应适当增加缓和坡段的长度,以使缓和坡段端部的竖曲线位于该小半径平曲线之外。

3. 合成坡度

合成坡度是指路面上的纵向坡度与横向坡度组合而成的坡度,其方向即流水线方向。将合成坡度控制在一定范围内,目的是控制急弯和陡坡的组合,防止车辆在弯道上行驶由于合成坡度过大而引起危险。表 4-12 为各级公路最大允许合成坡度规定值。

表 4-12　合成坡度值

公路等级	高速公路			一级公路			二级公路		三级公路		四级公路
设计速度(km/h)	120	100	80	100	80	60	80	60	40	30	20
合成坡度值(%)	10.0	10.0	10.5	10.0	10.5	10.5	9.0	9.5	10.0	10.0	10.0

4.3.2　竖曲线设计

1. 竖曲线半径的选用

各级公路在纵坡变更处均应设置竖曲线,竖曲线的半径应大于我国《标准》3.0.18 条规定的竖曲线的最小半径和最小长度,如表 4-13 所示。

表 4-13　公路竖曲线最小半径和最小长度

设计速度(km/h)		120	100	80	60	40	30	20
凸形竖曲线最小半径(m)	一般值	17000	10000	4500	2000	700	400	200
	极限值	11000	6500	3000	1400	450	250	100
凹形竖曲线最小半径(m)	一般值	6000	4500	3000	1500	700	400	200
	极限值	4000	3000	2000	1000	450	250	100
竖曲线长度(m)	一般值	250	210	170	120	90	60	50
	极限值	100	85	70	50	35	25	20

[注]　“一般值”为正常情况下采用值；“极限值”和“最小值”为条件受限制时可采用的值。

表中极限最小半径是为了缓和冲击和保证视距所需的最小半径的计算值，该值在受地形等特殊情况约束时方可采用。为了安全和舒适，应采用极限最小半径的 1.5 ～ 2.0 倍的数值，即表中规定的一般最小半径值。

当坡差很小时，由计算得来的竖曲线往往很短，这样的竖曲线在视觉上不好，会给驾驶员一个很急促的折曲感觉，为了避免这种情况出来，坡差小时应尽量采用大的竖曲线半径。竖曲线的长度应大于表 4-13 中规定的最小竖曲线长度。

当竖曲线上有比较严格的控制标高限制时，其竖曲线半径应根据控制标高计算得到，且计算值应大于表 4-13 的规定值。当竖曲线的起终点位置受到诸如平纵配合中平曲线的位置、大中桥位等因素影响时，其竖曲线半径可根据限制的曲线或切线长来确定。

2. 竖曲线要素的计算

竖曲线的形式为二次抛物线，其要素主要包括竖曲线长度 L、切线长度 T 和外距 E。由于在纵断面上只计水平距离和竖直高度，斜线不计角度而计坡度，因此，竖曲线的切线长与曲线长是其在水平面上的投影，切线支距是竖直的高程差，相邻两坡度线的交角用坡度差来表示。

如图 4-12 所示，设变坡点相邻两纵坡坡度分别为 i_1 和 i_2，它们的代数差用 ω 表示，即 $\omega = i_2 - i_1$。当 ω 为“+”时，表示凹形竖曲线；当 ω 为“−”时，表示凸形竖曲线。

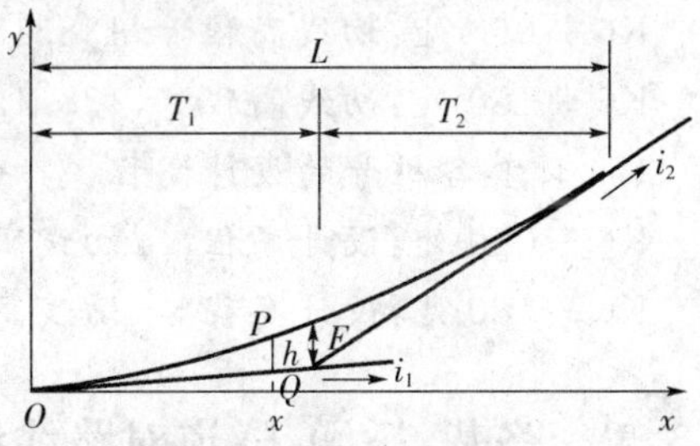

图 4-12　竖曲线图

竖曲线诸要素的计算公式为：

竖曲线的长度 L 或竖曲线曲线半径 R：

$$L = R\omega \quad 或 \quad R = \frac{L}{\omega} \tag{4-5}$$

竖曲线切线长 T：

$$T = \frac{L}{2} = \frac{R\omega}{2} \tag{4-6}$$

竖曲线外距 E：

$$E = \frac{T^2}{2R} = \frac{T\omega}{4} = \frac{L\omega}{8} \tag{4-7}$$

竖曲线上任一点竖距 h：

$$h = \frac{x^2}{2R} \tag{4-8}$$

式中：x—— 竖曲线上任一点至竖曲线起点的距离(m)。

对于凸形竖曲线，设计高程 = 切线高程 $-h$

对于凹形竖曲线，设计高程 = 切线高程 $+h$

【例 4-1】 某二级公路，变坡点桩号为 K6+100，高程为 138.15m，$i_1=4\%$，$i_2=-5\%$，竖曲线曲率半径 $R=3000$m。试计算竖曲线诸要素以及桩号为 K6+060 和 K6+180 处的设计高程。

(1) 计算竖曲线要素

$\omega=i_2-i_1=-0.05-0.04=-0.09$，为凸形。

曲线长：$T=R\omega=3000\times0.09=270$m

切线长：$T=\dfrac{L}{2}=\dfrac{270}{2}=135$m

外距：$E=\dfrac{T^2}{2R}=\dfrac{135^2}{2\times3000}=3.04$m

(2) 计算竖曲线起终点桩号

竖曲线起点桩号 =（K6+100）－135 = K5+965

竖曲线起点高程 = 138.15－135×0.04 = 132.75m

竖曲线终点桩号 =（K6+100）+135 = K6+235

竖曲线终点工程 = 138.15－135×0.05 = 131.40m

(3) 计算各桩号的 x、y 值

桩号 K6+060 处：

横距：$x_1=(K6+060)-(K5+965)=95$　竖距：$y_1=\dfrac{x_1^2}{2R}=\dfrac{95^2}{2\times3000}=1.50$m

桩号 K6+180 处：

横距：$x_2=(K6+235)-(K6+180)=55$　竖距：$y_2=\dfrac{x_2^2}{2R}=\dfrac{55^2}{2\times3000}=0.50$m

(4) 计算各桩号的切线高程

K6+060 处：切线高程 = 138.15+(135－95)×0.04 = 136.55m

K6+180 处：切线高程 = 138.15－(135－55)×0.05 = 134.15m

(5) 计算各桩号的设计高程

K6+060 处：设计高程 = 切线高程 $-y$ = (136.55－1.50) = 135.05m

K6+180 处：设计高程 = 切线高程 $-y$ = (134.15－0.50) = 133.65m

4.3.3　路基、桥涵、隧道对路线纵断面的要求

1. 路基对纵断面的要求

(1) 路基设计标高的规定

纵断面上的设计标高，即路基设计标高规定如下：① 新建公路的路基设计标高：高速公路和一级公路采用中央分隔带的外侧边缘标高；二、三、四级公路采用路基边缘标高。在设置超高、加宽地段为设超高、加宽前的路基边缘标高。② 改建公路的路基设计标高：一般按新建公路的规定办理，也可视具体情况而采用中央分隔带中线或行车道中线标高。

(2) 洪水和地下水水位对路基填土高度的要求

① 沿河及受水浸淹的路段，按设计标高推算的最低侧路基边缘标高应高出表 4-14 所

规定洪水频率计算水位加壅水高、波浪侵袭高和0.5m以上的安全高度。

表4-14　路基设计洪水频率

公路等级	高速公路	一	二	三	四
设计洪水频率	1/100	1/100	1/50	1/25	按具体情况确定

沿水库上游岸边的路段，路基设计标高应考虑水库水位升高后地下水位壅升，以及水库淤积后壅水曲线抬高及浪高的影响，在寒冷地区还应考虑冰塞壅水对水位增高的影响。

大、中桥桥头引道（在洪水泛滥范围内）的路基设计标高，按设计标高推算的最低侧路基边缘标高应高于该桥设计洪水位（并包括壅水和浪高）至少0.5m，小桥涵附近的路基设计标高按设计标高推算的最低侧路基边缘标高应高于桥（涵）前壅水水位至少0.5m（不计浪高）。

② 为了保证路基的强度和稳定性不受地下水及地表积水的影响，要求路基保持干燥或中湿状态，路槽底距地下水或地表积水的距离要大于或等于干燥、中湿状态所对应的路基临界高度，如果满足干燥或中湿的路基填土临界高度有困难，亦可采取降低水位、设置毛细水隔断层等措施。

(3) 特殊条件下路基对路线纵断面的要求

① 软土和泥沼地区路基：在软土地区修筑路基，应尽量避免路堑。软土地区的地下水位一般较高，因此路堤高度不宜小于1.2m，但也不宜大于临界高（软土天然地基所能承受的最大填土高度，可根据工地填筑试验确定，或根据填土的物理力学性质进行估算，概略数值为：海岸淤积地区3.5～4.5m，内陆湖沼和河滩淤积地区4～6m，若考虑荷载影响，则应另见有关规定）。泥沼地区应尽量避免修筑路堑。路堤高度不宜小于1.5m，要考虑泥沼的地下水位和地表积水水位，使路基基底不受毛细水的影响。同时，使路堤具有一定的高度，以便利用路堤的自重将泥沼土压缩到稳定，以减少路堤基底挖除泥沼土的数量，减少运营期中路基的沉降量。当填料来源不困难时，路堤高度最好能达到3m，在填料来源有困难时，亦要高出沼面1m。

② 多年冻土地区路基：应尽量避免或缩短不填不挖、半填半挖或低填浅挖地段，以保证地表覆盖层。当用细颗粒土填筑路堤时，路堤高度宜大于1m。穿过热融湖（塘）时，路肩高程点应高于最高水位再加波浪侵袭高度和路堤修筑后的壅水高度以及安全高度0.5m。路基基底为非冻胀性土，融化后不致造成下沉病害，可按一般路基考虑。冰丘、冰椎地段路基，宜在下方以路堤通过，高度不宜小于2m，且应大于最大积冰高度，以防冰椎掩埋路堤。

③ 盐渍土地区路基：盐渍土地段一般宜修筑路堤。盐渍土路基高出地下水位的最小高度应根据盐渍土类型、公路等级、路面要求，结合毛细水强度上升高度、冻胀深度和安全高度三个因素确定。

④ 风沙地区路基：风沙地区路基宜以低路堤为主，填土高度应根据路堤的风向、风速变化等情况确定，一般不应小于0.3m，以1.0m左右为宜。沙丘起伏地带，路堤高度宜比路基两侧50m范围内沙丘平 均高度高出0.3～0.5m。如采取了固沙带措施，则采用路堤或路堑均可，但应尽量避免深长路堑。戈壁地区不宜采用浅路堑，如不得已采用浅路堑时，则需采用展开式路堑。

⑤ 雪害地区路基：易受雪埋的地段应尽量避免或缩短浅路堑、低路堤和长路堑。路堤最

小高度应比当地最大积雪深度高出 0.3 ～ 0.5m，在风吹雪地段应高出 0.5 ～ 1.0m。风雪流路段的路线纵坡在迎 风路段不应大于 7%，弯道设超高路段合成纵坡不得大于 8%，背风路段不应大于 5%。

2. 桥涵和通道对路线纵断面的要求

(1) 桥涵和通道要求的最低路基设计高程：桥涵要求的最低路基设计高程由水文条件、桥下所需净空高度和桥涵构造条件决定。跨线桥和通道要求的最低路基设计高程由净空高度和跨线构筑物（或通道）的构造条件决定。具体的规定和有关数据可查相关书籍。

(2) 桥上及桥头路线的纵坡：① 小桥与涵洞处的纵坡应按路线规定进行设计；② 大、中桥上的纵坡不宜大于 4%，紧接大、中桥桥头两端的引道纵坡应与桥上纵坡相同，其长度不宜小于 3s 行程；③ 位于市镇附近非汽车交通较多的地段，桥上及桥头引道纵坡不得大于 3%。

3. 隧道对路线纵断面的要求

(1) 隧道部分路线的纵坡：① 隧道内纵坡不应大于 3%，并不小于 0.3%，独立明洞和短于 50m 的隧道其纵坡不受此限；② 隧道内的纵坡可设置成单向坡，地下水发育的隧道及特长和长隧道可用人字坡；③ 紧接隧道洞口的路线纵坡应与隧道内纵坡相同，其长度不宜小于 3s 行程。

(2) 隧道内的路线纵断面设计应注意的问题：① 在需设置机械通风的隧道内，坡度宜放缓一些，以提高汽车行驶速度，有利运营通风；② 有条件时宜将隧道内纵坡的上坡方向与常年风向一致，以利通风；③ 纵坡受限路段，连续上坡的长隧道，宜将纵坡设计成先缓后陡的折线纵坡，以提高车辆过洞速度，加大隧道内通行能力，改善隧道内通风。

4.3.4 平纵面组合设计

对于不同设计速度的公路，平面与纵面的组合设计指导原则有所不同。当设计速度大于或等于 60km/h 时，必须注重平、纵的合理组合；而当设计速度小于或等于 40km/h 时，首先应在保征行驶安全的前提下，正确地运用线形要素规定值（最大、最小值），在条件允许情况下力求做到各种线性要素的合理组合，并尽量避免和减少不利组合。

平面线形与纵断面线形的组合，不仅要满足汽车的动力特性要求，而且应充分考虑驾驶员在视觉、心理上的要求。一般可按下述几点作为设计的指导：

1. 保证立体线形在视觉上的连续性

平曲线与竖曲线要一一对应，且平曲线比竖曲线更长，即所谓的"平"包"纵"，这种组合能较好地保持视觉上的连续性。竖曲线的起终点最好分别放在平曲线的两个缓和曲线内，其中任一点都不要在缓和曲线以外的直线上，也不要放在圆弧段之内。若平、竖曲线半径都很大且坡度较小时，则平、竖位置可不受上述限制；若做不到平、竖曲线较好的组合，宁可把二者拉开相当距离，使平曲线位于直坡段或竖曲线位于直线上。

若平曲线与竖曲线错开，要避免使凸形竖曲线的顶部或凹形竖曲线的底部与反向平曲线的拐点重合；设计速度 ≥ 40km/h 的道路，应避免在凸形竖曲线顶部或凹形竖曲线底部插入小半径的平曲线。

平面的长直线与纵面的直坡线配合时，直线上一次变坡是很好的平、纵组合，从美学观点讲以包括一个凸形竖曲线为好，而包括一个凹形竖曲线次之。直线中短距离内二次以上变坡会形成反复凸凹的"驼峰"和"凹陷"，看上去线形既不美观也不连贯，使驾驶员的视线中断。只要路线有起有伏，就不要采用长直线，最好使平面路线随纵坡的变化略加转折，并把平、竖曲线合理地组合。当半径较小的凹形竖曲线设在长直线上且坡差较大时，线形不仅会有凹陷的感觉，而且驾驶员会产生前方纵坡比实际大的错觉，其错觉的程度随坡差变大、竖曲线半径减小而加剧。当驾驶员在坡顶时，错觉是最大的，随着向凹形竖曲线底部行进，错觉会逐渐减轻。

要避免在一个平曲线或一段长直线内包含几个竖曲线，特别是小半径竖曲线。这种线形在驾驶员的眼中，前方道路会失去连续性。当然，我国平原微丘区的高速公路设计，因地形平坦，平曲线半径一般较大，但由于沿线通道多，为减少工程数量，降低路基填土高度，有时不得不在一个长的平曲线内多次变坡。实践表明：当纵坡不大且坡差又较小时，在竖曲线半径选用较大的情况下，多次起伏并不影响线形的连续性。

2. 平竖曲线半径大小要均衡

当平曲线半径在 1000m 以下时，竖曲线半径宜为平曲线半径的 10 ～ 20 倍，此时可获得视觉与工程费用经济的平衡。

对一般公路的视觉分析得出，平竖曲线的半径均在表 4 - 15 所列数值以下时，最好避免这两种线形重合，或把急弯与陡坡线形错开，或考虑把其中一线形增大到表列数值的两倍以上。

表 4 - 15　避免平纵线形相对应的界限

设计车速(km/h)	平曲线半径(m)	竖曲线半径(m)	设计车速(km/h)	平曲线半径(m)	竖曲线半径(m)
80	400	5000	30	50	1500
60	200	2500	20	50	1000
40	100	2000			

3. 要选择适宜的合成坡度

合成坡度过大，对行车安全不利，车辆易出事故。山区纵坡大的路段插入小半径曲线时，应注意控制最大合成坡度，陡峻傍山路段及非汽车交通比率高的路段合成坡度最好小于 8%。合成坡度过小，不利于路面排水，对高速行驶的车辆由于溅水而影响行车安全。如果变坡点与路面横向排水不良的平曲线路段组合，易使合成坡度过小，排水不利，妨碍高速行车，故合成坡度一般应不小于 0.5%。为避免合成坡度过小，凸形竖曲线的顶部和凹形竖曲线的底部，不得与反向曲线的拐点重合，小半径竖曲线不宜与缓和曲线相重叠，特别是凹形竖曲线。

4.3.5　纵断面设计的方法、步骤和纵断面图的绘制

1. 纵断面设计的方法、步骤

路线纵断面设计主要是指纵坡设计和竖曲线设计。由于公路路线是一条空间带状曲线，路线的平面、纵断面和横断面相互影响，因而在纵断面设计之前的选(定)线阶段，设计人员实际上已对纵坡设计的部分内容进行过考虑。在室内进行纵断面设计时，设计人员一般要根据实地选(定)线时的意图，以及桥涵、地质等方面对路线纵断面设计的要求，综合考虑工程技术与工程经济因素，定出路线的纵坡，再选择合适的竖曲线半径，最后才计算出各桩号的设计标高和填挖值。其方法和步骤可归纳为以下几点：

(1) 拉坡前的准备工作：内业设计人员在熟悉有关设计标准的基础上，首先在纵断面图上点绘出每个中桩的位置、平曲线示意图(起、讫点位和半径等)，写出每个中桩的地面标高，

并绘出地面线。

(2) 标注控制点位置：所谓控制点，是指影响路线纵坡设计的高程控制点。如路线起、讫点的接线标高，越岭垭口、大中桥涵、地质不良地段的最小填土高度和最大挖方深度，沿溪线的洪水位，隧道进、出口，路线交叉点，重要城镇通过点，以及其他路线高程必须通过的控制点位等，都应作为纵断面设计的控制依据。此外，对于山区公路，还应根据路基填挖平衡要求来选择控制路中心处填挖的高程点，称之为"经济点"。其含义是：如果纵坡设计线刚好通过该点，则在相应的横断面上将形成填挖面积大致相等的纵坡设计。

(3) 试坡：试坡主要是在已标出"控制点"和"经济点"的纵断面图上，根据技术标准、选线意图，结合地面起伏情况，本着以"控制点"为依据，照顾多数"经济点"的原则，在这些点位间进行穿插和截弯取直，试定出若干坡度线。经过对各种可能的坡度线方案进行反复比较，最后选出既符合技术标准，又能满足控制点要求，而且土石方数量较省的设计线作为初定坡度线，再将前后坡度线延长交会，即可定出各变坡点的初步位置。

(4) 调整：试定纵坡后，首先将所定的坡度与选(定)线时考虑的坡度进行比较，两者应基本符合。若有较大差异，则应全面分析，找出原因，然后检查设计的最大纵坡、合成坡度、坡长限制等是否超过规定限值，以及平面线形与纵面线形的配合是否适宜等。若发现有问题，应进行调整。调整时以少脱离控制点、少变动填挖值为原则，以使调整后的纵坡与试定时的纵坡变化不太大。

(5) 核对：根据调整后的坡度线，选择有控制意义的重点横断面，如高填深挖、陡峭山坡路基、挡土墙、重要桥涵等断面，在纵断面图上直接读出对应中桩的填(挖)高度。然后按该填挖值用"模板"在横断面图上"戴帽子"，检查是否有填挖过大、坡脚落空或挡土墙工程过大等情况。发现有问题，应及时调整纵坡。

(6) 定坡：纵坡设计在经调整核对无误后即可定坡。所谓定坡，就是逐段把坡度线的坡度值、变坡点的位置(桩号)和高程确定下来。变坡点一般要调整到10m整桩位上，变坡点的高程则根据坡度、坡长依次计算确定的。

2. 纵断面图的绘制

路线纵断面图可以看成由两部分组成：一是图的上半部，二是图的下半部。上半部主要用来绘制地面线和纵坡设计线，下半部主要用来填写有关数据。下半部分别是：(1) 直线与平曲线；(2) 里程及桩号；(3) 地面标高；(4) 设计标高；(5) 填挖高度值；(6) 坡度 / 坡长；(7) 土壤地质说明；(8) 超高。

此外，在纵断面图上应将下列内容在适当的位置绘制出来：(1) 竖曲线位置及其主要因素；(2) 沿线桥涵及人工构造物的位置、结构类型及孔径、隧道长度；(3) 与公路、铁路交叉的桩号及路名；(4) 沿线跨越的河流名称、位置、现有水平及最高洪水位；(5) 水准点位置、编号和高程；(6) 断链桩位置、桩号及长短链关系等；(7) 水平比例尺和垂直比例尺。

4.4 横断面设计

4.4.1 横断面组成

公路横断面的组成应根据公路等级、设计速度、地形、气候、地质等条件来确定，以保证公路的交通安全、通行能力、路基的强度和稳定性。

1. 高速公路、一级公路的横断面组成

高速公路、一级公路的横断面分为整体式和分离式两种。横断面组成主要包括：行车道、中间带（分离式没有）、路肩、边坡、排水设施（边沟、排水沟、截水沟等）等。根据需要，可能要布置紧急停车带、变速车道、爬坡车道，在边坡上可能有护坡道、碎落台等。

2. 二、三、四级公路的横断面组成

二、三、四级公路的横断面组成主要包括：行车道、路肩、边坡、排水设施等。在某些路段，可能要增加错车道和紧急停车带，在边坡上可能有护坡道。

3. 横断面要素的确定

横断面要素的确定主要是确定组成公路路幅的各部分的几何尺寸，在实际设计中，一般是根据公路等级和交通量的大小，参考《标准》3.0.11 条，各级公路路基横断面来确定，同时结合当地交通规划和有关要求进行适当地调整。各级公路横断面尺寸见表 4－16。

表 4－16 各级公路路基宽度

公路等级		高速公路、一级公路									二、三、四级公路				
设计速度（km/h）		120			100			80		60	80	60	40	30	20
车道数		8	6	4	8	6	4	6	4	4	2	2	2	2	2 或 1
路基宽度（m）	一般值	45.00	34.50	28.00	44.00	33.50	26.00	32.00	24.50	23.00	12.00	10.00	8.50	7.50	6.5(双) 4.50(单)
	最小值	42.00	—	26.00	41.00	—	24.50	—	21.50	20.00	10.00	8.5	—	—	—

四级公路采用 3.5m 的行车道和 6.0m 的路基，当交通量较大时，可采用 6.0m 的行车道和 7.0m 路基。在工程特别艰巨以及交通量很小的路段，可采用 4.5m 的路基，但应在适当距离内设置错车道，并使驾驶人员能看到相邻两错车道驶来的车辆。

4. 路拱设计

路拱的形式有直线形、抛物线形或者直线与弧线的组合形，但考虑机械化施工的要求，一般采用直线形。高速公路、一级公路位于中等强度降雨地区时，路拱坡度宜采用高值，位于严重强度降雨地区时，路拱坡度可适当增大。硬路肩横坡度、土路肩横坡度应按直线段、曲线段内、外侧及超高横坡度的大小并参照《公路路线设计规范》执行。

4.4.2 加宽的计算

1. 加宽值和加宽过渡段长度的确定

（1）加宽值的确定

二、三、四级公路当平曲线的半径小于或等于 250m 时，应对平曲线内侧的行车道加宽，相应的路基也应该加宽。加宽值的大小应根据平曲线半径的大小，以及加宽类别从表 4－17 中选取。

表 4-17 双车道路面加宽值

加宽类别	加宽值(m) / 汽车轴距加前悬(m) \ 圆曲线半径(m)	250~200	<200~150	<150~100	<100~70	<70~50	<50~30	<30~25	<25~20	<20~15
1	5	0.4	0.6	0.8	1.0	1.2	1.4	1.8	2.2	2.5
2	8	0.6	0.7	0.9	1.2	1.5	2.0			
3	5.2+8.8	0.8	1.0	1.5	2.0	2.5				

① 表 4-17 中为双车道公路路面加宽值，单车道的路面加宽值为表中所列值的一半；② 二级公路以及设计速度为 40km/h 的三级公路有集装箱半挂车通行时采用第 3 类加宽值；③ 四级公路和设计速度为 30km/h 的三级公路可采用第 1 类加宽值；④ 对不经常通行集装箱运输半挂车的公路，可采用第 2 类加宽值。

(2) 加宽过渡段长度的确定

① 有缓和曲线的平曲线，加宽过渡段长度等于缓和曲线的长度($L_J = L_S$)。

② 没有缓和曲线的平曲线，加宽过渡段长度。

应按渐变率为 1∶15 且长度不小于 10m 的要求设置。

2. 加宽过渡方式

二、三、四级公路的加宽过渡段的设置，应采用在相应的回旋线或超高加宽过渡段全长范围内，按其长度成比例增加的方式。

4.4.3 超高设计与计算

1. 超高横坡度的确定

当平曲线半径小于不设超高的最小半径时，应在曲线上设置超高。超高的横坡度应根据设计速度、圆曲线半径、路面类型、自然条件和车辆组成等条件确定，必要时应按运行速度予以验算。

(1) 公路圆曲线部分的最大超高值规定如表 4-18。

表 4-18 各级公路圆曲线最大超高值

公路等级	高速公路、一级公路	二、三、级公路
一般地区(%)	8 或 10	8
积雪冰冻地区(%)	6	

各级公路圆曲线部分的最小超高值应与该公路直线部分的正常路拱横坡度值一致。

(2) 二级公路、三级公路、四级公路接近城镇且混合交通量较大的路段，车速受限制时，其最大超高值可按表 4-19 执行。

表 4-19 车速受限制时最大超高值

设计速度(km/h)	80	60	40、30、20
超高值(%)	6	4	2

(3) 各圆曲线半径所设置的超高值应根据设计速度、圆曲线半径、公路条件、自然条件等经计算确定。

2. 超高过渡段长度的确定

(1) 超高过渡段长度计算。超高过渡段长度按式(4-9)计算:

$$L_c = \frac{B\Delta i}{p} \tag{4-9}$$

式中:L_c—— 超高过渡段长度(m);B—— 旋转轴至行车道(设路缘带时为路缘带)外侧边缘的宽度(m);Δi—— 超高坡度与路拱坡度的代数差(%);p— 超高渐变率,即旋转轴线与行车道(设路缘带时为路缘带)外侧边缘线之间的相对坡度,其值见表4-20。

表4-20 超高渐变率

设计速度(km/h)	超高旋转轴位置	
	中线	边线
120	1/250	1/200
100	1/225	1/175
80	1/200	1/150
60	1/175	1/125
40	1/150	1/100
30	1/125	1/75
20	1/100	1/50

根据上式计算的超高过渡段长度应取成5m,并不小于10m的长度。

(2) 超高过渡段的确定

超高过渡段长度主要从两个方面来考虑:一是从行车舒适性来考虑,过渡段长度越长越好;二是从横向排水来考虑,缓和段长度短些好,特别是路线纵坡较小时,应注意排水的要求。

确定缓和段长度 L_c 时应考虑以下几点:

① 一般情况下,取 $L_c = L_s$(缓和曲线长度),即超高过渡在缓和曲线全长范围内进行;

② 若 $L_s > L_c$,但只要横坡从路拱坡度(−2%)过渡到超高横坡(2%)时,超高渐率 $p \geqslant 1/330$,仍取 $L_c = L_s$。否则有两种处理方法:

a. 在缓和曲线部分范围内超高:根据不设超高圆曲线半径和计算公式分别计算出超高缓和段长度,然后取两者中的较大值,作为超高过渡段长度,并验算横坡从路拱坡度(−2%)过渡到超高横坡(2%)时,超高渐变率是否 $P \geqslant 1/330$,如果不满足,则需采用分段超高的方法。

b. 分段超高:超高过渡在缓和曲线全长范围内按两种超高渐变率分段进行,第一段从双向路拱横坡度 i_z 过渡到单向超高横坡 i_y 时的长度为 L_{c1},第二段的长度为 $L_{c2} = L_s - L_{c1}$。

③ 若 $L_c > L_s$,此时应修改平面线形,增加 L_s 的长度。平面线形无法修改时,宜按实际计算的长度取 L_c,超高起点应从ZH(或HZ点)后退(或前进)$L_c - L_s$ 长度。

④ 不设缓和曲线时,应先计算出 L_c,然后按下面的情况确定过渡段的位置:

a. 直线与圆曲线相连时,宜按图4-13(a)确定;

b. 复曲线，宜按图 4－13(b) 确定。

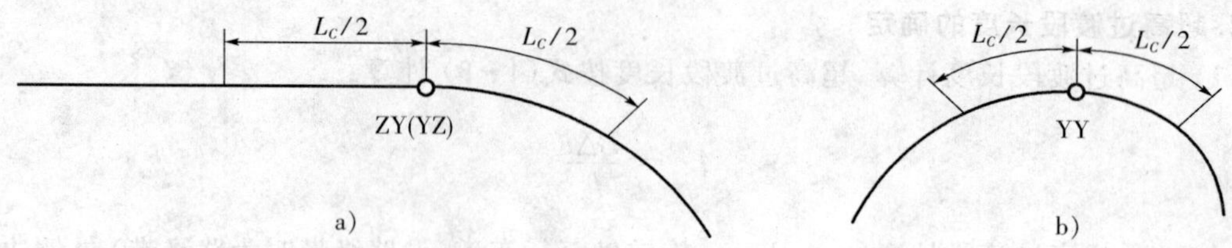

图 4－13 无缓和曲线时超高缓和段的确定

3. 超高值的计算

(1) 无中间带的公路

无中央带的公路的超高方式有三种，常用的只有两种：绕行车道中心旋转（简称绕中线旋转）；绕未加宽前的内侧路面边缘旋转（简称边线旋转）。前者一般适用于旧路改建，后者适用于新建公路。以下超高值计算均为与设计高之高差，设计高的位置为路基外侧边缘。

① 绕内边线旋转：先将外侧车道绕路中线旋转，待达到与内侧车道构成单向横坡后，整个断面再绕未加宽的内侧车道边线旋转，直至超高横坡值。

② 绕中线旋转：先将外侧车道绕路中线旋转，待达到与内侧车道构成单向横坡后，整个断面绕中线旋转，直至超高横坡度。见表 4－21 和表 4－22。

③ 绕外侧车道边缘旋转：路基外缘标高受限制或路容美观有特殊要求时可采用此种方式。

表 4－21 绕内边线旋转超高值计算公式

超高位置		计算公式		备注
		$x \leqslant x_0$	$x > x_0$	
圆曲线	外缘	$b_J i_J + (b_J + B) i_y$		1. 计算结果均为与设计高之差； 2. 临界断面距超高过渡段起点： $x_0 = \frac{i_z}{i_y} L_c$ 3. 加宽值 b_x 按加宽计算公式计算
	中线	$b_J i_J + \frac{B}{2} i_y$		
	内缘	$b_J i_J - (b_J + b_w) i_y$		
过渡段	外缘	$b_J (i_J - i_z) + [b_J i_z + (b_J + B) i_y] \frac{x}{L_c}$		
	中线	$b_J i_J + \frac{B}{2} i_z$	$b_J i_J + \frac{B}{2} \cdot \frac{x}{L_c} i_y$	
	内缘	$b_J i_J - (b_J + b_x) i_z$	$b_J i_J - (b_J + b_x) \frac{x}{L_c} i_y$	

表 4-22　绕中线旋转超高值计算公式

<table>
<tr><th colspan="2" rowspan="2">超高位置</th><th colspan="2">计算公式</th><th rowspan="2">备注</th></tr>
<tr><th>$x \leqslant x_0$</th><th>$x > x_0$</th></tr>
<tr><td rowspan="3">圆曲线</td><td>外缘</td><td colspan="2">$b_J(i_J - i_z) + (b_J + B)(i_z + i_y)$</td><td rowspan="6">1. 计算结果均为与设计高之差；
2. 临界断面距超高过渡段起点：
$x_0 = \frac{2i_z}{i_z + i_y}L_c$
3. 加宽值 b_x 按加宽计算公式计算</td></tr>
<tr><td>中线</td><td colspan="2">$b_J i_J + \frac{B}{2} i_z$</td></tr>
<tr><td>内缘</td><td colspan="2">$b_J i_J + \frac{B}{2} i_z - (b_J + \frac{B}{2} + b_w)\ i_y$</td></tr>
<tr><td rowspan="3">过渡段</td><td>外缘</td><td colspan="2">$b_J(i_J - i_z) + [b_J + \frac{B}{2})(i_z + i_y)\frac{x}{L_c}$</td></tr>
<tr><td>中线</td><td colspan="2">$b_J i_J + \frac{B}{2} i_z$</td></tr>
<tr><td>内缘</td><td>$b_J i_J - (b_J + b_x) i_z$</td><td>$b_J i_J + \frac{B}{2} i_z - (b_J + \frac{B}{2} + b_x)\frac{i_z + i_y}{L_c}x - i_z$</td></tr>
</table>

B— 行车道宽度(m)；b_J— 路肩宽度(m)；b_w— 圆曲线的加宽值(m)；b_x—x 距离处的路基加宽值(m)；i_y— 超高横坡度；i_z— 路拱横坡度；i_J— 路肩横坡度；x_0— 与路拱同坡度的单向超高点至超高过渡段起点的距离(m)；x— 超高过渡段中任意一点至超高过渡段起点的距离(m)。

(2) 有中间带的公路

有中间带的公路的超高方式有三种：绕中央分隔带边缘旋转；绕各自行车道中心旋转；绕中间带中心旋转。第一种方法适用于各种宽度的有中间带的公路，第二种方法适应于车道数大于 4 的公路或分离式断面的公路，第三种方法适用于中间带宽度 ≤4.5m 的公路。在实际设计中应用较多的是第一种和第二种方法，下面介绍这两种超高方式的超高计算。

① 绕中央分隔带边缘旋转：将两侧行车道分别绕中央分隔带边缘旋转，使之各自成为独立的单向超高断面，此时中央分隔带维持原水平状态。内外侧都从超高缓和段起点开始超高，超高过渡段的纵断面示意如图 4-14，图中仅示出旋转轴和行车道外侧边缘(包括路缘带)。

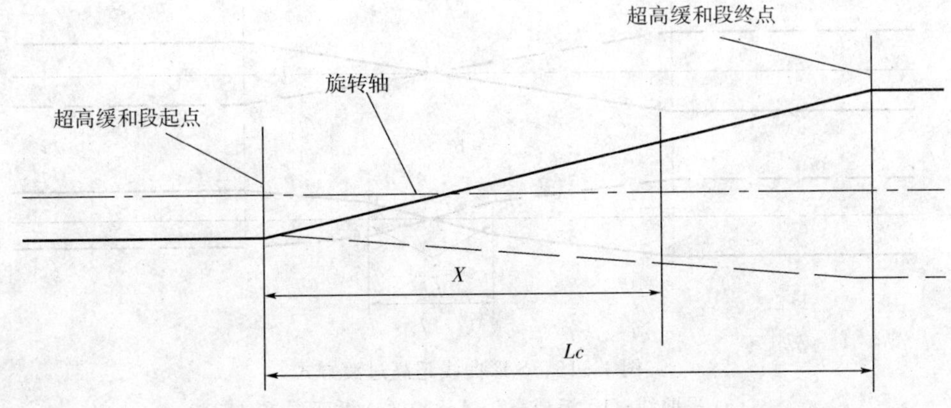

图 4-14　绕中央分隔带边缘旋转超高方式

② 绕各自行车道中心旋转：将两侧行车道分别绕各自的行车道中心线旋转，使之各自成为独立的单向超高断面，此时中央分隔带两边缘分别升高与降低而成为倾斜断面。内外侧都从超高缓和段起点开始超高，超高过渡段的纵断面示意如图 4－15 所示，图中仅示出旋转轴和行车道外侧边缘（包括路缘带）。

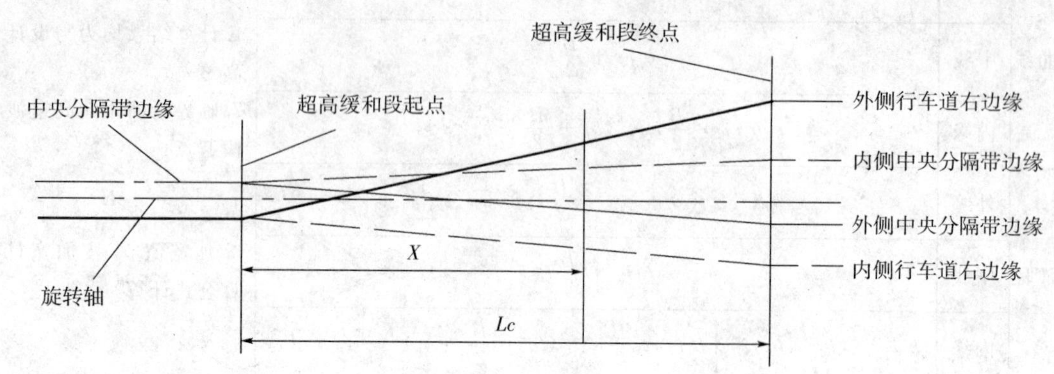

图 4－15　绕各自行车道中心旋转超高方式

(3)S 形曲线间的超高过渡

对于两个反向的曲线，并且曲线间的直线距离很小或为零时的超高过渡与单曲线的超高不同。由一个曲线的全超高过渡到另一个曲线的方向全超高，中间的过渡应是面到面的过渡，在过渡中只出现一次零坡断面，并且在整个过渡过程中，横断面始终是单坡断面，也没有固定旋转轴。

当超高渐变率 P_1（或 P_2）$\geqslant 1/330$ 时，反向曲线间的超高过渡采用如图 4-16(b) 所示的超高过渡方式；当超高渐变率 P_1（或 P_2）$< 1/330$ 时，采用如图 4-20(c) 所示的超高过渡方式，即采用不同的渐变率分段超高，其中零坡断面附近的超高渐变率为 1/330。L_L 的长度根据超高过渡段长度计算公式计算，式中超高渐变率取 1/330。

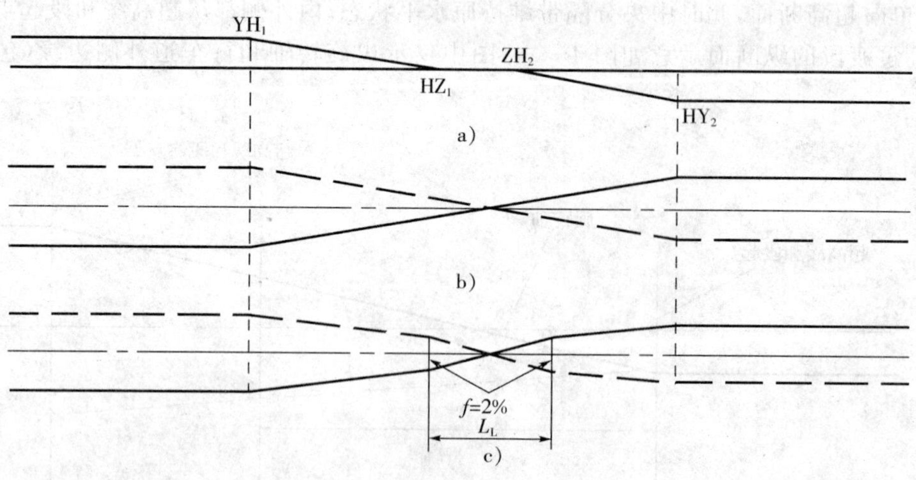

图 4－16　S 形曲线超高过渡方式

(a) 平曲线；(b) 渐变率 > 1/330；(c) 渐变率 < 1/330

4.4.4　土石方计算与调配

路基土石方数量的计算和调配是在路基横断面设计完成，并在路基横断面绘制完成后进行的。首先计算横断面的面积，然后计算体积，即获得土石方量，最后进行土石方调配。

1. 横断面面积计算

路基横断面的面积是指横断面图中，地面线与路基设计线所包围的面积。横断面面积包括填方面积(A_T) 和挖方面积(A_W)，两者应分别计算。下面分别介绍常用的几种方法：

(1) 条分法

如图 4-17 所示，在横断面的填挖范围内，从设计线的各转折点向地面线作垂线，或地面线的各转折点向设计线作垂线，从而将整个横断面划分为如图所示的若干个梯形，分别计算每个梯形(三角形) 的面积，并分别按填方、挖方累积，即可计算出该横断面的填挖方面积。

$$A_T = \sum_{i=1}^{n} A_{Ti}, \quad A_W = \sum_{j=1}^{m} A_{Wj} \tag{4-10}$$

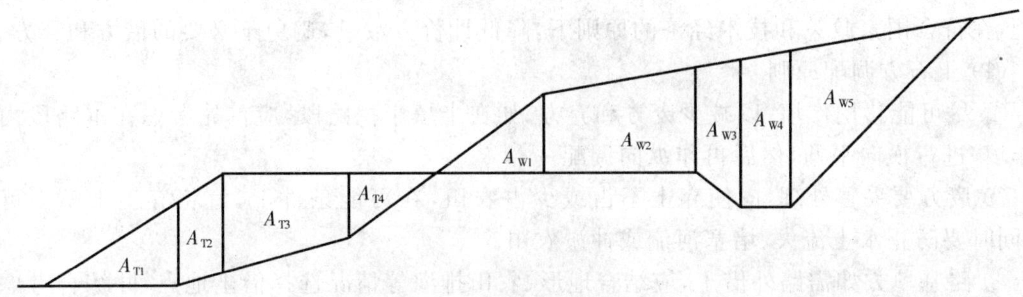

图 4-17　横断面面积计算(条分法)

(2) 数格法

将横断面图绘制在方格厘米纸上，若绘图比例是 1 : 200，则厘米纸上每一小格的面积为 0.04m²。从厘米纸上分别数出填方的方格数和挖方的方格数，并分别乘以 0.04，就得出填方和挖方的面积，这种方法精度较低。

2. 土石方量的计算

常用土石方数量计算方法有两种：

(1) 平均断面法

该方法适用于两断面之间的填方或挖方面积大小相近，其计算公式为：

$$V_T = \frac{1}{2}(A_{T1} + A_{T2})L, \quad V_W = \frac{1}{2}(A_{W1} + A_{W2})L \tag{4-11}$$

式中：V_T、V_W—— 相邻两断面之间的填方、挖方体积(m^3)；A_{T1}、A_{T2}—— 相邻两断面的填方面积(m^2)；A_{W1}、A_{W2}—— 相邻两断面的挖方面积(m^2)；L— 相邻两断面之间的距离(m)。

(2) 棱台法

当相邻两断面的填挖面积相差较大时，采用这种方法，计算公式如式(4-12)。

$$V_T = \frac{1}{3}(A_{T1} + A_{T2})L(1 + \frac{\sqrt{m}}{1+m}) \tag{4-12a}$$

$$V_W = \frac{1}{3}(A_{W1} + A_{W2})L(1 + \frac{\sqrt{n}}{1+n}) \tag{4-12b}$$

式中：$m = \frac{A_{T1}}{A_{T2}}$，$n = \frac{A_{W1}}{A_{W2}}$，其中 $A_{T1} < A_{T2}$、$A_{W1} < A_{W2}$。

用上述方法计算的土石方体积中，包含了路面的体积。若所设计的纵断面有填有挖且基本平衡，则填方断面中多计的路面面积与挖方断面中少计的路面面积相互抵消，其总体积与实际体积相差不大。但若路基是以填方为主或以挖方为主，则最好是在计算断面面积时将路面部分计入，也就是填方要扣除、挖方要增加路面所占的那一部分面积，特别是路面厚度较大时更应该考虑。

3. 路基土石方调配

路基土石方数量计算完成后，要进行土石方调配，以便确定填方用土的来源、挖方土的去向，以及计价土石方的数量和运量。通过调配，合理解决各路段土石方数量的平衡和利用问题，在符合国家政策和技术经济的原则下，降低计价方数量，避免不必要的借方和弃方。

(1) 土石方调配原则

① 尽可能移挖作填，以减少废方和弃方。如在半填半挖路段，应首先考虑在本路段内移挖作填，进行横向平衡，然后再作纵向调配。

② 废方要妥善处理，应使弃土不占或少占农田，在可能条件下，宜将弃土平整为可耕地，同时要防止水土流失、堵塞河流或冲淤农田。

③ 路基填方如需路外借土，应结合地形、农田排灌等情况选择借土地点，并综合考虑借土还田、整地造田等措施。

④ 综合考虑施工方法、运输条件、施工机械化程度和地形情况等因素，选用合理的经济运距，用以分析工程用土是调运还是外借。

(2) 调配的方法

在土石方数量计算复核完毕后即可进行调配，但必须明确填挖情况、桥涵位置、纵坡、附近地形和施工方法，做到调配时心中有数。调配可在土石方数量表上进行。

首先进行横向调配，满足本桩号利用方的需要，然后计算挖余和填缺的数量。根据挖余和填缺量分布情况，可以大致看出调运的方向和数量，结合纵坡情况和经济运距对利用方进行纵向调配，而后填方若有不足或挖方未尽利用，再选定废土或借土的合适地点，确定借方或弃方数量。调配一般在本公里范围内进行，必要时也可跨公里调配，但需将数量和方向分别注明。

调配的结果示于土石方数量表上，并进行复核：横向调运 + 纵向调运 + 借方 = 填方

在调配时应注意，土石方运量为平均运距与土石方调配数量的乘积。

在生产中，工程定额是将平均运距每 10m 划为一个运输单位，称之为“级”，20m 为两个运输单位，称为二级，余类推。在土方计算表内可用符号 ①、② 表示，仍按一级计算或四舍五入。于是：总运量 = 调配(土石方) 方数 × n

式中：n—— 平均运距单位(级)，$n = \frac{L - L_{免}}{10}$；L—— 平均运距(km)；$L_{免}$ —— 免费运距(km)。

在土石方调配中，所有挖方无论“弃”或“调”，都应予以计价。但对于填方则不然，要根据用土来源来决定是否计价。如果是路外借土，那当然要计价，倘若是移挖作填调配利用，则不用再计价，否则形成双重计价。因此计价土石方必须通过土石方调配表来确定其数量：

计价土石方数量 ＝ 挖方数量 ＋ 借方数量

一般工程上所说的土石方总量，实际上是指计价土石方数量。一条公路的土石方总量，一般包括路基工程、排水工程、临时工程、小桥涵工程等项目的土石方数量。对于独立大中桥梁、长隧道的土石方工程数量应另外计算。

4.5 平面交叉口设计

4.5.1 简单交叉口设计

简单交叉口是在交叉口处用适当半径的圆曲线平顺连接相交道路路基和路面的平面交叉口（图 4－18）。此类交叉口形式简单，占地少，造价低，设计方便，但行车速度低，通行能力小，适用于交通量小、车速低、转弯车辆少的三、四级公路或地方道路。若斜交不大时，也可用于交通量较小的主要道路与次要道路交叉，设计时主要解决合适的转角曲线半径和足够的视距问题。

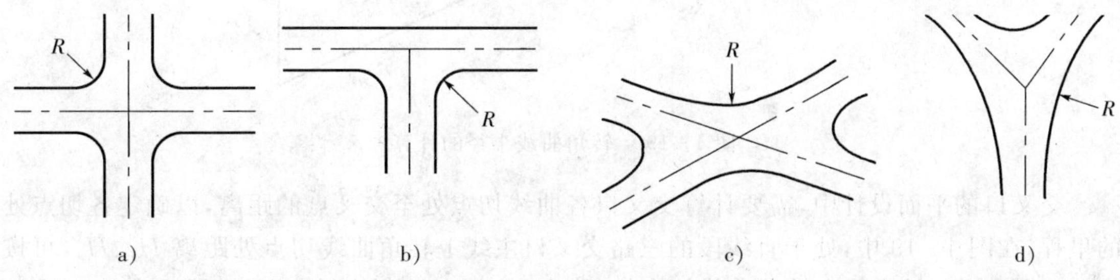

图 4－18 简单交叉口

(a) 十字形；(b)T 形；(c)X 形；(d)Y 形

1. 交叉口的转弯半径

为了保证各种右转车辆能以一定速度顺利转弯，交叉口转角处的缘石或行车道（或硬路肩）边缘应做成圆曲线或复曲线，圆曲线的半径称为转角半径。简单交叉口一般多用于转弯交通量小、车速不高的低等级道路，其转弯车速一般应根据路段设计速度、交通量、交叉类型、交通管理方式和用地情况等因素综合确定。鞍式列车在各种转弯速度情况下，路面内缘的最小圆曲线半径规定如表 4－23（转弯曲线所采用车型按鞍式列车考虑）。

表 4－23 路面内缘的最小半径

转弯车速 （km/h）	70	60	50	40	30	25	20	≤15
最小半径（m）	90	75	60	45	30	25(20)	20(15)	15
最小超高（%）	6	5	4	3	2	2	2	2

条件受限时可采用括号内的值。

在设计中选用转角曲线半径时，在条件容许时应尽量采用较大的转角半径，以有利于行车和以后交通发展的需要。

如图 4－19 所示，为了便于施工和交叉口平面线形整齐美观，通常将 A、B 两切点对齐。确定转角曲线半径时，一般先确定曲线偏角值大（即交叉角小）或受地形、地物限制严格的转角曲线半径 R_1，然后按式(4－13) 计算 R_2：

$$R_2 = \frac{R_1}{\tan^2\frac{\alpha}{2}} + \frac{B_2}{\tan\alpha \cdot \tan\frac{\alpha}{2}} \tag{4-13}$$

式中：B_1—— 主线路面宽度(m)；B_2—— 被交线路面宽度；α—— 交叉角($\leqslant 90°$)。

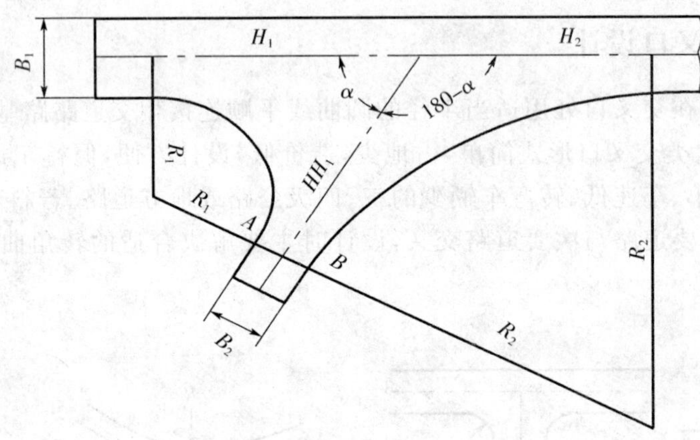

图 4－19 转角曲线半径的计算

交叉口的平面设计中，需要计算交叉口各曲线切点处至交叉点的距离，以确定各切点处的里程，在图 4－19 中，处于直线段的三路交叉口主线上转角曲线切点处距离 H_1、H_2，可按式(4－14) 计算，被交线上转角曲线切点处(路中心) 至交叉点的距离 HH_1 可按式(4－15) 计算，四路交叉口依次类推。

$$H_1 = \frac{R_1}{\tan\frac{\alpha}{2}} + \frac{B_2}{2\sin\alpha} + \frac{B_1}{2\tan\alpha} \qquad H_2 = R_2 \cdot \tan\frac{\alpha}{2} + \frac{B_2}{2\sin\alpha} - \frac{B_1}{2\tan\alpha} \tag{4-14}$$

$$HH_1 = \frac{R_1}{\tan\frac{\alpha}{2}} + \frac{B_1}{2\sin\alpha} + \frac{B_1}{2\tan\alpha} \text{ 或 } HH_1 = R_2 \cdot \tan\frac{\alpha}{2} + \frac{B_1}{2\sin\alpha} - \frac{B_2}{2\tan\alpha} \tag{4-15}$$

2. 视距检查

车辆驶近平面交叉口附近时，视距不足是造成交通事故的重要原因之一，所以在平面交叉口平面设计中，应进行视距验算和检查，保证在交叉口视距三角形范围内不能有阻挡驾驶员视线的树林、建筑物或交通设施等一切障碍物，如有应一律清除或使建筑物后退。

3. 交叉口拓宽

当路段的通行能力已能满足交通量的需要，而交叉口的通行能力尚不能保证交通量的需要时，可以根据需要适当增加交叉口车道数，在交叉口的一定范围内拓宽车行道宽度。例如：由路段的二车道增拓为三车道，或由路段的三车道增拓为四车道，如图4－20 所示。但交叉口增拓的车道数不宜太多，一般每个方向可增加 1 ～ 2 条。在旧城中道路宽度较窄时，如果仅在交叉口局部地区增加 1 ～ 2 条车道，对于渠化交通和提高交叉口通行能力比较有效果。拓宽交叉口的车道宽度时，其增设车道的长度按下述原则考虑：

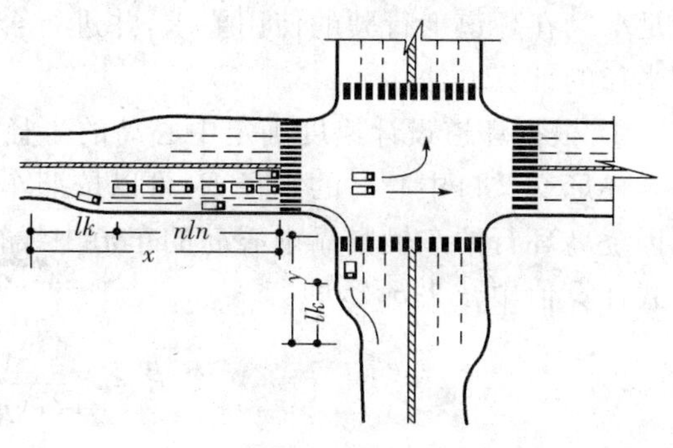

图 4 - 20　交叉口拓宽

(1) 进口段长度(x)，根据红灯时停车等候的直行车辆数量决定，主要应使右转弯车辆便于从停车等候的最后一辆直行车后面驶入增拓车道，但亦不宜过长，一般为 $y = 50 \sim 75\text{m}$；

(2) 出口段长度(y)，为了使通过交叉口的速度很低的右转车辆不致影响横向道路上的直行车流，需要在横向道路上增拓一段加速或候驶段，其值一般为 $y = 20 \sim 40\text{m}$。

在交叉口增拓车道时，在任何情况下均不能压缩原有人行道的人行带宽度，而只能采用压缩人行道上的绿化带或车行道分隔带，以及退后交叉口附近的建筑来实现。

4.5.2　环形交叉口设计

环形交叉是在交叉口中央设置中心岛，用环道组织渠化交通，使进入环道的所有车辆一律按逆时针方向绕岛单向行驶，直至所要去的路口离岛驶出的平面交叉(图 4 - 21)。

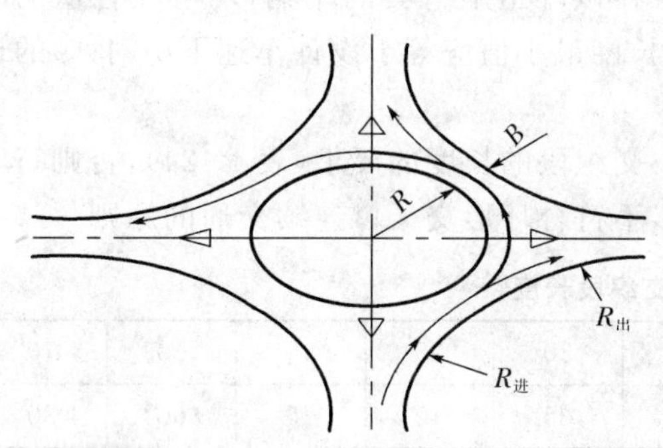

图 4 - 21　环形交叉口

环形交叉口的优点：驶入交叉口的各种车辆可连续不断地单向运行，没有停滞，减少了车辆在交叉口的延误时间；环道上行车只有分流与合流，消灭了冲突点，提高了行车的安全性；交通组织简便，不需信号管制；对多路交叉和畸形交叉，用环道组织渠化交通更为有效；中心岛绿化可美化环境。缺点：占地面积大，增加了车辆绕行距离，特别是左转弯车辆，一般造价高于其他平面交叉。

当多条等级相近的道路相交，通过交叉口的交通量总数为 500 ～ 3000 辆 / 小时，左右转弯车辆较多，且地形平坦时可考虑采用。在快速道路和交通量大的干线道路上、位于斜坡较大地形以及桥头引道上均不宜采用。设计时主要解决中心岛的形状和半径、环道的布置和宽度、交织段长度、交织角、进出口曲线半径和视距要求等问题。

1. 中心岛的形状及半径

(1) 中心岛的形状

中心岛的形状和半径，需要满足进、出交叉口环道的车辆按一定的速度行驶和交织。中心岛的形状，主要取决于相交道路的角度和等级，一般常用圆形。由于道路相交的角度不同，亦有采用椭圆形、卵形、方形圆角、菱形等。

(2) 中心岛的半径

中心岛半径与环道内车辆的行驶速度和车辆相互交织所需的长度密切相关，必须首先满足车辆在环道上行驶的使用要求，并进行合理地选择。下面以圆形中心岛为例，介绍中心岛半径的计算方法。

① 根据环道设计速度确定中心岛的半径

环形交叉口中心岛的半径 R，可以按照车辆在弯道上行驶时确定半径的公式进行计算，但因绕岛环行的车辆紧靠中心岛的车道中线行驶，故环形中心岛的半径 R 值应由弯道半径公式计算值中减去 $b/2$，即：

$$R=\frac{V^2}{127(\mu+i_0)}-\frac{b}{2} \tag{4-16}$$

式中：R—— 中心岛半径(m)；b—— 环行车道紧依中心岛处一个车道的宽度(m)；μ—— 横向力系数，建议大客车 $\mu=0.10\sim0.15$，小客车 $\mu=0.15\sim0.20$；i_0—— 环道横坡度(%)，一般采用 1.5%，紧靠中心岛行车道的横坡向中心岛倾斜时 i 值采用正号，否则采用负号；V—— 环道设计速度(km/h)，一般采用路段计算行车速度的 0.7 倍，我国实测资料：公共汽车为 0.5 倍，载重车 0.6 倍，小客车 0.65 倍，供参考。

为保证行车安全和乘客的安全，横向力系数值不宜取得过大，但为避免中心岛过大，亦不宜过小，经验取值 $\mu=0.15\sim0.20$，$i_0=0.02$ 代入公式(4-16)，可求得不同环道车速时的中心岛直径。

② 根据环道内车辆交织段长度确定中心岛的半径

进环和出环的两辆车，在环道上行驶时互相交织，交换一次车道位置所行驶的路程，称为交织长度。当两个路口之间有足够的距离，此时在该环道上行驶的车辆，均可在合适的时机互相交织，该段距离称为交织段长度 l。交织段长度最小值应等于设计车速下历时 $4s$ 的运行长度。

中心岛的半径必须满足两个路口之间的最小交织段的长度的要求(表 4-24)，否则行驶中需要相互交织的车辆，就要在环道上停车等让，不符合环形交叉口连续交通的原则。

表 4-24　最小交织段长度

环道设计速度(km/h)	20	25	30	35	40	50	70
最小交织段长度(m)	25	30	35	40	45	60	80

如按设计速度已确定中心岛半径 R，检验其交织段长度 l 是否满足要求，可按式(4-17)计算。

$$l=\frac{2\pi\alpha}{360^\circ}\left(R+\frac{B}{2}\right)-B_{平均} \tag{4-17}$$

式中：l—— 相邻路口之间的交织段长度(m)；B—— 环道宽度(m)；$B_{平均}$—— 相交道路平均机动车车行道宽度(m)；α—— 相邻道路中心线所形成的交角(°)，当夹角不相等时，应采用较小夹角值。

通过式(4-17)得到的交织段长度 l，与相应环道设计速度所必须的最小交织段长度(l_0)作比较，当 $l>l_0$ 时，中心岛半径满足要求，可以采用；否则应该调整中心岛半径，直至满足要求为止。

2. 环道宽度

从上述情况表明，环形交叉口环道的车道数以 3～4 条为宜，且环道上每条车道的宽度应稍大于直线段，一般可采用 3.5 ～ 3.75m。环道的机动车道宽度应按环道上的车道数和一条车道的宽度来计算。非机动车道所需的宽度，则应根据交通量的具体情况而定。

3. 环道的外缘石及进出口

环道外缘石不应做成反曲线形状。经观测证明，这种形状的环道外侧有 20% 的路面，很少有车辆行驶。故环道的外缘石以采用直线圆角形式为好。

环道进、出口的曲线半径决定于环道的设计车速。设计环道外缘石时，出口处的曲线半径应大于进口处的曲线半径，以便于限制进环车辆的车速和有利于出环车辆的加速行驶，保持交叉口畅通。环道进口处外缘石的曲线半径，一般可考虑采用接近于中心岛的半径值，且各相交道路进口处外缘石的曲线半径值相差不应太大，以免造成进环车辆车速相差太大，且影响环道行车安全。为便于交叉口交通渠化，通常可在环线交叉进出口之间无车辆行驶的部位设置三角形方向岛。

4.5.3　交叉口的立面设计

交叉口立面设计的目的是合理确定交叉口范围内相交道路共同构筑面各个点的设计标高，统一解决行车、排水、建筑艺术三方面在立面位置上的要求，使相交道路在交叉口处形成一个平顺的路面，以保证行车顺适、排水通畅，并与周围建筑物的地面标高协调。

1. 竖向布置的几种基本形式

交叉口竖向设计的形式很大程度上取决于地形，以及和地形相适应的相交道路的纵、横断面。以十字形交叉口为例，根据相交道路纵坡方向的不同，竖向设计有以下六种基本形式：

(1) 相交道路的纵坡全由交叉口中心向外倾斜。设计时把交叉口上的坡度做成与相交道路同样的坡度，往往只需调整一下接近交叉口的道路横坡即可，不需设置雨水口。

(2) 相交道路的纵坡全向交叉口中心倾斜。在这种情况下，地面水都向交叉口集中，对行车和排水都不利，应尽量避免。

(3) 三条道路纵坡由交叉口向外倾斜而另一条道路纵坡向交叉口倾斜。设计时应将纵坡向着交叉口的路的道路脊线在交叉口处分三个方向，相交道路的横断面均不变。同时在纵坡向着交叉口的道路两侧设置雨水口拦截地面水，以免影响交通。

(4) 三条道路的纵坡向交叉口倾斜而另一条道路的纵坡由交叉口向外倾斜。在纵坡向着交叉口的道路两侧设置雨水口拦截地面水，以免影响交通。

(5) 相邻两条道路纵坡背向交叉口倾斜而另外两条道路纵坡由交叉口向外倾斜。交叉口位于斜坡地形上就形成这种形式。设计时相交道路的纵坡均不变，依照天然地形，将两道路的横坡在进入交叉口前逐渐向相交道路的纵坡方向倾斜，而在交叉口上形成一个单向倾斜的斜面，在进入交叉口的道路两侧设置雨水口。

(6) 相对两条道路纵坡向交叉口倾斜，而另外两条道路纵坡由交叉口向外倾斜。

2. 竖向设计方法步骤

(1) 收集资料。① 测量资料：一般常用 1∶500 或 1∶200 的地形图；② 交通资料：交通量和交通组成(直行、左转、右转的比例)；③ 排水资料：已建或拟建的排水管道位置；④ 道路资料：道路等级、宽度、纵坡、横坡、交叉口控制高和四周建筑物标高。

(2) 绘出交叉口平面图：包括路中心线、车行道和行人道的宽度、缘石半径。

(3) 确定交叉口的设计范围：设计范围一般为缘石半径的切点以外 5 ～ 10m(即相当于一个方格)，这是考虑到自双向横坡逐渐过渡到单向横坡需要一定的距离，并应与相交道路的路面标高完全衔接。

(4) 确定竖向设计图式：根据相交道路的等级、纵坡方向和地形，确定采用的竖向设计等高线形式，并选定相邻等高线的高差 h(一般为 0.02 ～ 0.10m，取偶数便于计算)。

(5) 路段设计等高线的绘制：绘制交叉口范围的设计等高线，应先根据道路的脊线和控制标高，按需要的设计等高线间距计算相邻等高线之间的水平距离，结合地形采用适宜的交叉口竖向图式，再计算与绘制交叉口等高线。

(6) 交叉口设计等高线绘制：借助于标高计算(辅助) 线网，根据相交道路纵横坡和交叉口控制标高，便可求出交叉口的设计标高，参照等高线的基本形式即可勾画等高线。对于沥青路面可勾成曲线；对于水泥混凝土路面，在已确定的路口分块图勾画等高线。由于每块混凝土板为平面，此时的等高线应勾绘成直线或折线。

路口道牙切点以外路段亦应按纵、横断面标高勾绘 10 ～ 20m，以检查路口范围的等高线是否协调。

(7) 根据行车舒适、排水通畅及与附近建筑物协调及外形美观的条件，对所画成的等高线及间距进行调整。

(8) 对于沥青路面可按与干道中线平行及垂直方向绘方格线(间距一般 5m)，根据所调整后的设计等高线，填写各方格网点处的设计高。对于水泥混凝土路面，可在各设计的水泥混凝土板角上填写设计高。

(9) 支路与干道相交时，一般以干道纵断面为控制高程，同级道路相交时，路口部分中线高程不一定以干道作为控制高程，可视整个路口等高线协调情况予以调整。尤其如果纵断面线形在路口处为低点时，必须调整使路口不积水。

(10) 根据等高线的标高，用补插法求出方格网点的设计标高，最后可以求出施工高度(它等于设计标高减去地面标高)，以符合施工要求。

以上为方格网设计等高线法，适用于大型、复杂的交叉口和广场竖向设计。对于一般简单的交叉口也可采用特征标高点(如在纵、横坡方向选点) 表示，路宽的、复杂的则点数可多些，路窄的、简单的则点数可少些。

4.6　方案比选

4.6.1　方案比选的一般原则和要求

方案的选定要从国家和当地的战略全局出发，服从国民经济发展的需要，讲究社会、企业和环境的综合效益。方案比选要把国家和整体利益放在首位，因此应根据不同设计阶段，深入实际做好调查研究，充分搜集资料，广泛征求有关方面的意见，听取各级领导部门的指示和建议，坚持实事求是的原则和严肃认真的态度，有系统有计划地进行全面比选，不遗漏有价值的方案。在比选中，应贯彻以下原则：

1. 方案比选时，必须保证各个方案的可比性

(1) 同一设计阶段的各个比较方案，一般应在同等的基础上进行，其基础内容包括：

① 原始资料的精度应相同，如平、纵面图纸的比例尺，收集和调查统计资料的精确程度。

② 工作方法及计算方法精度相同，如勘测方法和工程量计算方法。

③ 比较项目相同，如技术经济比较项目、工程和运营费支出项目等。

④ 采用指标及计算单位相同，如工程费和运营费计算时采用的指标和定额等。

(2) 其他可比性原则

① 计算期的开始时间应与费用发生的最早时间一致。

② 不同时期的费用需按同一年度进行换算。

③ 不能定量分析的经济效益，可用定性分析的因素加以对比，如对环境的影响。

④ 建设期的分年度投资，应按统一原则分配。

2. 方案比选采取逐步渐近的淘汰方法

根据各个阶段的不同要求，一般由大范围到局部，由粗到细，整体综合评价各个方案，逐步淘汰不利方案，优选出推荐方案。

3. 各阶段方案比选的要求

(1) 可行性研究阶段

① 路线方案之间的比选，根据工程与运营费的换算办法，结合定性分析加以取舍。

② 主要方案须通过经济评价来确定方案优劣，原则上应通过国民经济评价来确定。贷款融资修建的项目应通过国民经济评价和财务评价来确定。对于费用效益计算简单，建设期比较短，在不与国民经济评价发生矛盾时，也可通过财务评价确定。

(2) 初步设计和技术设计阶段

① 对主要方案、主要比较方案或地域条件差异较大的路线局部方案的比选，一般采用工程费、运营费换算的办法，结合定性分析来选定方案。

② 一般的局部方案比选，直接采用主要工程数量和占用农田等费用，通过定量分析选定方案。毕业设计中的方案比选主要是这种情况。

4.6.2 方案比选的内容

1. 路线方案主要技术经济指标

路线方案比选时，技术经济指标的项目、内容和精度是根据公路设计阶段及方案的性质确定的。通常根据下列几方面的指标，进行方案的技术经济评价：

(1) 反映技术特征的指标

如路线长度、路线增长系数、最小平曲线半径、最短坡长、最大纵坡、平、纵指标的均衡性、平均填土高度等。

(2) 工程数量和工程条件方面的指标

如土石方和桥隧工程数量、劳动力和材料消耗、占用农田数量折迁数量等。

(3) 反映运营特征的指标

如交通量、平均行驶速度、燃料消耗、汽车轮胎磨损等。

(4) 经济评价方面的指标

有关货币指标和有关投资效益的指标。货币指标如工程投资、运营费，运输收入等；投资效益指标如投资回收期、内部收益率等。

2. 各阶段路线方案比选的内容

路线方案比选，牵涉面广，问题复杂，相关因素多，各阶段的工作深度不同，方案比选的重点有所区别，分述如下：

(1) 可行性研究阶段

根据公路中长期规划拟建的建设项目,经过踏勘调查、结合省、市、自治区及有关部门的意见,对公路的起终点及基本走向方案、已有道路各种改扩建方案,进行技术、经济的全面分析比较,经论证和综合评价,确定主要方案,为项目决策和编制设计任务书提供依据。重点进行下列内容的比选:① 路线起点、终点方案 ② 路线基本走向(主要经过控制点)方案 ③ 特大桥、大桥和隧道方案 ④ 地质不良及困难地段方案 ⑤ 原有道路处理(利用或废弃)方案。

(2) 初步设计阶段

该阶段方案的比选是在可行性研究的基础上,经过初测、搜集基础资料,重点对主要方案、局部方案进行研究论证和筛选工作,提出采用方案和主要比较方案,重点对下述内容进行比选:

主要方案内容包括:① 路线走向及起、终点方案 ② 原有道路改造方案或分期提高通行能力方案 ③ 新建和改建公路的主要技术标准方案 ④ 越岭路线的不同垭口、不同越岭高程、隧道长度及展线方案。

局部方案的主要内容包括:① 沿河线左、右岸及截弯取直方案 ② 不同桥位、高桥及高填、设桥与改河方案 ③ 隧道与明挖方案 ④ 个别地段不同曲线半径方案 ⑤ 道路交叉处理与改移道路方案 ⑥ 特殊地质、不良地质地区的路线方案,重点路基工程地段路线方案 ⑦ 节约农田和减少拆迁房屋的路线方案。

(3) 技术设计阶段

根据初步设计鉴定意见的要求,在定测、调研的基础上,重点解决鉴定意见认为需要进一步研究、改善的方案;初步设计遗留或新发现的局部方案;路线局部位置的改善方案。主要内容包括:① 避免拆迁,公路改移、大渠道改移引起路线位置改移的方案;② 隧道与挡墙或明洞的不同方案 ③ 增设立交的不同净高要求引起的路线纵断面或平面改动方案 ④ 沿河线左、右岸改善方案 ⑤ 曲线半径改善方案 ⑥ 桥梁、隧道、重点路基工程及不良地质地段的改善方案,以及影响路线位置的路基加固、防护的不同措施方案 ⑦ 公路用地改善方案。

3. 方案的社会意义及影响

公路建设对沿线各区域的社会经济环境会带来一定的影响,其影响的程度、范围与公路建设规模、路线经过的区域密切相关。路线方案选择得好坏,直接影响到社会的各个方面:(1) 促进沿线经济和工农业的发展,改善投资环境,发展旅游事业等;(2) 促进当地交通运输的发展和改善路网结构;(3) 给物资部门带来增加产出物和减少商品的积压;(4) 提高运输效率,节省旅客和货物的在途时间;(5) 缩短运距可降低运输成本费用。此外,方案对自然环境如大气圈、水圈和生物圈等,社会环境如工业、城市、房屋建筑、娱乐场所、文物古迹及风景区等都有影响。为了分析工程对社会经济影响的程度,采用有无对比法,在背景资料的基础上,对重要影响因素进行定性分析。

4.6.3 方案技术经济比较的简要过程

概括地说,公路选线的整个工作过程,也就是方案比选的过程。结合方案比选工作的特点,可将方案技术经济比较归纳为以下过程:

1. 明确任务。就是明确设计中要解决的主要问题。例如,在一定的地形和交通量条件下,要求选择合理的路线指标,或者路线通过不良地质地区时,要求采取安全、经济的措施等。

2. 拟定方案,进行设计。设计人员根据问题的特点和要求,分析搜集的资料,寻找并提出有评比价值的各种方案。例如，路线要克服较大高差时可提出隧道穿越、明挖和展线三种措施，对于路线遇到不良地质问题，可提出绕避和工程整治的措施等，然后就各方案分别进行工程设计工作。

3. 计算和整理评比指标。工程设计完成后，整理出各个方案的各项评比指标。

4. 方案的评价与选择。就各个方案的各个指标进行比较(为了对比方便起见，通常将各方案的各项指标汇总列表表示)，然后总体分析，综合评价各方案的优缺点，从中选出最合理的方案。

在方案的经济比较中，对某些具体的工程设计问题，在满足约束条件前提下，可按某一指定的评比指标建立目标函数，利用计算机从多方案中求解最优方案。例如，在纵断面设计中在满足规范要求及其他附加要求的条件下，以设计标高为变量，可求出工程费最小的设计纵断面方案。

在一般情况下，公路选线中重大决策的方案比较，牵涉的因素很复杂，除了各种各样的自然条件外，还有政策因素和社会因素，对方案评价影响很大，使寻求最优方案的问题复杂化。设计中只能就拟定的有限方案，进行力所能及的评价，从中选择出最合理的方案，习惯上也称为最优方案。

4.6.4　方案的总评

方案的总评是方案评价的结论。在综述方案社会效益和技术经济评价结论的基础上，推荐最优方案报上级鉴定审批。

在总评时，要注意以下两点：

1. 定量指标(尤其是经济评价指标)是进行方案评价的主要依据，但对评价社会效益的定性指标也要充分重视。社会效益主要包括对地区自然资源及劳动力的开发和利用、工农业和交通网建设、环境保护以及战备等几个方面。这些内容虽不能简单地用货币额之类的定量指标衡量，但对方案取舍有重要意义，往往还间接影响方案的经济效果。

2. 影响方案评价的因素和指标很多，应根据设计阶段的要求和方案的特点，选择对方案取舍有意义的一些指标进行论证。条件相同的因素和判别不大的指标一般不列入评比范围。事实上，许多局部方案，只需要比较工程数量或工程费就可决定取舍，即使是原则性比较方案，往往在社会效益方面判别并不大，只需进行技术经济评价就可决定取舍。

4.7　路基设计

4.7.1　概述

路基横断面的典型形式，可归纳为路堤、路堑和填挖结合等三种类型。路堤是指全部用岩土填筑而成的，高于原地面的填方路基，其作用是支撑路床和路面。路堑是指全部在原地面开挖而成的路基，此两者是路基的基本类型。当由于原地面横坡较大，且路基较宽，需一侧开挖而另一侧填筑时，为挖填结合路基，也称半填半挖路基。在丘陵或山岭地区的路线上，填挖结合是路基横断面的主要形式。

4.7.2 一般路基设计

路基由宽度、高度和边坡坡度三者所构成。路基宽度取决于公路技术等级;路基高度(包括路中心线的挖填深度,路基两侧的边坡高度)取决于纵坡设计及地形;路基边坡坡度取决于地质、水文条件,并由边坡稳定性和横断面经济性等因素比较选定。一般路基设计主要是指包括这三者的设计。

1. 路基宽度

路基宽度的确定在横断面设计中已解释,这里不再赘述。

2. 路基高度

关于路基设计标高的位置,新建公路为路基边缘标高;设置超高、加宽路段则为设置超高、加宽前的路基边缘标高;改建公路的路基设计标高,可与新建公路相同,也可以采用路中心线标高。由于原地面常成横向倾斜,在路基的整个宽度范围内,两者的相对高差有所不同,通常路基高度是指路中心线的相对高差而言,就路基的边坡高度来说,则指填方坡脚或挖方坡顶与路基边缘的相对高差,所以路基高度有中心高度(填高或挖深)与边坡高度(填方或挖方坡高)之分,原地面平坦时,两者大致相同,山坡地面上,两者不同,而且路基两侧的坡高也不相等。

路基的填挖高度,是在路线纵断面设计时,综合考虑路线纵坡要求、路基稳定性要求和工程经济性的要求等因素确定的。从路基的强度和稳定性要求出发,路基上部土层应处于干燥或中湿状态,路基高度应根据临界高度并结合公路沿线具体条件和排水及防护措施确定路堤的最小填土高度。

边坡高度值是划分高矮或深浅的依据。通常将对边坡高度超过 20m 的路堤进行个别勘察设计,将大于 20m 的土质路堑及大于 30m 的岩质挖方坡段也应进行个别勘察设计,以上这种特殊段的土石方数量大,占地宽,边坡稳定性差,对行车亦不利,应尽量避免使用,必需使用时,应力求降低和缩短,并进行个别特殊设计,多种方案比较,权衡利弊,确保边坡稳定和横断面经济合理。

为保证路基稳定,应尽量满足路基临界高度的要求,若路基高度低于按地下水位或地面积水位计算的临界高度,可视为矮路堤。矮路堤通常处于行车荷载应力作用区范围内,同时经受着地面水和地下水不利水温状况影响。有时为了增强路基路面的综合强度与稳定性,需要另外增加投资加强路面结构或增设地下排水设施。究竟如何合理确定路基的高度,需要进行综合比较后才可择优取用。

沿河及受水浸淹的路基,其高度一般应根据设计标准所规定的设计洪水频率表 4-25,求得设计水位,再增加 0.5m 的余量。如果河道因设路堤而压缩过水面积致使上游有壅水,或河面宽阔而有风浪,就应增加壅水高度和波浪冲上路堤的高度(即波浪侵袭高度)。所以沿河浸水路堤的高度,应高出上述各位之和,以保证路基不致被淹没。

表 4-25 路基设计洪水频率

公路等级	高速公路	一级公路	二级公路	三级公路	四级公路
设计洪水频率	1/100	1/100	1/50	1/25	视具体情况而定

3. 路基边坡坡度

路基边坡坡度的大小取决于边坡的土质、地质和水文地质条件、路基高度和横断面经济合理性等因素。路基边坡坡度对路基整体稳定起重要的作用，正确确定路基边坡坡度及采取相应的措施，是路基设计的基本任务。

(1) 路堤边坡

路基填方边坡坡度应以填料种类、边坡高度和基底工程地质条件等确定。根据长期工程实践，一定高度范围以内的路堤边坡坡率 m，当路基基底良好时，边坡坡度可根据填料种类和边坡高度按表4-26确定。总高度超过表列数值时应进行路基稳定性验算。对于渗水性土，可采用直线滑动面法进行验算；对于粘质土可采用圆弧滑动面法进行验算，验算时稳定系数按《公路路基设计规范》确定。当采取其他措施，如逐层加强压实，铺砌护坡，加强排水防冲刷设施等，可根据具体情况确定边坡坡度。

表4-26　路堤边坡坡度表

填料类别	边坡坡率	
	上部高度(H ≤ 8m)	下部高度(H ≤ 12m)
细粒土	1∶1.5	1∶1.75
粗粒土	1∶1.5	1∶1.75
巨粒土	1∶1.3	1∶1.5

填方边坡高时，可在边坡的中部每隔 8 ～ 10m 设置边坡平台一道，平台宽度 1 ～ 3m，用浆砌片石或水泥混凝土预制块防护。边坡平台设置排水沟时，平台应做成 2% ～ 5% 向内侧倾斜的排水坡度；当不设排水沟时，平台应设坡度为 2% ～ 5% 向外倾斜的缓坡。填石路基的边坡平台上不设排水沟。

受水浸淹的路基填方边坡坡度，在设计水位以下部分视填料情况可采用 1∶1.75 ～ 1∶2.0，在常水位以下部分可采用 1∶2 ～ 1∶3。如用渗水性好的土填筑或设边坡防护时，可采用较陡的边坡。

陡坡地面的路堤，可分别采用石砌护肩、护坡、护墙或护脚，并根据边坡高度、石料规格及操作方法，分别采用 1∶0(直立) ～ 1∶0.75 的外边坡。填石路堤边坡，一般可取 1∶1 的坡度。

(2) 路堑边坡

路堑开挖破坏了自然地表的平衡形态，边坡大面积暴露于大气中，裸露的岩土在外部风化因素作用下，导致风化加剧，坡面受到侵蚀，很容易失稳。影响路基挖方边坡稳定的因素很多，一般采用工程地质法(比拟法)进行调查分析，必要时应进行验算。

挖方边坡度的拟定，主要取决于边坡的稳定，并综合考虑工程数量、防护及排水工程和施工难度等因素。土质路堑边坡坡度、岩石挖方边坡坡度如表 4-27、4-28 所示。

表4-27　土质路堑边坡坡度(边坡高度不大于 20m)

土的类别	边坡坡度
	H ＜ 20
粘土、粉质粘土等	1∶1
中砂、粗砂、砾砂	1∶1.5
卵石土、碎石土、圆砾土	1∶0.75 ～ 1∶1

表 4－28 岩石挖方边坡坡率

边坡岩石种类	风化程度	边坡坡率	
		$H<15\text{m}$	$H=15\sim30$
Ⅰ类	微风化、未风化、弱风化	1∶0.1～1∶0.3	1∶0.1～1∶0.5
Ⅱ类	未风化、微风化、弱风化	1∶0.1～1∶0.5	1∶0.3～1∶0.75
Ⅲ类	未风化、微风化、弱风化	1∶0.3～1∶0.75	
Ⅳ类	弱风化、强风化	1∶0.5～1∶1	

当高速公路挖方为软质、风化岩层及土质边坡时，可根据坡面稳定状况和碎落情况设置挡土墙或矮墙或进行坡面防护，并应考虑绿化与工程措施相结合。此外，还应注意到在易风化的泥质页岩、泥灰岩、千枚岩等软质岩石和砾类土等地段，如边坡过缓，则暴露面增大，边坡风化、冲刷加剧，因此，应在陡坡重力失稳、缓坡风化加剧或采取相应的防护措施三者之间选择最佳挖方边坡坡率。

4.7.3 路基稳定性验算

路基边坡的稳定涉及岩土性质与结构、边坡高度与坡度、工程质量与经济等多种因素。一般情况下，对于边坡不高的路基，可按一般路基设计，采用规定的坡度值，不作稳定性分析计算。地质与水文条件复杂、高填深挖或特殊需要的路基，应进行边坡稳定性的分析计算，常用的稳定性分析计算的方法有以下几种：

1. 直线（折线）滑动面法：此法适用于土的抗力以摩擦力为主，而粘聚力甚小的砂土和砂性土，假设滑坍时破裂面为一直线滑动面或折线滑动面。

2. 圆弧滑动面法：此法适用于粘性土坡，假设滑坍时的破裂面形状为一圆弧状滑动面。

3. 表解法：用圆弧法进行路基稳定性分析，计算工作量较大。对于匀质、直线型边坡，滑动面通过坡脚，坡顶为水平并延伸至无限远，可按表解法进行稳定性分析。

具体计算可参考《公路路基设计规范》中 3.6 和 3.7 节进行。

4.7.4 挡土墙

当采用天然边坡不经济或无放坡条件时，可采用挡土墙支护结构。

1. 挡土墙的类型选择

（1）重力式挡土墙：重力式挡土墙依靠墙身自重支撑土压力来维持其稳定。一般用片（块）石砌筑，在缺乏石料的地区有时也用混凝土修建。重力式挡土墙圬工量较大，但其型式简单，施工方便，可就地取材，适应性较强，故被广泛采用。但由于墙身重，故对地基承载力的要求也较高。

（2）锚定式挡土墙：锚定式挡土墙通常包括锚杆式和锚定板式两种。锚杆式挡土墙是一种轻型挡土墙，主要由预制的钢筋混凝土立柱、挡土板构成墙面，与水平或倾斜的钢锚杆联合组成。它适用于墙高较大、石料缺乏或挖地基困难地区，具有锚固条件的路基挡土墙，一般多用于路堑挡土墙。锚定板式挡土墙的结构形式与锚杆式基本相同，只是锚杆的锚固端改用锚定板，埋入墙后填料内部的稳定层中，依靠锚定板产生的抗拔力抵抗侧压力，保持墙的稳定。它主要适用于缺乏石料的地区，同时它还适用于路堑挡土墙。

(3) 薄壁式档土墙:薄壁式挡土墙是钢筋混凝土结构,包括悬臂式和扶臂式两种主要型式。

悬臂式挡土墙墙身和基础采用钢筋混凝土浇筑,有立壁、趾板和踵板三部分组成。当墙身较高时。沿墙长每隔一定距离筑肋板(扶壁)联结墙面板及踵板,称为扶壁式挡土墙。它们的共同特点是:墙身断面较小,结构的稳定性不是依靠本身的重量,而主要依靠踵板上的填土重量来保证。它们自重轻,圬工省,适用于墙高较大的情况。

(4) 加筋土挡土墙:加筋土挡土墙是由填土、填土中布置的拉筋条以及墙面板三部分组成。在垂直于墙面的方向,按一定间隔和高度水平地放置拉筋材料,然后填土压实,通过填土与拉筋间的摩擦作用,把土的侧压力传给拉筋,从而稳定土体。

2. 挡土墙的布置

挡土墙的布置,通常在路基横断面图和墙址纵断面图上进行。布置前,应实地核对路基横断面(不足时应补测),测绘墙址处的纵断面图,收集墙址处的地质和水文等资料。

(1) 纵向布置

挡土墙的纵向布置,在墙址纵断面图上进行。布置后,绘成挡土墙正面图(如图 4-22 所示),布置的内容为:① 确定挡土墙的起讫点或墙长,选择挡土墙与路基或其它结构物的连接方式。② 按地基及地形情况进行分段,确定沉降缝及伸缩缝的位置。③ 布置各段挡土墙的基础。墙址处地面有纵坡时,挡土墙的基底宜做成不大于 5% 的纵坡。但地基为岩石时,为减少开挖,可在纵向做成台阶,台阶的尺寸随地形变动,但其高宽比不宜大于 1:2。④ 确定泄水孔的位置,包括数量、间距和尺寸等。在布置图上应注明各特征断面的桩号、墙顶、基础顶面、基底、冲刷线.冰冻线、常水位或设计洪水位的标高等。

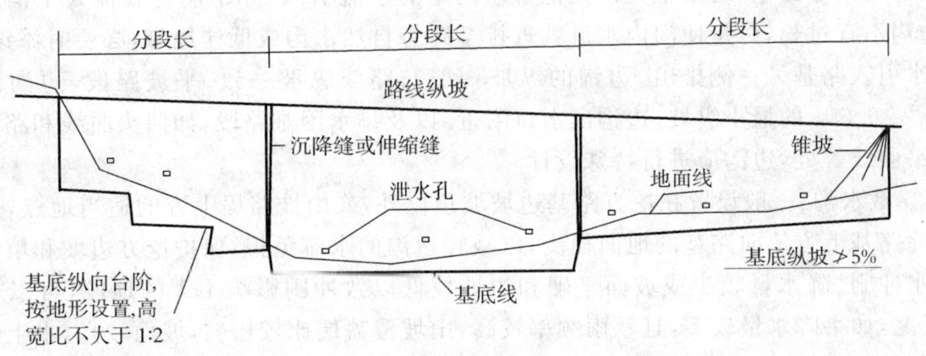

图 4-22　挡土墙正面图

(2) 横断面布置

绘制起讫点、墙高最大处、墙身断面和基础形式变异处以及其它必需桩号的挡土墙横断面图。按计算结果布置墙身断面,确定基础形式和埋置深度,布置排水设备,指定墙背填料的类别等等。

(3) 平面布置

个别复杂的挡土墙,例如高长的沿河曲线挡土墙或需要在纸上研究挡土墙平面位置的复杂挡墙,除了横纵向布置外,还应作平面布置。绘制平面图,图中标示挡土墙与路线的平面位置,地貌和地物(特别是与挡土墙有干扰的建筑物)等情况。沿河挡土墙还应绘出河道及水流方向,其它防护、加固工程等。

4.7.5 路基排水设计

1. 路基排水的目的和要求

路基的强度与稳定性同水的关系十分密切。路基的病害有多种，形成病害的因素亦很多，但水的作用是主要因素之一，因此路基设计、施工和养护中，必须重视路基排水工程。

根据水源的不同，影响路基的水流可分为地面水和地下水两大类.与此相适应的路基排水工程，则分为地面排水和地下排水。路基排水的任务，就是将路基范围内的土基湿度降低到一定的范围内，保持路基常年处于干燥状态，确保路基、路面具有足够的强度与稳定性。

路基设计时，必须考虑将影响路基稳定性的地面水排除和拦截于路基用地范围以外，并防止地面水漫流、滞积或下渗。对于影响路基稳定性的地下水，则应予以隔断、疏干、降低，并引导至路基范围以外的适当地点。

2. 各种常见的排水设施

常用的路基地面排水设备，包括边沟、截水沟、排水沟、跌水与急流槽等，必要时亦有渡槽、倒虹吸及积水池等。这些排水设备，分别设在路基的不同部位，各自的主要功能、布置要求或构造形式，均有所差异。总的来说有地面排水设备和地下排水设备。下面分别介绍：

(1) 地面排水设备

① 边沟：设置在挖方路基的路肩外侧或低路堤的坡脚外侧，多与路中线平行，用以汇集和排除路基范围内和流向路基的少量地面水。平坦地面填方路段的路旁取土坑，常与路基排水设计综合考虑，使之起到边沟的排水作用。

边沟的排水量不大，一般不需要进行水文、水力计算，依沿线具体条件.选用标准横断面形式。边沟紧靠路基，通常不允许其他排水沟渠的水流引入，亦不能与其他人工沟渠合并使用。边沟不宜过长，尽量使沟内水流就近排至路旁自然水沟或低洼地带，必要时添设涵洞，将边沟水引入路基另一侧排出。边沟的纵坡一般与路线纵坡一致。平坡路段，边沟仍应保持0.3%～0.5%的最小纵坡。边沟出水口附近.以及排水困难路段，如回头曲线和路基超高较大的平曲线等处，边沟应进行特殊设计。

② 截水沟：一般设置在挖方路基边坡坡顶以外，或山坡路堤上方的适当地点，用以拦截并排除路基上方流向路基的地面径流，以减轻边沟的水流负担，保护挖方边坡和填方坡脚不受流水冲刷。降水量较少或坡面坚硬和边坡较低以致冲刷影响不大的地段，可以不设截水沟，反之，如果降水量较多，且暴雨频率较高，山坡覆盖层比较松软，坡面较高，水土流失比较严重的地段，必要时可设置两道或多道截水沟。

截水沟的位置，应尽量与绝大多数地面水流方向垂直，以提高截水效能和缩短沟的长度。截水沟应保证水流通畅.就近引入自然沟内排出，必要时配以急流槽或涵洞等泄水结构物将水流引入指定地点。沟底应具有0.5%以上的纵坡，沟底和沟壁要求平整密实、不滞流、不渗水，必要时予以加固和铺砌。截水沟的长度以200～500m为宜。

③ 排水沟：排水沟的主要用途在于引水，将路基范围内各种水源的水流，引至路基范围以外的指定地点。当路线受到多段沟渠或水道影响时，为保护路基不受水影响，可以设置排水沟或改移渠道，以调节水流，整治水道。

排水沟的位置，可根据需要并结合当地地形等条件而定，离路基尽可能远些，距路基坡脚不宜小于3～4m，平面上应力求直接，需要转弯时亦应尽量圆顺，做成弧形，其半径不宜小于10～20m，连续长度宜短，一般不超过500m。

排水沟应具有合适的纵坡，以保证水流畅通，不致流速太大而产生冲刷，亦不可流速太小而形成淤积，为此宜通过水文水力计算而择优选定。一般情况下，可取 0.5% ~ 1.0%，不小于 0.3%，亦不宜大于 3%。

④ 跌水和急流槽：跌水与急流槽是路基地面排水沟渠的特殊形式，用于陡坡地段，沟底纵坡可达 45°。由于纵坡陡、水流速度快、冲刷力大，要求跌水与急流槽的结构，必需稳固耐久，通常宜采用浆砌块石或混凝土结构，并具有相应的防护加固措施。

⑤ 倒虹吸和渡水槽：当水流需要横跨路基，同时受到路基设计标高的限制，可以采用管道或沟槽，从路基底部或上部架空跨越，前者称倒虹吸，后者为渡水槽，分别相当于涵洞和渡水桥，两者属于路基地面排水的特殊结构物.并且多半是配合农田水利所需要采用。

（2）地下排水设备

① 盲沟：相对于地面排水的明沟而言，盲沟又称暗沟，具有隐蔽工程的含义。从盲沟的构造特点出发，由于沟内分层填以大小不同粒径的颗粒材料，利用渗水材料透水性将地下水汇集于沟内，并沿沟排泄至指定地点，此种构造相对于管道流水而言，习惯上称之为盲沟，在水力特性上属于紊流。

② 渗沟：采用渗透方式将地下水汇集于沟内，并通过沟底通道将水排至指定地点，此种地下排水设备统称为渗沟，它的水力特性亦是紊流，但在构造上与上述简易盲沟有所不同。

③ 渗井：渗沟属于水平方向的地下排水设备，当地下存在多层含水层，其中影响路基的上部含水层较薄，排水量不大，且平式渗沟难以布置，采用立式（竖向）排水而设置渗井，穿过不透水层，将路基范围内的上层地下水，引入更深的含水层中去，以降低上层的地下水位或全部予以排除。

4.8　沥青路面设计

4.8.1　标准轴载与轴次换算

1. 标准轴载

路面设计时使用累计当量轴次的概念，但在道路上行驶的车辆不会是同一种类型，因此，进行轴载累计作用次数计算时，须选定一种标准轴型，把各种不同类型的轴载换算成这种标准轴载。根据道路运输实际车辆的现状及发展趋势，我国路面设计以双轮组单轴载 100kN 为标准轴载，以 BZZ—100 表示。标准轴载的计算参数按表 4 - 29 确定。

表 4 - 29　标准轴载 BZZ—100 计算参数

标准轴载名称	BZZ－100	标准轴载名称	BZZ－100
标准轴载 P (kN)	100	单轮传压面当量圆 直径 d(cm)	21.30
轮胎接触压力 P (MPa)	0.70	两轮中心距(cm)	1.5d

2. 轴次换算

由于不同力学参数疲劳等效效应不同，当量轴载换算按以下三种情况进行：

(1) 以弯沉值及沥青层层底拉应力为设计指标时的轴载换算公式：

$$N = \sum_{i=1}^{K} C_1 C_2 n_i \left(\frac{P_i}{P}\right)^{4.35} \tag{4-18}$$

式中：N—— 标准轴载的当量轴次(次／日)；n_i—— 被换算车辆的各级轴载作用次数(次／日)；P—— 标准轴载(kN)；P_i—— 被换算车辆的各级轴载(kN)；K—— 被换算车辆的类型数；C_1—— 轮组系数，单轮组为6.4，双轮组为1.0，四轮组为0.38；C_2—— 轴数系数。

当轴间距大于3m时，按单独的一个轴计算，此时轴系数为1，当轴间距小于3m时，双轴或多轴的轴数系数按下式计算：

$$C_2 = 1 + 1.2(m - 1)$$

式中：m—— 轴数。

(2) 以半刚性基层底面容许拉应力为设计指标时，轴载换算公式：

$$N = \sum_{i=1}^{K} C'_1 C'_2 n_i \left(\frac{P_i}{P}\right)^{8} \tag{4-19}$$

C'_1—— 轮组系数，单轮组为18.5，双轮组为1.0，四轮组为0.09；

C'_2—— 轴数系数，$C'_2 = 1 + 2(m - 1)$，m 为轴数。

(3) 对贫混凝土基层以拉应力为设计指标时，轴载换算公式：

$$N = \sum_{i=1}^{K} C_1 C_2 n_i \left(\frac{P_i}{P}\right)^{12} \tag{4-20}$$

3. 累计当量轴次计算

设计年限内一个车道沿一个方向通过的累计当量标准轴次数 N_e 按式(4-21)计算：

$$N_e = \frac{[(1+\gamma)^T - 1] \times 365}{\gamma} N_1 \eta \tag{4-21}$$

式中：N_e—— 设计年限内一个车道沿一个方向通过的累计标准当量轴次(次)；T—— 设计年限(年)；N_1—— 路面营运第一年双向日平均当量轴次(次／日)；γ—— 设计年限内交通量平均增长率(%)；η—— 与车道数有关的车辆横向分布系数，简称车道系数，如表4-30所示。

表4-30　车道系数表

车道特征	车道系数 η	车道特征	车道系数 η
双向单车道	1.0	双向六车道	0.3～0.4
双向双车道	0.6～0.7	双向八车道	0.25～0.35
双向四车道	0.4～0.5		

4.8.2　沥青路面结构组合设计

1. 面层结构

(1) 面层

沥青面层分为热拌沥青混合料、冷拌沥青混合料、沥青贯入式、沥青表面处治与稀浆封层四种类型。热拌沥青混合料包含沥青混凝土、沥青碎石混合料。沥青混凝土适用于各级公路的面层。热拌沥青碎石混合料、沥青贯入式(含上拌下贯沥青碎石)可用于二级、三级公路的面层,以及用于柔性基层、调平层。沥青表面处治与稀浆封层可用于三级、四级公路的面层和各级公路的上、下封层。冷拌沥青混合料可用于三、四级公路面层,或旧路修补工程。交通量较小的乡镇、村公路可用砂石路面。

(2) 基层与底基层

基层、底基层厚度应根据交通量大小、材料力学性能和扩散应力的效果,充分发挥压实机具的功能,以及有利于施工等因素选择各结构层的厚度。各结构层的材料变化不宜过于频繁,应有利于施工组织、管理与质量控制。

(3) 垫层

垫层材料可选用粗砂、砂砾、碎石、煤渣、矿渣等粒料,以及水泥或石灰煤渣稳定粗粒土、石灰粉煤灰稳定粗粒土等。为防止软弱路基污染粒料底基层、垫层,或隔断地下水的影响,可在路基顶面设土工合成材料隔离层。垫层应与路基同宽,其最小厚度为15cm。

一般来说,面层、基层(底基层)和垫层是路面结构层的基本组成,各级道路应根据具体情况设置必要的结构层,但是,对三、四级公路最少也不得低于两层,即面层和基层。

2. 选择适宜的层厚和层数

各类结构层最小厚度与适宜厚度的要求见《公路沥青路面设计规范》4.1.3～5的规定。

(1) 当采用半刚性基层沥青路面时,高速公路、一级公路的沥青层最小厚度为100～120mm;二级公路的沥青层厚度宜为60～120mm;三级公路的沥青层厚度宜为30～50mm(拌和法)或15～30mm(层铺法表处);四级公路的沥青层厚度宜为10～30mm。

(2) 当采用柔性(基层)路面结构时,面层宜设计100或120mm双层式,其下设沥青混合料、贯入式碎石、级配碎石等柔性材料层。沥青厚度应根据公路等级、交通量等具体情况计算而定。

(3) 采用贫混凝土(刚性基层)沥青路面时宜设计100～180mm沥青层,当采取防止反射裂缝措施时,沥青层可适当减薄。

(4) 当采用混合式(基层)沥青路面时,面层宜设计100～120mm双层式,其下设柔性基层。柔性基层可为单层或双层,厚度宜为80～100mm。

4.8.3　沥青路面设计

1. 沥青路面结构设计方法与设计控制指标

我国现行的沥青路面设计方法采用弹性层状体系作力学分析基础理论,以双圆垂直均布荷载作用下的路面整体沉降(弯沉)和结构层的层底拉应力作为设计指标,以疲劳效应为基础,处理轴载标准转换与轴载多次重复作用效应。

弯沉与弯拉应力是目前各种力学经验法普遍采用的设计控制指标。

(1) 弯沉:路面设计弯沉值 l_d 由式(4-22)计算确定。

$$l_d = 600N_e^{-0.2}A_cA_sA_b \tag{4-22}$$

式中：l_d—— 路面设计弯沉值，0.01mm；

N_e—— 设计年限内一个车道上标准轴载的累计当量轴次；

A_c—— 公路等级系数，高速和一级公路为1.0，二级公路为1.1，三、四级公路为1.2；

A_s—— 面层类型系数，沥青混凝土面层为1.0，热拌和冷拌沥青碎石、上拌下贯或贯入式路面、沥青表面处治为1.1；

A_b—— 路面结构类型系数，对半刚性基层沥青路面为1.0，柔性基层沥青路面为1.6。

(2) 结构层材料的容许拉应力

为了防止沥青混凝土面层和半刚性材料基层、底基层的疲劳开裂，必须采用沥青混凝土和半刚性材料结构层底面的容许拉应力 σ_R 作为验算指标，要求此值应大于该结构层在双圆垂直均布荷载作用下实际可能产生的最大拉应力 σ_m。

$$\sigma_m \leqslant \sigma_R$$

容许拉应力要比一次荷载作用的极限抗拉强度小，其减小的程度同重复荷载次数和路面结构层材料的性质有关。其值由式(4-23)计算确定：

$$\sigma_R = \frac{\sigma_{sp}}{k_s} \tag{4-23}$$

式中：σ_{sp}—— 结构层材料的极限劈裂强度(MPa)，其值由试验确定；

k_s—— 抗拉强度结构系数，其值同荷载的反复作用次数有关。表征结构层材料抗拉强度因疲劳而降低的抗拉强度结构系数 k_s 根据疲劳方程可分别表示如式(4-24)：

$$\left.\begin{aligned} k_s &= 0.09N_e^{0.22}/A_c \quad \text{（沥青混凝土面层）} \\ k_s &= 0.35N_e^{0.11}/A_c \quad \text{（无机结合料稳定集料类）} \\ k_s &= 0.45N_e^{0.11}/A_c \quad \text{（无机结合料稳定细料土类）} \end{aligned}\right\} \tag{4-24}$$

2. 路面结构厚度设计方程式与设计参数

沥青路面结构组合设计的各项工作，即结构层材料选型、层位确定，结构层厚度初步选定之后，路面厚度设计验算阶段主要考察拟定的路面结构在经受设计使用期当量标准轴载的反复作用之后，是否能满足两项设计控制指标的要求，即式(4-25)和式(4-26)是否满足。

$$l_s \leqslant l_d \tag{4-25}$$

$$\sigma_m \leqslant \sigma_R \tag{4-26}$$

式中：l_s—— 拟定结构的计算路表弯沉值(0.01mm)；

σ_m—— 拟定结构的验算结构层层底拉应力(MPa)。

式(4-25)和式(4-26)两式必须同时满足，若有一式不能满足，则可以重新调整结构层的材料、层位与厚度，直至满足两项设计指标的要求为止。

(1) 计算路表弯沉值：路表弯沉值 l_s 按式(4-27)计算。

$$\left.\begin{aligned} l_s &= 1000\,\frac{2p\delta}{E_1}\alpha_c F \\ \alpha_c &= f\left(\frac{h_1}{\delta},\frac{h_2}{\delta},\cdots\frac{h_{n-1}}{\delta},\frac{E_2}{E_1},\frac{E_3}{E_2},\cdots\frac{E_0}{E_{n-1}}\right) \end{aligned}\right. \tag{4-27}$$

可应用括号内的参数作为输入数据，应用通用软件计算得到。

式中：F—— 弯沉综合修正系数，按式(4-28)计算。

$$F = 1.63\left(\frac{l_s}{2000\delta}\right)^{0.38}\left(\frac{E_0}{p}\right)^{0.36} \tag{4-28}$$

l_s— 路表弯沉(0.01mm)；p、δ(标准轴的轮胎接触压力(MPa)和当量圆半径(cm)；α_c 理论弯沉系数；E_0 或 E_n 路基回弹模量(MPa)；E_1，E_2，E_{n-1} 各结构层材料回弹模量(MPa)；h_1，h_2，h_{n-1} 各结构层的厚度(cm)。

(2) 计算结构层底拉应力 σ_m：结构层底拉应力 σ_m 按式(4-29)计算。

$$\sigma_m = p\overline{\sigma_m} \tag{4-29}$$

式中：$\overline{\sigma_m}$ 理论最大拉应力系数，按下式计算：

$$\overline{\sigma_m} = \phi\left(\frac{h_1}{\delta},\frac{h_2}{\delta},\cdots\frac{h_{n-1}}{\delta},\frac{E_2}{E_1},\frac{E_3}{E_2},\cdots\frac{E_0}{E_{n-1}}\right)$$

结构层的容许拉应力应通过实测其极限拉应力 σ_{sp} 后才能确定。所有这些构成了沥青路面设计必备的系列参数，下列逐项分述各参数选定的关键技术。

(3) 路基回弹模量

土基回弹模量(E_0)是路面结构设计的重要参数，其取值的大小对路面结构厚度有较大影响，正确的确定 E_0 是十分重要的。路基回弹模量值大小可通过查相关表格，现场承载板试验、室内小型承载板试验获得。

(4) 结构层材料的回弹模量

我国现行《公路沥青路面设计规范》规定：当采用回弹总弯沉设计结构厚度时，所有结构层的回弹模量均采用抗压回弹模量；当采用层底拉应力设计结构层厚度时，拟验算的结构层采用弯拉回弹模量，其他结构层均采用抗压回弹模量。半刚性材料的抗压回弹模量、弯拉回弹模量按我国《公路工程无机结合料稳定材料试验规程》有关规定进行试验测定。沥青混合料结构层的抗压回弹模量与弯拉模量按我国《公路工程沥青及沥青混合料试验规程》进行试验测定。测定抗压回弹模量时，取标准试验温度为20℃；测定弯拉回弹模量时，取标准试验温度为15℃，以适应不同设计控制指标所对应的最不利环境温度。

(5) 结构层的弯拉极限强度

沥青面层与有机结合料或无机结合料稳定粒料基层的弯拉极限强度，应按照我国有关规程规定的方法进行测定。当条件受限制时，也可采用间接拉伸试验，即劈裂试验，测定结构层材料的弯拉极限强度。

3. 新建路面结构层厚度设计步骤

(1) 根据设计任务书的要求，按设计回弹弯沉和容许弯拉应力两个设计指标，分别计算设计年限内的标准轴载累计当量轴次 N_e，确定交通量等级、面层类型，并计算设计弯沉值 l_d 和容许弯拉应力 σ_R。

(2) 按路基土类与干湿类型及路基横断面形式，沿线将路基划分为若干路段，确定各路段的土基回弹模量 E_0。

(3) 参考本地区工程经验，拟定若干个路面结构组合与厚度方案，根据选用的材料进行配合比设计，测定各结构层材料的抗压回弹模量、弯拉模量与抗弯拉强度，确定各结构层的

设计参数 E_i、σ_{spi}。

(4) 计算路面结构表面弯沉值 l_s 以及结构层层底弯拉应力 σ_m。

(5) 根据设计指标，采用多层弹性体系理论设计程序计算路面结构设计层的厚度，即路面结构设计要同时满足：

$$l_s \leqslant l_d,\quad \sigma_m \leqslant \sigma_R$$

取较厚的层作为最终设计结果，可以同时满足弯沉和弯拉应力两项设计指标的要求。

(6) 对于季节性冰冻地区，应验算防冻层厚度是否满足要求。若不能满足，则可增加防冻层厚度、达到规定厚度，以满足防冻要求。

最后进行技术经济比较，选定最佳路面结构方案。

4.9 水泥混凝土路面设计

4.9.1 交通量计算

水泥混凝土路面结构设计以汽车轴重为 100kN 的单轴双轮组荷载作为标准轴载。对于各种不同汽车轴载的作用次数，可按等效疲劳损坏原则换算成标准轴载的作用次数，并根据标准轴载的作用次数判断道路的交通繁重程度。水泥混凝土路面的轴载换算公式是在混凝土疲劳方程的基础上建立的，如式(4－30)：

$$N_s = \sum_{i=1}^{n} \delta_i N_i \left(\frac{P_i}{100}\right)^{16} \qquad (4-30)$$

$$\delta_i = 2.22 \times 10^3 P_i^{-0.43} \quad \text{(单轴单轮)} \qquad (4-31)$$

$$\delta_i = 1.07 \times 10^{-5} P_i^{-0.22} \quad \text{(双轴双轮组)} \qquad (4-32)$$

$$\delta_i = 2.24 \times 10^{-8} P_i^{-0.22} \quad \text{(三轴双轮组)} \qquad (4-33)$$

式中：N_s—— 标准轴载的作用次数(次／日)；N_i—— 各级轴载的作用次数(次／日)；n——轴载的分级数目；P_i—— 各级轴载单轴或双轴总重(kN)；δ_i—— 轴轮型系数，单轴双轮组时，$\delta_i=1$。

设计基准期内标准轴载的累计作用次数与第一年的交通量、交通轴载组成和交通量的预测增长情况等因素有关。同时应对上述交通因素进行详细调查、观测与预测。然后根据所得到的交通资料，按式(4－34)计算确定设计基准期内水泥混凝土面层临界荷位处所承受的标准轴载累计作用次数 N_e。

$$N_e = \frac{N_s[(1+\gamma)^t - 1] \times 365}{\gamma}\eta \qquad (4-34)$$

式中：N_s—— 使用初期设计车道的日标准轴载作用次数；γ—— 由调查确定的交通量年平均增长率，%；t—— 设计使用年限；η—— 车轮轮迹横向分布系数，它为路面横断面上某一宽度范围内实际受到的轴载作用次数占通过该车道断面的总轴数的比例。

表 4-31　车轮轮迹横向分布系数

<table>
<tr><th colspan="2">公路等级</th><th>纵缝边缘处</th></tr>
<tr><td colspan="2">高速、一级公路、收费站</td><td>0.17 ～ 0.22</td></tr>
<tr><td rowspan="2">二级及二级以下</td><td>行车道宽大于 7m</td><td>0.34 ～ 0.39</td></tr>
<tr><td>行车道宽不大于 7m</td><td>0.54 ～ 0.62</td></tr>
</table>

4.9.2　水泥混凝土路面结构组合设计

1. 面层混凝土板厚度

普通混凝土、钢筋混凝土、碾压混凝土或连续配筋混凝土面层所需的厚度，可参照表 4-32 所示参考范围并按规定计算确定。

表 4-32　水泥混凝土面层的厚度(mm)参考范围

<table>
<tr><td>交通等级</td><td colspan="6">特重</td><td colspan="4">重</td></tr>
<tr><td>道路等级</td><td>高速公路及快速路</td><td colspan="4">一级公路及主干道</td><td>二级公路及次干道</td><td>高速公路及快速路</td><td colspan="2">一级公路及主干道</td><td>二级公路及次干道</td></tr>
<tr><td>变异水平等级</td><td>低</td><td colspan="2">中</td><td colspan="2">低</td><td>中</td><td>低</td><td>中</td><td>低</td><td>中</td></tr>
<tr><td>面层厚度</td><td>≥260</td><td colspan="2">≥250</td><td colspan="3">≥240</td><td>270 ～ 240</td><td>260 ～ 230</td><td colspan="2">250 ～ 220</td></tr>
<tr><td>交通等级</td><td colspan="7">中等</td><td colspan="3">轻</td></tr>
<tr><td>道路等级</td><td colspan="4">二级公路及次干路</td><td colspan="2">三、四级公路及支路</td><td>三、四级公路及支路</td><td colspan="3">三、四级公路及支路</td></tr>
<tr><td>变异水平等级</td><td colspan="2">高</td><td colspan="2">中</td><td colspan="2">高</td><td>中</td><td colspan="2">高</td><td>中</td></tr>
<tr><td>面层厚度</td><td colspan="2">240 ～ 210</td><td colspan="4">220 ～ 200</td><td>220 ～ 200</td><td colspan="2">≤230</td><td>≤220</td></tr>
</table>

2. 表面抗滑构造

构造深度在使用初期应满足表 4-33 的要求。

表 4-33　各级水泥混凝土面层的表面构造深度(mm)要求

道路等级	高速公路、一级公路和城市快速路、主干道	二、三、四级公路和城市次干道、支路
一般路段	0.7 ～ 1.1	0.5 ～ 0.9
特殊路段	0.8 ～ 1.2	0.6 ～ 1.0

3. 基层和垫层

基层和垫层有粒料类(碎石、砂砾等)、稳定类(水泥、石灰、沥青稳定粒料或土)和贫混凝土(或碾压混凝土)三大类。

表 4-34　适宜各交通等级的基层类型及厚度的适宜范围

适宜的交通等级	基层类型	厚度适宜的范围(mm)
特重交通	贫混凝土或碾压混凝土基层	120 ～ 200
	沥青混凝土基层	40 ～ 60
重交通	水泥稳定粒料	150 ～ 250
	沥青稳定碎石基层	80 ～ 100
中等或轻交通	石灰粉煤灰稳定粒料基层	150 ～ 250
	级配粒料基层	150 ～ 200

4.9.3　水泥混凝土路面设计

1. 水泥混凝土路面结构设计理论与方法

混凝土路面设计方法都是以弹性地基板的荷载应力、温度应力分析方法为基本理论，以混凝土路面板的弯拉应力作为极限状态和设计控制指标。但是其设计理论与方法的各主要组成部分，数十年来被不断地改进与完善，设计方法也更加符合工程实际。

2. 面层板厚度和平面尺寸的设计

(1) 目标可靠度与疲劳极限状态方程式

水泥混凝土路面结构的设计安全等级及相应的设计基准期、目标可靠指标和目标可靠度，变异水平等级应符合表 4-35 的规定：

表 4-35　可靠度设计标准

道路技术等级	高速公路及城市快速路	一级公路及城市主干路	二级公路及城市次干路	三、四级公路及城市支路
安全等级	一级	二级	三级	四级
设计基准期(年)	30	30	20	20
目标可靠度(%)	95	90	85	80
目标可靠指标	1.64	1.28	1.04	0.84
变异水平等级	低	低 ～ 中	中	中 ～ 高

材料性能和结构尺寸参数的变异水平分为低、中和高三级。各变异水平等级主要设计参数的变异系数变化范围，应符合表 4-36 的规定。

表 4-36　变异系数 C_v 的变化范围

变异水平等级	低	中	高
水泥混凝土弯拉强度、弯拉弹性模量	$C_v \leqslant 0.10$	$0.10 < C_v \leqslant 0.15$	$0.15 < C_v \leqslant 0.20$
基层顶面当量回弹模量	$C_v \leqslant 0.25$	$0.25 < C_v \leqslant 0.35$	$0.35 < C_c \leqslant 0.55$
水泥混凝土面层厚度	$C_v \leqslant 0.04$	$0.04 < C_v \leqslant 0.06$	$0.06 < C_v \leqslant 0.08$

水泥混凝土路面结构设计以行车荷载和温度梯度综合作用产生的疲劳断裂作为设计的

极限状态，其表达式为式(4－35)。

$$\gamma_r(\sigma_{pr}+\sigma_{tr})\leqslant f_r \tag{4-35}$$

式中：f_r—— 水泥混凝土弯拉强度标准值(MPa)；γ_r—— 可靠度系数，依据所选目标可靠度及变异水平等级查表4－37确定；σ_{pr} —— 行车荷载疲劳应力(MPa)；σ_{tr} —— 温度梯度疲劳应力(MPa)。

表4－37　可靠度系数

变异水平等级	目标可靠度(%)			
	95	90	85	80
低	1.2～1.33	1.09～1.16	1.04～1.08	—
中	1.33～1.50	1.16～1.23	1.08～1.13	1.04～1.07
高	—	1.23～1.33	1.13～1.18	1.07～1.11

(2) 弯拉应力分析及厚度设计

① 荷载疲劳应力

产生最大荷载和温度梯度综合疲劳损坏的临界荷位位于混凝土板的纵向边缘中部。标准轴载 P_a 在临界荷位处产生的荷载疲劳应力按式(4－36)计算确定。

$$\sigma_{pr}=K_rK_fK_c\sigma_{ps} \tag{4-36}$$

式中：σ_{pr} —— 标准轴 P_s 在临界荷位处产生的荷载疲劳应力(MPa)；K_r—— 考虑接缝传荷能力的应力折减系数，即应力传荷系数，纵缝为设拉杆的平缝时，$K_r=0.87\sim0.92$(刚性和半刚性基层取低值，柔性基层取高值)；纵缝为不设拉杆的平缝或自由边时，$K_r=1.0$；纵缝为设拉杆的企口缝时，$K_r=0.76\sim0.84$；K_f—— 考虑设计基准期内荷载应力累计作用次数的疲劳应力系数，按式(4－37)计算。

$$K_f=N_e^v \tag{4-37}$$

其中：N_e—— 设计基准期内标准轴载累计作用次数；v—— 与混合料性质有关的指数、普通混凝土、钢筋混凝上、连续配筋混凝土 $v=0.057$；碾压混凝土和贫混凝土 $v=0.065$；钢纤维混凝土 v 可按式(4－38)计算。

$$v=0.053-0.017\rho_f\frac{l_f}{d_f} \tag{4-38}$$

其中：ρ—— 钢纤维的体积率(%)；l_f—— 钢纤维的长度(mm)；d_f—— 钢纤维的直径(mm)；K_c—— 考虑偏载和动荷载等因素对路面疲劳损坏综合影响的系数，可查表4－38。

表4－38　综合系数

公路等级	高速公路	一级公路	二级公路	三、四级公路
K_c	1.30	1.25	1.20	1.10

σ_{ps}—— 标准轴载 P_s 在四边自由板的临界荷位处产生的荷载应力(MPa)，按式(4－39)计算确定。

$$\sigma_{ps} = 0.077 r^{0.60} h^{-2} \tag{4-39a}$$

$$r = 0.537 h \left(\frac{E_c}{E_t}\right)^{1/3} \tag{4-39b}$$

式中：r—— 混凝土板的相对刚度半径(m)；h—— 混凝土板的厚度(m)；E_c—— 水泥混凝土的弯拉弹性模量(MPa)；E_t—— 基层顶面当量回弹模量(MPa)，由式(4-40)计算确定。

$$E_t = a h_x^b E_0 \left(\frac{E_x}{E_0}\right)^{1/3} \tag{4-40a}$$

$$E_x = \frac{h_1^2 E_1 + h_2^2 E_2}{h_1^2 + h_2^2} \tag{4-40b}$$

$$h_x = \left(\frac{12 D_x}{E_x}\right)^{1/3} \tag{4-40c}$$

$$D_x = \frac{E_1 h_1^3 + E_2 h_2^3}{12} + \frac{(h_1 + h_2)^2}{4}\left(\frac{1}{E_1 h_1} + \frac{1}{E_2 h_2}\right)^{-1} \tag{4-40d}$$

$$a = 6.22\left[1 - 1.51\left(\frac{E_x}{E_0}\right)^{-0.45}\right] \tag{4-40e}$$

$$b = 1 - 1.44\left(\frac{E_x}{E_0}\right)^{-0.55} \tag{4-40f}$$

式中：E_t—— 基层顶面当量回弹模量(MPa)；E_0—— 路床顶面回弹模量(MPa)；E_x—— 基层和底基层或垫层当量回弹模量(MPa)；E_1、E_2—— 基层和底基层或垫层回弹模量(MPa)，h_x—— 基层和底基层或垫层当量厚度(m)；D_x—— 基层和底基层或垫层当量弯曲刚度(MN·m)；h_1、h_2—— 基层和底基层或垫层厚度(m)；a、b—— 与 E_x/E_0 有关的回归系数。

② 温度疲劳应力

温度疲劳应力 σ_{tr} 是一个与不同温度梯度反复作用引起的累计疲劳损耗等效的应力。依据等效疲劳损伤的原则，可以寻求温度疲劳应力值，它所产生的疲劳损伤量，与年变化的温度应力所产生的累计疲劳损伤量相等。经计算分析，在临界荷位处产生的温度疲劳应力 σ_{tr} 可用式(4-41)表示。

$$\sigma_{tr} = K_t \sigma_{tm} \tag{4-41}$$

式中：σ_{tr}—— 临界荷位处的温度疲劳应力(MPa)；σ_{tm}—— 最大温度梯度时的温度翘曲应力(MPa)；K_t—— 考虑温度翘曲应力年变化所产生的累计疲劳损伤的系数。

最大温度梯度时的温度翘曲应力由式(4-42)计算。

$$\sigma_{tm} = \frac{\alpha_c E_c h T_g}{2} B_x \tag{4-42}$$

式中：σ_{tm}—— 最大温度梯度时混凝土板的温度翘曲应力(MPa)；α_c—— 混凝土的线膨胀系数(1/10℃)，通常可取为 1×10^{-5}/℃；T_g—— 最大温度梯度标准值，可按公路所在地的自然区划按表 4-39 选用；B_x—— 综合温度翘曲应力和内应力作用的温度应力系数，可按 L/r 和 h 查图 4-23 确定；L—— 板长，即横缝间距(m)。

表 4-39　最大温度梯度标准值

公路自然区划	Ⅱ、Ⅴ	Ⅲ	Ⅳ、Ⅵ	Ⅶ
最大温度梯度(℃/m)	83～88	90～95	86～92	93～98

［注］ 海拔高时，取高值；湿度大时，取低值。

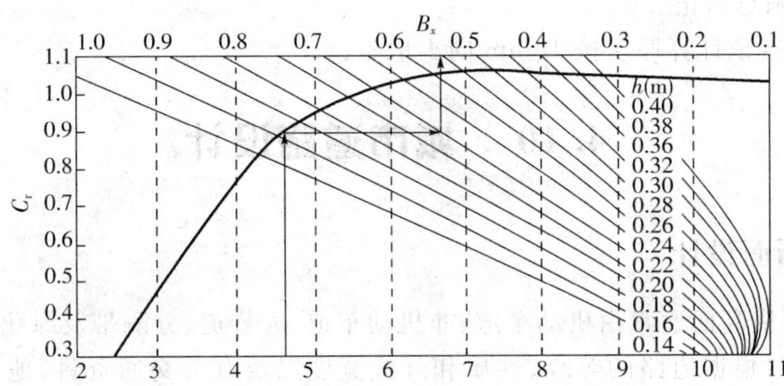

图 4-23　综合温度翘曲应力和内应力作用的温度应力系数 B_x

温度应力系数可按式(4-43)计算确定：

$$K_t = \frac{f_r}{\sigma_{tm}}\left[a\left(\frac{\sigma_{tm}}{f_r}\right)^c - b\right] \tag{4-43}$$

式中：a、b 和 c 为回归系数，按所在地区的公路自然区划查表 4-40 确定。

表 4-40　回归系数 a、b 和 c

系数	公路自然区划					
	Ⅱ	Ⅲ	Ⅳ	Ⅴ	Ⅵ	Ⅶ
a	0.828	0.855	0.841	0.871	0.837	0.834
b	0.041	0.041	0.058	0.071	0.038	0.052
c	1.323	1.355	1.323	1.287	1.382	1.270

3. 设计步骤与流程

(1) 收集并分析交通参数：收集日交通量和轴载组成数据，确定轮迹分布系数，计算设计车道标准轴载日作用次数，预估设计基准期内交通量年平均增长率，计算设计基准期内标准轴载的累计作用次数。

(2) 初拟路面结构：初选路面结构中包括路床、垫层、基层和面层的材料类型和厚度，依据交通等级、道路等级和所选变异水平等级初选混凝土板厚度，拟定板平面尺寸和接缝构造。

(3) 确定路面材料参数：试验确定混凝土的设计弯拉强度和弹性模量，基层、垫层和路基的回弹模量，基层顶面的当量回弹模量。

(4) 计算荷载疲劳应力：由应力公式计算标准轴载作用在临界荷位的最大荷载应力 σ_{ps}；按接缝类型选定考虑接缝传荷能力的应力折减系数 K_r；按标准轴载累计作用次数计算得到设计基准期内的疲劳应力系数 K_f；按交通等级选定考虑偏载和动载等因素对路面疲劳损坏

影响的综合系数 K_c；综合上述计算结果可得到荷载疲劳应力 σ_{pr}。

(5) 计算温度疲劳应力：由道路所在地公路自然区划选择最大温度梯度；按路面结构和板平面尺寸计算最大温度梯度时的温度翘曲应力 σ_{tm}；按自然区划，计算确定温度疲劳应力系数 K_t；由此计算确定温度疲劳应力 σ_{tr}。

(6) 检验初拟路面结构，若不符合，则重拟定路面结构或板平面尺寸，按第(1)～(5)步重新计算，直到满意为止。

(7) 设计厚度依计算厚度按 10mm 向上取整。

4.10 城市道路设计

4.10.1 横断面设计

城市道路的横断面通常由机动车道、非机动车道、人行道、分隔带及绿化带组成。横断面设计的任务在于：根据道路的等级、性质和红线宽度以及有关交通资料、地上杆线、地下管线、绿化、地形等因素统一安排，确定以上各组成部分的宽度，并给予合理的布置。

(1) 各组成部分宽度

① 机动车道宽度的确定

城市道路一条车道宽度一般与设计速度、车型有关。整个机动车道的宽度可按式(4-44)计算：

$$机动车道宽度 = \frac{单向高峰小时交通量}{一条车道的可能通行能力} \times 2 \times 一条车道宽度 \qquad (4-44)$$

机动车道路面宽度包括行车道宽度及两则路缘带宽度。

② 非机动车道宽度的确定

非机动车道主要是专供自行车、平板车和三轮车等非机动车行驶。在我国，其中以自行车数量最多。一般一条自行车车道宽度为 1.50m(其中两侧各 0.25m 的侧向安全距离)，两条自行车车道的宽度为 2.50m，三条自行车车道的宽度为 3.50m，余此类推。对于各类非机动车混和行驶的非机动车道，应该根据车辆横向布置的不同排列组合要求来确定，其宽度必须保证最宽车辆有超车或并行的可能。根据各城市对非机动车道宽度的设计和使用经验，其基本宽度推荐采用 5.5m(或 4.50m)、6.5m(或 6.0m)、8.0m(或 7.50m)、

③ 人行道设计

人行道最小宽度及设施带宽度见表 4-41。

表 4-41 人行道最小宽度与设施带宽度

<table>
<tr><th colspan="3">人行道最小宽度(m)</th><th colspan="2">设施带宽度(m)</th></tr>
<tr><td>项目</td><td>大城市</td><td>中小城市</td><td>项目</td><td>宽度</td></tr>
<tr><td>各级公路</td><td>3</td><td>2</td><td rowspan="2">设置行人护栏</td><td rowspan="2">0.25 ～ 0.50</td></tr>
<tr><td>商业中心，大型场所</td><td>5</td><td>3</td></tr>
<tr><td>火车站、码头附近</td><td>5</td><td>4</td><td rowspan="2">设置杆柱</td><td rowspan="2">1.0 ～ 1.5</td></tr>
<tr><td>长途汽车站</td><td>4</td><td>4</td></tr>
</table>

（2）路拱设计

同公路一样，城市道路也需设置路拱以保证排水。车行道路拱的形状，一般多采用双向坡面，由路中央向两边倾斜。路拱的基本形式有抛物线、屋顶线形和折线形。横坡度大小的选择应根据路面宽度、面层类型、设计速度、纵坡及气候条件确定，其取值范围为1%～3%。

（3）分车带

分车带按其在横断面上不同的位置与功能分为中间带以及两侧带。分车带由分隔带和两侧路缘带组成，其最小宽度见表4-42。

表4-42　分车带最小宽度

<table>
<tr><th colspan="2">分车带类别</th><th colspan="3">中间带</th><th colspan="3">两侧带</th></tr>
<tr><td colspan="2">计算行车速度(km/h)</td><td>80</td><td>60、50</td><td>40</td><td>80</td><td>60、50</td><td>40</td></tr>
<tr><td colspan="2">分隔带最小宽度(m)</td><td>2.00</td><td>1.50</td><td>1.50</td><td>1.50</td><td>1.50</td><td>1.50</td></tr>
<tr><td rowspan="2">路缘带宽度(m)</td><td>机动车道</td><td>0.50</td><td>0.50</td><td>0.25</td><td>0.50</td><td>0.50</td><td>0.25</td></tr>
<tr><td>非机动车道</td><td></td><td></td><td></td><td>0.25</td><td>0.25</td><td>0.25</td></tr>
<tr><td rowspan="2">侧向净宽(m)</td><td>机动车道</td><td>1.00</td><td>0.75</td><td>0.50</td><td>0.75</td><td>0.75</td><td>0.50</td></tr>
<tr><td>非机动车道</td><td></td><td></td><td></td><td>0.50</td><td>0.50</td><td>0.50</td></tr>
<tr><td rowspan="2">安全带宽度(m)</td><td>机动车道</td><td>0.50</td><td>0.25</td><td>0.25</td><td>0.25</td><td>0.25</td><td>0.25</td></tr>
<tr><td>非机动车道</td><td></td><td></td><td></td><td>0.25</td><td>0.25</td><td>0.25</td></tr>
<tr><td colspan="2">分车带最小宽度(m)</td><td>3.00</td><td>2.50</td><td>2.00</td><td>2.25</td><td>2.25</td><td>2.00</td></tr>
</table>

4.10.2　平面、纵断面设计

城市道路的平面设计是在城市干道规划的基础上，通过道路定线和详细的平面设计进行的。城市道路的纵断面设计与公路相似，技术指标选取参照《城市道路设计规范》。

4.10.3　城市道路排水设计

1. 雨水管及其构筑物沿道路的布置

（1）雨水管的布置

城市道路的雨水管线应是直线，平行于道路的中心线或规划红线。雨水干管一般设置在街道中间或一侧，并宜设在快车道以外，按照《城市工程管线综合规划规范》规定道路宽度大小50m时应两侧布置排水管线。由于管道施工和检修对交通运输影响较大，所以在交通量大的干道上，雨水管也可埋设在街道的绿地下和较宽的人行道下，但不可埋设在种植树木的绿带下和灯杆线及侧石线下。

由于雨水在管道内是靠它本身的重力而流动，所以雨水管道都是由上游向下游倾斜的。雨水管的纵断面设计应尽量与街道地形相适应，即管道纵坡尽可能与街道纵坡取得一致。这样，不致使管道埋设过深，节省土方量。因此在进行城市道路纵断面设计时，应考虑雨水的排除问题并为排除雨水创造条件。从排除雨水的要求来说，道路的纵坡最好在0.3%～4%范围内。道路过陡，则需要设置跌水井等特殊构筑物，增加基建费用。道路过于平坦，将增加埋设管道时开挖的土方量，如果车行道过于平坦，而排除地面水有困难时，应使街沟的纵坡大于0.3%，否则应设计成锯齿形街沟，以保证排水。

管道的埋设深度，对整个管道系统的造价和施工影响很大，管道越深则造价越贵，施工越困难，所以管道埋深不宜过大。管道最大允许埋深根据技术经济指标及施工方法决定，一般在干燥土壤中，管道最大埋深不超过7～8m，地下水位较高，可能产生流沙的地区，不超过4～5m。

最小埋设深度决定于管道顶面的最小覆土深度。在机动车道下，管顶最小覆土深度一般不小于0.7m。在管道保证不受外部荷载损坏时，最小覆土深度可适当减小。

不同直径的管子在检查井内的衔接，应使上下游管段的管顶等高，称为管顶平接，这样可避免在上游管中形成回水。

管材和管基。雨水管DN225、DN300及DN400采用硬聚氯乙烯双壁波纹管，橡胶圈柔性接口，150mm厚砂基础，D400、D450和D600可用承插式钢筋混凝土排水管；D800、D1000、D1400、D1500、D1600、D1800和D2000均采用平口式钢筋混凝土排水管，钢丝网水泥砂浆接口，C15或C20钢筋混凝土基础。雨水连管采用DN225或DN300，管坡1%。

（2）雨水口和检查井的布置

① 雨水口的布置

雨水口宜于设置在汇水点（包括集中来水点）上和截水点上，道路上的汇水点指街坊中和街道上的低洼处等。截水点指道路上每隔一定距离的地方、人行横道的上游（分水点情况除外）等。交叉路口处，应根据交叉口竖向设计等高线最低处布置雨水口。雨水口不宜设置在道路分水点上，地势高的地方、道路转弯的曲线段、建筑物门口、停车站前。

截水点和来水量较小的地方设单箅雨水口；汇水点和来水量较大的地方设双箅雨水口；汇水距离较长、汇水面积较大的易积水地段设三箅、四箅或选用联合式雨水口，如分离式立交地道的低洼处设多箅。

② 雨水口设置间距

雨水口间距一般为25～60m，在确保排水要求的前提下，可与检查井间距一致。在交叉口处雨水口的排水能力应加大，故应适当缩小雨水口的间距。连接管与干管的夹角宜接近90°，斜交时连接管应布置成与干管的水流顺向。

③ 雨水口箅面高

平箅雨水口箅面一般不宜低于附近路面30～40mm，四周路面或地面均平顺坡向雨水口，不得形成陡坎。

④ 检查井

为了对管道进行检查和疏通，管道系统上必须设置检查井，同时检查井还能够起连接沟管的作用。相邻两个检查井之间的管道应在一条直线上，以便于检查和疏通管道。检查井的尺寸应根据排水管径大小确定，如DN600以内管道选用ϕ1000圆形砖砌雨水检查井，也可根据相应管径选用相应尺寸的矩形砖砌雨水检查井。雨水口的连接管接入检查井，连接管坡度1%，每段长度一般不宜大于25mm。连接管管径：当只有一个雨水口时为200mm，串联2～3个雨水口时为300mm。覆土厚度不小于0.7m。雨水口连接管的管基与雨水管道基础做法相同。

2. 雨水管道设计流量计算

(1) 雨水流量公式

管道设计流量一般采用式(4-45)计算：

$$Q = \psi q F \tag{4-45}$$

其中：ψ—— 径流系数；q—— 设计降雨强度，由各地统计资料所得；F—— 汇水面积。

(2) 综合径流系数

根据某城市排水规划：建筑稠密的中心区(不透水覆盖面积大于70%)综合径流系数取0.6～0.8。

建筑较密的居住区(不透水覆盖面积50%～70%)综合径流系数取0.5～0.7。

(3) 设计降雨重现期

雨水管渠的设计重现期应根据汇水地区(广场、干道、厂区和居住区)性质、地形特点、汇水面积和 q 值等因素确定。城市道路雨水管道的设计重现期一般选用0.5～2.0年。对于重要干道、重要地区或短期积水能引起较严重损失的地区，应根据实际情况采用较高的设计重现期。在同一排水系统中，可以采用相同的设计重现期，也可以采用不同的设计重现期。

(4) 设计降雨历时

① 雨水管渠的设计降雨历时，根据推理公式的极限强度原理，即按设计汇流时间计算，它包括地面集水时间和管渠内流行时间两部分，计算公式为

$$t = t_1 + m t_2 \tag{4-46}$$

式中：t—— 设计降雨历时(min)；t_1—— 地面集水时间(min)；

t_2—— 管渠内流行时间(min)；m—— 延缓系数。

② 地面集水时间是管渠起点断面在设计重现期、设计历时降雨的条件下达到设计流量的时间。确定这个时间，要考虑地面集水距离、汇水面积、地面覆盖、地面坡度和降雨强度等因素。

③ 管渠内流行时间可采用式(4-47)计算：

$$t_2 = \sum l/(60v) \tag{4-47}$$

式中：l—— 上游各管段的长度(m)；v—— 上游各管段的设计流速(m/s)；

t_2—— 管渠内流行时间(min)。

④ 延缓系数 m。管渠中水流并不是一开始就达到设计流速 v，同时在降雨时管渠中往往有一部分无水的空间可以用来暂时容纳一部分雨水，各管段的设计流量可以降低，也就可以采用较大的 t_2，因此采用延缓系数来折减设计流量。暗管的延缓系数 $m = 2$。

(5) 雨水管渠水力计算的设计数据

为使雨水管渠正常工作，避免发生淤积、冲刷等现象，对雨水管渠水力计算的基本数据作如下的技术规定。

① 设计充满度：雨水中主要含有泥砂等无机物质，不同于污水的性质，加以暴雨径流量大，而相应较高设计重现期的暴雨强度的降雨历时一般不会很长。故管道设计充满度按满流考虑，即 $h/D = 1$。明渠则应有等于或大于0.20m的超高。街道边沟应有等于或大于0.3m的超高。

② 设计流速：为避免雨水所挟带的泥砂等无机物质在管渠内沉淀下来而堵塞管道，雨

水管渠的最小设计流速应大于最小设计流速为 0.75m/s，明渠内最小设计流速为 0.40m/s。为防止管壁受到冲刷而损坏，影响及时排水，对雨水管渠的最大设计流速规定为：金属管最大流速为 10m/s，非金属管最大流速为 5m/s。管渠设计流速应在最小流速与最大流速范围内。

③ 最小管径和最小设计坡度：雨水管道的最小管径为 300mm，相应的最小坡度为 0.003（塑料管可为 0.002），雨水口连接管最小管径为 200mm，最小坡度为 0.01。

④ 最小埋深与最大埋深：管道埋深与覆土深度和埋设深度有关。为了降低造价，缩短施工期，管道埋深深度越小越好。但覆土厚度应有一个最小的限值，否则就不满足技术要求。管道在机动车道下一般最小埋深应大于 0.70m；在干燥土壤中，最大埋深不超过 7 ～ 8m；在多水、流砂、石灰岩地层中，一般不超过 5m。

⑤ 水力计算：在具体计算中，已知设计流量 Q 及管道粗糙系数 n，需要求管径 D、水力半径 R、充满度 h/D、管道坡度 I 和流速 v。由于数学计算极为复杂，常采用水力计算图。D 和 n 是已知数，图上的曲线表示 Q、v、I、h/D 之间的关系。在这 4 个因素中，只要知道其中 2 个就可以查出其他 2 个。

第 5 章　某城市次干道道路设计示例

5.1　总体说明

5.1.1　设计概述

1. 项目背景

本示例为一条城市次干道道路设计。项目所在城市为中部地区省会，既是该省的政治文化中心，又是经济商业服务中心。随着城市经济的高速发展，城市人口不断膨胀，城市规模逐渐扩大，城市交通与城市经济的矛盾日益突出。为了缓解这一矛盾，城市主管部门制定了“141”（一个主城区、四个组团、一个滨湖新区）的空间发展战略。坚持把交通放在城市建设的优先位置，强攻主动脉，打通微循环，建设快速路，贯通中环线，加快构建快捷交通体系。

2. 道路功能定位分析

根据《某城市总体规划（2006 ～ 2020）》，所设计的道路是该市东部城区内一条南北向的城市次干道，是东部城区路网中的重要组成部分。本项目的修建，其主要意义在于，完善此区域的道路布局，打通断头路，带动道路沿线危旧房、城中村的改造，促进相关地块的开发使用，方便沿线居民出行，同时连通合裕路与长江东路，对当涂路与郎溪路的交通量具有分流作用。保证了区域交通“微循环”的畅通，同时也就保障了交通“主动脉”的良好运行，从而使整个交通路网系统得以有效运转。

3. 设计依据

(1)《某市城市总体规划（2006 ～ 2020）》

(2)《某市道路网规划图》(1996 － 2010)

(3)《某市雨水管网规划图》(1996 － 2010)

(4)《某市排水规划》(1995 － 2010 年)

(5)《城市道路设计规范》(CJJ 37 － 90)

4. 设计范围及主要内容

道路设计范围为凤阳东路至复兴路，全长 3.340km，路线为南北走向，道路等级为城市次干道，规划红线宽度 40m，双向六车道。

工程方案设计包括道路工程、排水工程、公共设施、景观工程、管线综合、施工组织等。

5. 设计方案

根据该市路网规划以及道路的功能定位和服务对象分析，本次方案设计道路等级为城市次干道。主要技术指标：(1) 计算行车速度：40km/h；(2) 荷载等级：桥涵结构荷载：采用城—A 级，道路路面设计荷载：BZZ—100 型标准(3) 排水工程：设计重现期采用 $P = 1.5$ 年，地面综合径流系数采用 $\Psi = 0.6$。

5.1.2 道路建设条件

1. 道路沿线现状

拟建场地位于某市瑶海区，路线主要穿越部分居民区、农田以及某厂区，沿线有农田、池塘等。长江东路至长临路路段沿线部分路段为农田，靠近长临路处为居民住宅用地，长临路至合裕路路段原有老路为某厂区内部道路，路面为水泥混凝土路面，老路宽 9m，路面年久失修，破损严重。

2. 沿线自然地理特征

(1) 地形地貌

拟设计道路路线呈南北走向，起点位于凤阳东路中线，终点位于复兴路中线。全长 3.340km，场地地势起伏较大，一般为 9.90～26.86m，最大高差 16.96m。构造上地处中朝准地台江淮台隆，属于下扬子海槽和淮阳古陆边缘地带。

(2) 气候、水文及自然区划

路线区域属亚热带季风湿润气候区，冬冷夏热春秋温和，季节变化显著，年平均气温 17℃，年降雨量 1000～1200mm，降雨季节分配不均，年蒸发量 1200～1600mm，年相对湿度 76%，无霜期 206～250 天。

本区属于长江大水系中的南淝河～巢湖水系，地表水沿南淝河、经巢湖、流入长江。地势整体上北高、南低。地面水系主要有：南淝河、二十埠河、董铺水库、大房郢水库等，南淝河是市区的主要河流。沿线地下水埋深不定，池塘附近为潜水，一般为上层滞水，地下水资源相对贫乏，浅部地下水量小。

本区自然区划为 IV_2 江淮丘陵、山地过湿区。

3. 设计道路工程地质条件

该段起点位于凤阳东路，终点位于复兴路。路线穿过多条道路以及某厂区铁路专用线，总体地势由北向南逐步降低，道路大部分地段经过菜地或建筑拆迁段，表层土由耕植土和杂填土组成，路线经过处有一池塘，淤泥厚约 1.0m，道路施工时应清除。

4. 地下水

据有关资料沿线地下水位埋深为 2.00～3.50m。地下水位受季节性降水的影响。地下水类型主要为上层滞水，主要由大气降水及地下径流补给。

地下水对钢筋混凝土结构中的混凝土和钢筋均无腐蚀性。

5.2 线形设计

5.2.1 平面设计

1. 设计资料

某市规划局提供的道路规划中心线位置：设计道路起点从凤阳东路开始，路线向南偏西方向前进，基本利用原有某厂区内部道路轴线，分别与长江东路、土山路、新安江路、长临路、东水路、淮南东路、和平路、同心路、合裕路、红旗路相交，终点至复兴路。

2. 平面设计

(1) 选线

城市道路选线一般根据城市路网建设，由道路规划决定。设计道路由南向北从凤阳东路至复兴路。其中新安江路至长江东路段为村庄，左方主要为农田，右方为村民居住房，且还有一段长约 50m 的池塘。考虑到路线不宜占用农田，所以决定道路从右方穿过。对于道路要经过池塘，因为池塘长度不大，并且为了以后道路修建好之后便于行人和非机动车辆通过，决定对右方的池塘进行填埋，保证道路的连续型。对左方池塘则保留以便农田灌溉，同时做好村民的拆迁安置工作。由此，初步定出平面线形。

(2) 确定设计指标

① 直线长度：直线长度有最大长度和最小长度限制。城市道路最大长度不宜超过 20V，当特殊地段不能满足条件时，可以采用变换建筑物色彩、型式等方式改善行驶环境。过短的直线长度也不利于行车安全。同时，也为了超高和加宽的需要，直线长度也不易过小。所以，拟定一般情况下直线长度不宜小于 100m。

② 圆曲线半径：行驶在曲线上的汽车由于离心力作用其稳定性受到影响，而离心力的大小又与曲线半径密切相关，半径越小越不利，所以在选择平曲线半径时尽可能采用较大的值，《城市道路设计规范》规定圆曲线半径在不同情况下的最小值见表 5－1。

表 5－1　不同情况下圆曲线半径

计算行车速度 40km/h	
设超高最小半径	70m
设超高推荐半径	150m
不设超高最小半径	300m
不设缓和曲线最小半径	500m

③ 缓和曲线长度：由于车辆要在缓和曲线上完成不同曲率的过渡行驶，所以要求缓和曲线有足够的长度，《城市道路设计规范》规定当计算行车速度为 40km/h 时缓和曲线最小长度为 35m。

(3) 确定平面线形

由初步定出的平面线形及城市道路规划，交点 K0＋003.688 及 K2＋855.280 处于平交范围内，此两处通过平交过渡不设平曲线；在桩号 K0＋115.266、K0＋311.907、K1＋209.128、K1＋437.224、K2＋208.515、K2＋306.423 处需设平曲线。在确定圆曲线半径时，应根据道路相交的情况和周围建筑物的条件，尽量选用较大半径，以便于安全舒适行驶。

根据城市道路规划路网，在桩号 K0＋115.266、K0＋311.907、K1＋209.128、K1＋437.224 处选用的半径分别为 400m，300m，300m，500m。K0＋115.266、K0＋311.907、K1＋209.128 三处平曲线半径小于不设缓和曲线的最小圆曲线半径 500m，拟在此 3 处限速 30KM/h。在桩号 K2＋208.515、K2＋306.423 处为一个十字型交叉，由于受到地形的限制，只能采用较小的半径值，分别取 199.998m 和 221.672m。交叉口处的车速较低，可以不设缓和曲线而直接两个圆曲线相接。计算结果见直线曲线转角表。

(4) 平曲线计算

以桩号 K0＋311.907 处平曲线为例进行计算：

由图出 JD2(A),JD3(B),JD4(C) 的坐标如下:

A(27754.065,32243.028)　B(27568.225,32311.057)　C(26670.218,32327.299)

方位角计算:

$$\beta_{AB} = \text{arctg}\left|\frac{32311.057 - 32243.028}{27568.225 - 27754.065}\right| = 20.106° = 20°06'21''\text{(南偏东)}$$

即点 B 至 A 的方位角为 159°53′39″。

$$\beta_{BC} = \text{arctg}\left|\frac{32327.299 - 32311.057}{26670.218 - 27568.225}\right| = 1°02'10''\text{(南偏东)}$$

即点 C 至 B 的方位角为 178°57′50″。

$$\alpha_1 = \beta_{BC} - \beta_{AB} = 178°57'50'' - 159°53'39'' = 19°04'11''$$

圆曲线计算下图:

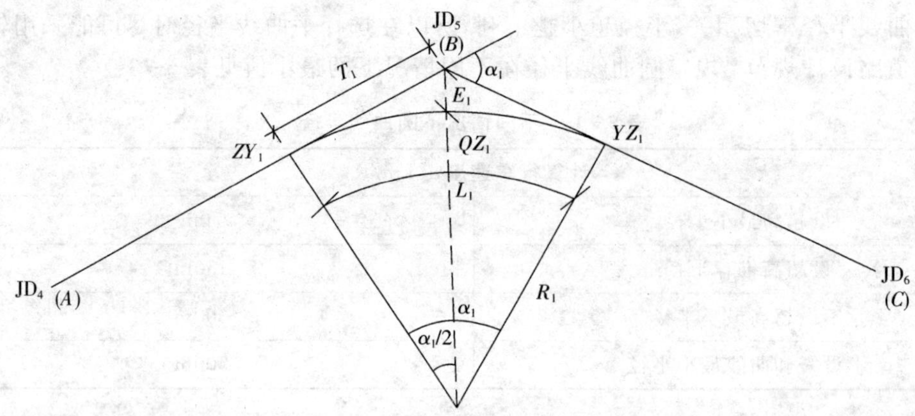

图 5-1　平曲线计算图

已知:$\alpha_1 = 19°04'11''$,取 $R = 300$m;

α_1— 路线转角;　L_1— 曲线长(m);　T_1— 切线长(m);

E_1— 外矩(m);　J_1— 校正数(m);　R— 曲线半径(m)。

$$T_1 = R \times \text{tg}\frac{\alpha_1}{2} = 300 \times \text{tg}\frac{19°04'11''}{2} = 50.39\text{m}$$

$$L_1 = \frac{\pi}{180}\alpha_1 R = 0.01745\alpha_1 R_1 = 0.01745 \times 19°04'11'' \times 300 = 99.848\text{m}$$

$$E_1 = R\left(\sec\frac{\alpha_1}{2} - 1\right) = 300 \times \left(\frac{19°04'11''}{2} - 1\right) = 4.203\text{m}$$

$$J_1 = 2T_1 - L_1 = 2 \times 50.39 - 99.848 = 0.932\text{m}$$

其余转点处用同样的方法计算。具体见直线曲线转角表(附录 1)。

3. 绘制平面图

平面图见附录 2(共 2 张)。

5.2.2　纵断面设计

1. 设计资料

设计道路沿线现多为厂房、农田及居民住宅用地，规划用地主要为居住用地、工业用地。地势起伏较大。纵面线形设计充分考虑周边建筑性质和区域土方平衡，确定路基填土高度。

2. 纵断面设计

(1) 确定控制点设计标高

设计道路两侧为农田，地势较为低洼，为满足周边区域的开发和排水的需要，本次设计将该段高程适当抬高。道路纵断面还受到平交口高程控制，结合现有道路沿线标高，对部分地势较高路段予以挖除，同时填筑部分低洼路段。靠近厂区路段应考虑与厂区道路的平顺衔接。最终使纵断面较为顺畅，能够较好的与道路两侧现有建筑物相协调，同时对于几处与铁路的平面交叉高程也得到的很好的控制。由此初步确定出路线纵坡设计线的控制点。

(2) 确定设计指标

纵坡设计线主要有竖曲线和直线组成。纵坡设计线指标有：

① 最大纵坡和最小纵坡：城市道路的最大纵坡确定除了要考虑到机动车的行驶要求，还要考虑到非机动车和行人的行驶要求。设计道路为一条混合车道，行人和自行车较多，所以最大纵坡确定必须要保证行人上坡时不费力，下坡时安全。确定最大纵坡不宜大于 3%。城市道路为了保证地面水与地下管道内的水能通畅迅速排除，道路纵坡也不宜过小。根据当地雨量大小和结合排水工程设计确定最小纵坡为 0.5%。

② 坡长限制：坡长大小的确定应与坡度大小综合考虑。对于城市混合行驶道路，当纵坡位于 3% 附近时，坡长不超过 200m 时，自行车行驶时不感到费力。若坡长过小，汽车在起伏路段产生超重和失重的频繁变化，导致乘客不舒适。而且从路容美观、相邻两竖曲线的设置和纵断面视距来看，也必须具有一定的最小长度。所以拟订本设计的最小坡长为 110m。

③ 竖曲线半径和长度：在道路转折处需设置竖曲线，根据转向不同有凹型和凸型两种。竖曲线有最小半径和长度限制。

对于最小半径的确定要考虑到缓和冲击、行驶时间和满足视距三个方面的要求。对于凹型和凸型由于分别的控制因素不同，极限最小半径大小也不同，由规范可得，分别为 450m 和 400m。在实际工作中，对于竖曲线半径的确定应根据道路交通要求、地形条件，尽可能采用较大的数值，并按 100 的整数倍数取设计值。

竖曲线最小长度也应该与半径值综合考虑，规范规定为了行车舒适和保证视距要求应不小于 35m，在条件容许时应采用较大值。

综上可得竖曲线技术指标表 5-2。

表 5-2　竖曲线技术指标

指标	单位	标准
计算行车速度	km/h	40
坡度大小	%	0.5 ～ 3
坡长限制	m	110 ～ 250(当坡长小于 2.5% 时坡长不限制)
凹曲线极限半径 / 一般最小半径	m	450/700
凸曲线极限半径 / 一般最小半径	m	400/600
竖曲线最小长度	m	35

(3) 确定纵断面设计线

由前面的设计，定出纵断面设计线。首先，在纵断面图上绘出每个中桩的位置，平曲线示意图，绘出地面线，标注控制点高程。再根据技术标准、选线意图，结合地面起伏情况，综合考虑各个控制点等因素，在这些点位间进行穿插和截弯取直，试定出若干坡度线。经过比较选出既符合技术标准，又能满足控制点要求，而且土石方量较省的设计线作为初定坡度线，再将前后坡度线延长交汇，即可定出变坡点的初步位置。试定纵坡后需要调整，首先将所定的坡度与选线时考虑的坡度进行比较，两者应基本符合，再检查坡度大小，坡长限制，竖曲线半径等是否满足要求，不满足的则需调整。注意在选取技术指标时，尽量选用较高的技术指标和各种指标间的均衡以取得好的线型。同时，还要看平面线形与纵断面线形配合是否适宜，平纵组合应该协调，连续，在视觉上自然的引导驾驶员的视线。经过调整后即可定出纵断面设计线。具体见纵断面图(图 5-2)。

(4) 纵断面设计线计算

以桩号 K0＋750 处为例进行竖曲线计算：

根据设计得知：$i_1 = -0.5\%$，$i_2 = 1.4\%$，$\omega = i_2 - i_1 = 1.9\%$ 为凹型，R＝10000，则：

竖曲线长度：$L = R\omega = 10000 \times 1.9\% = 190\text{m}$

切线长：$T = \frac{L}{2} = 95$

竖曲线变坡点纵距：$E = \frac{T^2}{2R} = \frac{95^2}{2 \times 10000} = 0.451\text{m}$

其余点计算方法类似。具体见纵坡竖曲线表(表 5-3)。

3. 绘制纵断面图

路线纵断面图见图 5-2(共 2 页)。

5.3　路基设计

5.3.1　路基横断面设计

1. 设计资料

根据设计招标文件提供的规划断面，规划红线宽度 40m，双向 6 车道。道路等级为城市次干道，计算行车速度为 40km/h。

2. 横断面设计

(1) 横断面形式的选择

根据车行道的分隔情况，城市道路常划分如下几种断面形式：单幅路、双幅路、三幅路、四幅路以及不对称路幅。各种断面形式的选择主要是由红线宽度以及交通量等因素来确定。设计道路红线宽度为 40m，是一条机动车交通量不大、非机动车较少的次干道。并且，该道路穿过某公司大院，考虑到拆迁和造价等因素，故确定本设计道路采用单幅路形式，即“一块板”断面。

(2) 机动车道及其组成宽度的确定

城市道路上供各种车辆行驶的路面部分，统称为行车道。而机动车道则只供各种机动车辆行驶。机动车道宽度按照表 5-4 选取。

表 5-3　　纵坡、竖曲线表

序号	桩号	竖曲线							纵坡(%)		变坡点间距	直坡段长	备注
		标高(m)	凸曲线半径 R(m)	凹曲线半径 R(m)	切线长 T(m)	外距 E(m)	起点桩号	终点桩号	+	−	(m)	(m)	
0	K0+000	24.8371											
										−0.5	750	655	
1	K0+750	21.0871		10000	95.0000	0.4513	K0+655	K0+845					
									1.4		455	298.8	
2	K1+205	27.4571	3400		61.2000	0.5508	K1+143.800	K1+266.200					
										−2.2	445	235.8	
3	K1+650	17.6671		8000	148.0000	1.3690	K1+502	K1+798					
									1.5		270	0	
4	K1+920	21.7171	9037.0370		122.0000	0.8235	K1+798	K2+042					
										−1.2	385	218	
5	K2+305	17.0971		6000	45.0000	0.1688	K2+260	K2+350					
									0.3		260	143	
6	K2+565	17.8771	8000		72.0000	0.3240	K2+493	K2+637					
										−1.5	515	367.0004309	
7	K3+080	10.1521		8000	75.9996	0.3610	K3+004	K3+156					
									0.399989227		259.907	183.9074309	
8	K3+339.907	11.1917											

编制：　　　　　　　　　　复核：

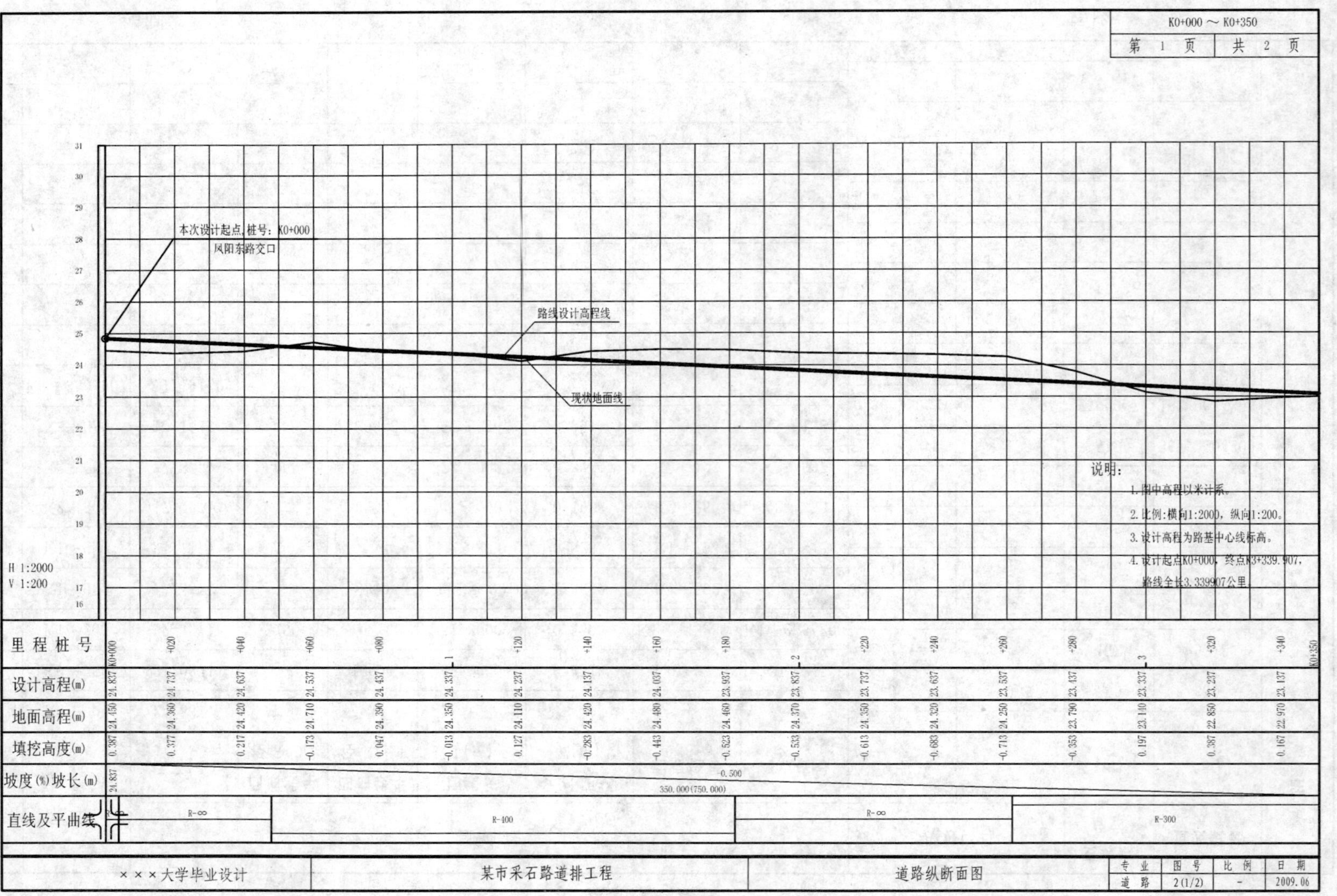

里程桩号	设计高程(m)	地面高程(m)	填挖高度(m)
K0+000	24.837	24.450	0.387
+020	24.737	24.360	0.377
+040	24.637	24.420	0.217
+060	24.537	24.710	-0.173
+080	24.437	24.390	0.047
1	24.337	24.350	-0.013
+120	24.237	24.110	0.127
+140	24.137	24.420	-0.283
+160	24.037	24.480	-0.443
+180	23.937	24.460	-0.523
2	23.837	24.370	-0.533
+220	23.737	24.350	-0.613
+240	23.637	24.320	-0.683
+260	23.537	24.250	-0.713
+280	23.437	23.790	-0.353
3	23.337	23.140	0.197
+320	23.237	22.850	0.387
+340	23.137	22.970	0.167
K0+350			

坡度(%)坡长(m)：24.837；-0.500，350.000(750.000)

直线及平曲线：R-∞，R-400，R-∞，R-300

图 5-2(1/2)

K0+350 ～ K0+700
第 2 页 共 2 页
H 1:2000
V 1:200
路线设计高程线
现状地面线
与长江东路平交,桩号:K0+357.105
与土山路平交,桩号:K0+526.590
里程桩号
设计高程(m)
地面高程(m)
填挖高度(m)
坡度(%)坡长(m)
直线及平曲线
K0+350 +357.105 +380 4 +420 +440 +460 +480 5 +520 +540 +560 +580 6 +620 +640 +660 +680 K0+700
23.087 23.062 22.937 22.837 22.737 22.637 22.537 22.437 22.337 22.237 22.137 22.037 21.937 21.837 21.737 21.637 21.538 21.468 21.438
22.999 23.020 22.980 22.810 22.670 22.560 21.030 20.980 20.800 20.640 20.630 20.780 20.550 20.630 20.580 21.110 21.490 21.190 21.060
0.088 0.032 -0.043 0.027 0.067 0.077 1.507 1.457 1.537 1.597 1.507 1.257 1.387 1.207 1.157 0.527 0.048 0.278 0.378
-0.500
350.000(750.000)
R-300
R-∞
×××大学毕业设计
某市禾石路道排工程
道路纵断面图
专业 道路
图号 2(2/2)
比例 -
日期 2009.06

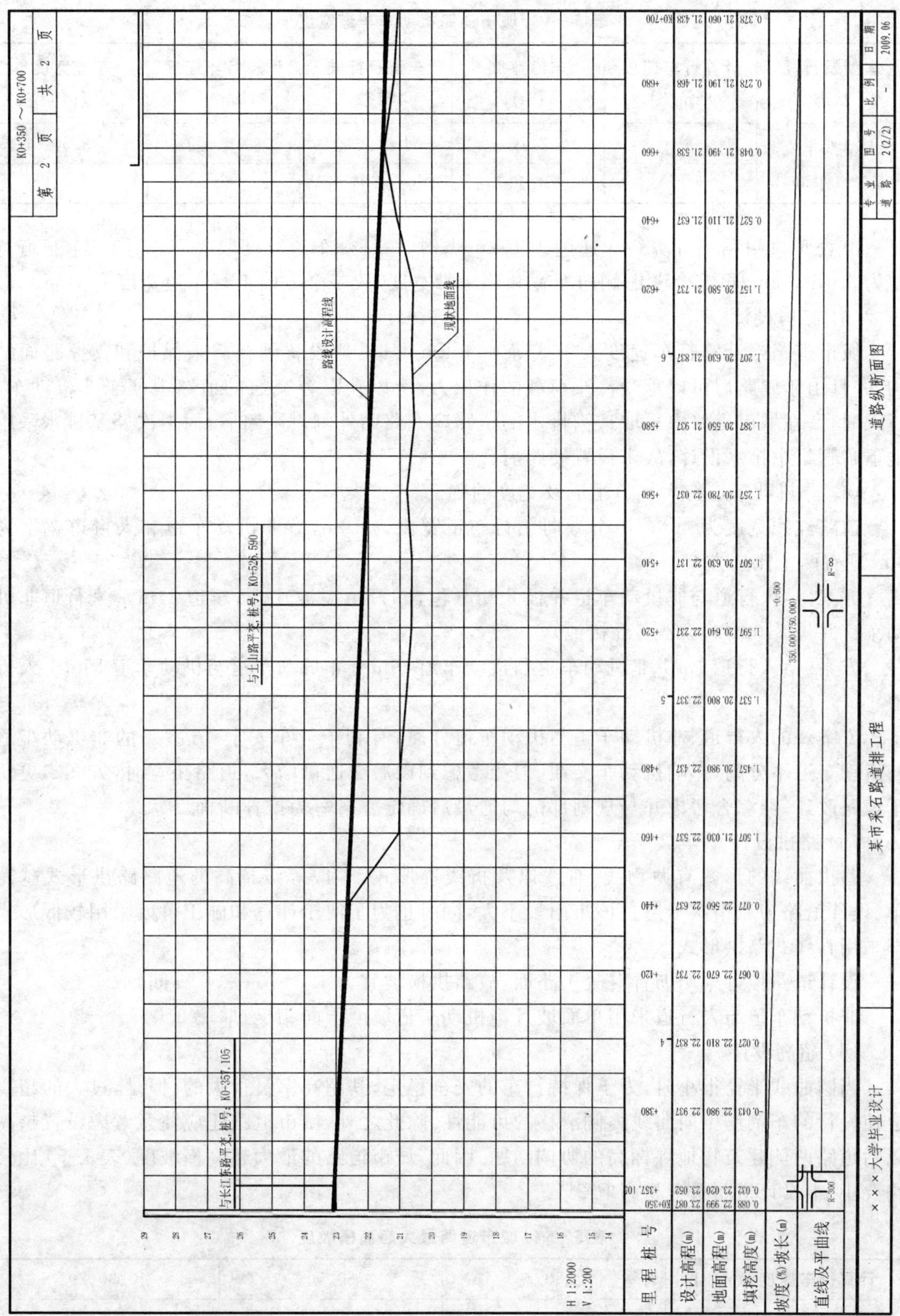

图 5 - 2(2/2)

表 5-4 城市道路机动车车道宽度

车型及行驶状态	计算行车速度(km/h)	车道宽度(m)	车型及行驶状态	计算行车速度(km/h)	车道宽度(m)
大型汽车或大小汽车混行	≥40	3.75	小型汽车	—	3.50
	<40	3.50	公共汽车停靠站	—	3.50

由表 5-4 可得当计算行车速度为 40km/h 时，每一个车道宽度取 3.75m，则三个车道宽度为 3.75×3m，再综合考虑侧向净宽和路缘带宽度，故一个方向上行车道宽度取 12m。

(3) 路肩设计

城市道路当计算行车速度大于或等于 40km/h 时，应设置硬路肩来保护和支撑路面结构。并且由于硬路肩可以承受汽车荷载的作用力，所以在混合交通的道路上便于非机动车、行人通行。在城市道路中采取边沟排水的道路应在路面外侧设硬路肩，而本次路基排水采用地下暗管集中排水设计，故未设置硬路肩。

(4) 非机动车道与人行道组成及宽度的确定

道路红线宽度为 40m，一个方向上行车道宽度为 12m，故非机动车道和人行道宽度为 8m。现有两个比选方案：

方案一：人行道与非机动车道并板 8.0m(包含 1.5m 树池)＋行车道 24m＋人行道非机动车道并板 8.0m(包含 1.5m 树池)

方案二：人行道 4m＋非机动车道与机动车道 16m＋非机动车道与机动车道 16m＋人行道 4m。

方案一的人行道、非机动车道与机动车道分离，有利于行车安全。方案二的非机动车道与机动车道不分离，影响机动车交通。但当考虑到以后交通量增大，道路拓宽时，方案二更便于道路改建。经综合考虑并与规划部门勾通最后确定方案一为推荐断面。

(5) 路拱设计

路拱曲线的形式有抛物线，直线以及折线等形式。一般等级越高的道路路拱形式越简单。设计道路为城市次干道且该市雨量不大，同时也为了便于计算和施工可以采用较低形式即采用直线式路拱形式。

设计道路拟订采用沥青混凝土路面，故路拱横坡宜为 1.0%～2.0% 间，取 1.5%。

非机动车道与人行道采用单面坡且与机动车道坡度指向相反，取－2.0%。

(6) 超高设计

当圆曲线半径很小时，为了保持行车的安全稳定，其超高率是很大的。但是，过大的超高会使慢行的车辆产生向曲线内侧滑移的可能性。除此之外，城市道路还应注意考虑设置超高以后道路两侧建筑物地坪标高的协调问题。因此，城市道路的最大超高横坡度(表 5-5)比公路要小。本设计道路最大超高取 2%。

表 5-5 城市道路最大超高横坡度

计算行车速度(km/h)	80	60、50	40、30、20
最大超高横坡度(%)	6	4	2

对于无中间带的城市道路，超高过渡主要有三种形式：绕内侧边缘旋转、绕中线旋转和

绕外边缘旋转。一般新建道路多用绕内侧旋转。改建道路多采用绕中线旋转且又为单幅路，设计道路超高过渡采用绕中线旋转。

为了行车的舒适、路容的美观和排水的通畅，必须设置一定长度的超高缓和段，超高的过渡则是在超高缓和段全长范围内进行的。道路缓和段长度按式（4－9）计算。例如在JD7处，超高过渡段长度按以下方法计算：

$$外侧\ L_{c_1}=\frac{\beta\Delta_i}{p}=\frac{12\times[(0.02-(-0.015)]}{1/100}=42\text{m}（绕中线旋转）$$

超高缓和段长度应凑成5m的倍数，可取 $Lc=45\text{m}$，则 $P=1/107.143$

3. 绘出横断面图

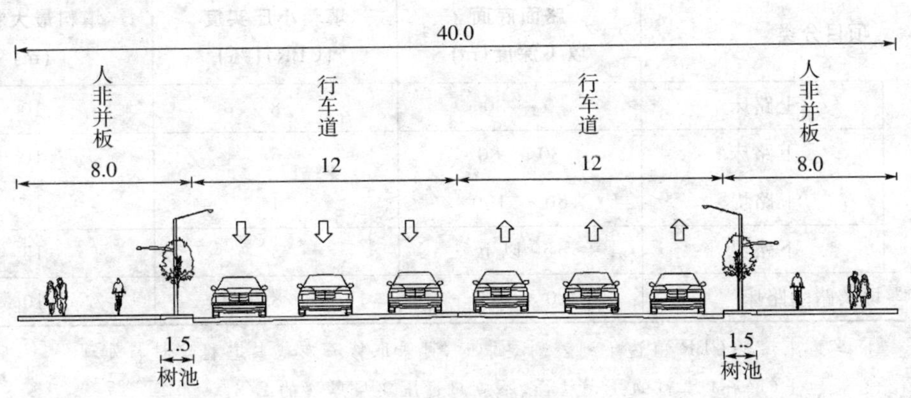

图5－3　横断面图

5.3.2　路基设计

1. 路基平均填土高度

由前面纵断面设计可知，本段道路路基平均填土高度为0.149m。

2. 路基边坡：

由横断面设计可知本段道路路基边坡由于路基填土高度均小于6m，因此边坡率可采用1∶1.5的坡度，且由于该段城市道路属低填方，故不需要进行边坡稳定性验算，路基设计表见附录3。

3. 路基压实标准

路基压实采用重型压实标准，压实度应符合表5－6的要求。

由于路线地处水网地区，设计中应加强挖淤排水及清除表土的严格要求。路基基底为耕地或土质松散时，应在填前进行压实，路基设计时，可考虑清理场地后进行填前压实，基底压实度不小于90(%)。

4. 路基填料

沿线筑路用土采用备土形式，取土以利用低产田和被道路分割的边角地以及开挖河道、鱼塘等解决，在填土较高、沉降较大的地段可以利用工业废渣（粉煤灰等）做路基填料。填方路基宜选用级配较好的粗粒土作为填料。城市道路路基填料最小强度和填料最大粒径应符合表5－7的规定。

表 5-6 路基压实度

填挖类别	路床顶面以下深度(m)	路基压实度(%)
零填即挖方	0～0.30 0～0.80	— ≥96
填方	0～0.80 0.80～1.50 >1.50	≥96 ≥94 ≥93

表 5-7 路基填料最小强度和最大粒径要求

项目分类		路面底面以下深度(m)	填料小压实度(CBR)(%)	填料最大粒径(m)
填方路基	上路床	0～30	8	10
	下路床	30～80	5	10
	上路堤	80～150	4	15
	下路堤	150以下	3	15
零填及路堑路床		0～30	8	10

[注] ① 当路床填料 CBR 值达不到表列要求时，可采取掺石灰或其它稳定材料处理

② 粗粒土(填石)填料的最大粒径，不应超过压实层厚度的 2/3。

5. 路基处理

(1) 一般路基处理原则：台阶宽 ≥2.0m，内倾 4%、路床顶面以下 0～80cm 采用相应剂量石灰土处理。

路基土的掺灰剂量，可根据当地情况实验确定，一般粘质土掺加石灰或二灰处理，粗粒土可以掺加水泥处理。地基表层处理可参阅《公路路基设计规范》。

(2) 特殊路基处理(河塘路基的处理)

路基河塘地段，先围堰，进行放水或排水挖除淤泥，然后将原地面开挖成台阶状，台阶宽 ≥2.0m，内倾 4%，并回填适当透水性材料至原水面以上(标高按高出原水面上 1.0m 来控制)，之后按一般路基处理原则控制。

5.4 路面设计

5.4.1 交通量计算

1. 路面设计年限

路面设计年限的选择应根据道路等级，道路在路网中的功能定位，当地国民经济发展的需求以及投资条件等因素，经综合论证后确定。本次拟修建的设计道路为城市次干道，道路两侧地块的用地主要为居住用地。设计道路连通两条重要城市出入口，同时沟通凤阳东路等道路组成方格状路网，形成快速便捷的道路交通体系。参照《公路沥青路面设计规范》，拟定设计年限为 15 年。

2. 标准轴载及轴载当量换算

表5-8　交通组成表

车型	前轴重(kN)	后轴重(kN)	后轴数	后轴轮组数	后轴距(cm)	交通量
小客车						1800
解放CA10B	19.40	60.85	1	双	—	300
黄河JN150	49.00	101.60	1	双	—	540
交通SH361	60.00	2×110.00	2	双	130.0	120
太脱拉138	51.40	2×80.00	2	双	132.0	150
吉尔130	25.75	59.50	1	双	—	240
尼桑CK10G	39.25	76.00	1	双	—	180

路面设计以双轮组单轴载100kN作为标准轴载

(1) 以设计弯沉值为指标及验算沥青层层底拉应力中的累计当量轴次。

① 轴载换算采用如下的计算公式：$N=\sum_{i=1}^{K}C_1C_2n_i\left(\frac{P_i}{P}\right)^{4.35}$

式中：N— 标准轴载当量轴次，次/日；

n_i— 被换算车辆的各级轴载作用次数，次/日；

P— 标准轴载，kN；

P_i— 被换算车辆的各级轴载，kN；

K— 被换算车型的轴载级别；

c_1— 轴载系数，$c_1=1+1.2(m-1)$，m是轴数。当轴间距离大于3m时，按单独的一个轴载计算；当轴间距离小于3m时，应考虑轴数系数；

c_2— 轮组系数，单轮组为6.4，双轮组为1，四轮组为0.38。

表5-9　轴载换算结果

车型		p_i(kN)	c_1	c_2	n_i	$c_1c_2n_i\left(\frac{p_i}{P}\right)^{4.35}$
解放CA10B	后轴	60.85	1	1	300	34.566
黄河JN150	前轴	49.00	1	6.4	540	155.212
	后轴	101.60	1	1	540	578.604
交通SH361	前轴	60.00	1	6.4	120	83.238
	后轴	110.00	2.2	1	120	399.634
太脱拉138	前轴	51.40	1	6.4	150	53.084
	后轴	80.00	2.2	1	150	125.013
吉尔130	前轴	25.75	1	6.4	240	4.200

(续表)

车型		p_i(kN)	c_1	c_2	n_i	$c_1 c_2 n_i \left(\frac{p_i}{P}\right)^{4.35}$
尼桑 CK10G	后轴	59.50	1	1	240	25.082
	前轴	39.25	1	6.4	180	19.709
	后轴	76.00	1	1	180	54.552
$N = C_1 C_2 n_i \left(\frac{P_i}{P}\right)^{4.35}$						1532.894

[注] 轴载小于25kN的轴载作用不计。

② 累计当量轴数计算

设计道路路面的设计年限为15年;六车道的车道系数η是0.3~0.4取0.35,$\gamma=8\%$,累计当量轴次:

$$N_e = \frac{[(1+\gamma)^t - 1] \times 365 \times N_1 \eta}{\gamma}$$

$$= \frac{[(1+0.08)^{15} - 1] \times 365 \times 1532.894 \times 0.35 \times}{0.08} = 5317123\text{次}$$

(2) 以半刚性材料层底拉应力为设计指标计算累计当量轴次。

① 轴载换算采用如下的计算公式:

$$N' = \sum_{i=1}^{k} c'_1 c'_2 n_i \left(\frac{p_i}{P}\right)^8$$

式中:c'_1 为轴数系数,$c'_1 = 1 + 2(m-1)$

c'_1 为轮组系数,单轮组为18.5,双轮组为1,四轮组为0.09。

表 5-10 计算结果

车型		p_i(kN)	c'_1	c'_2	n_i	$c'_1 c'_2 n_i \left(\frac{p_i}{P}\right)^8$
解放 CA10B	后轴	60.85	1	1	300	5.640
黄河 JN150	后轴	101.60	1	1	540	613.117
交通 SH361	前轴	60.00	1	18.5	120	3.729
	后轴	2×110.00	3	1	120	771.692
太脱拉 138	前轴	51.40	1	18.5	150	1.360
	后轴	2×80.00	3	1	150	75.498
吉尔 130	后轴	59.50	1	1	240	3.770
尼桑 CK10G	后轴	76.00	1	1	180	20.035
$N = \sum_{i=1}^{k} c'_1 c'_2 n_i \left(\frac{p_i}{P}\right)^8$						1494.839

[注] 轴载小于50kN的轴载作用不计。

② 设计年限累计当量标准轴载数

累计当量轴次：

$$N_e = \frac{[(1+\gamma)^t - 1] \times 365 \times N'_1 \eta}{\gamma}$$

$$= \frac{[(1+0.08)^{15} - 1] \times 365 \times 1494.839 \times 0.35 \times}{0.08} = 5185122 \text{次}$$

5.4.2　设计指标的确定

1. 设计弯沉

通常设计时，选用半刚性材料龄期为三个月或六个月的模量值，土基模量值为不利年份不利季节。材料设计参数期与路面竣工后第一年不利季节基本接近，因此我们称这一状态为设计状态。表征设计状态的弯沉值称为设计弯沉值。设计弯沉是根据设计年限内一个车道上预测通过的累计当量轴次、公路等级、路面结构类型而确定的路表设计弯测值。根据式(4－22)计算路面设计弯沉值 l_d：

计算得设计弯沉值

$$l_a = 600 N_e^{-0.2} A_c A_s A_b$$

$$l_d = 600 \times 5317123^{-0.2} \times 1.0 \times 1.0 \times 1.0 = 27.10(0.01\text{mm})$$

2. 各层材料的容许层底拉应力

通过大量路面实验，表明承受一次加载断裂的极限弯拉应力与受多次加载后达到同样断裂所施加疲劳应力之间的比值与加载次数存在如下相关关系：$\frac{\sigma_{sp}}{\sigma_R} = K_s$，$K_s$ 为抗拉强度结构系数，由于各层材料系数不同可得各层容许拉应力为(根据弯拉应力查表 5－11 材料参数)：

(1) 细粒式密级配沥青混凝土

$$K_s = \frac{0.09 N_e^{0.22}}{A_c} = \frac{0.09 \times 5185122^{0.22}}{1.0} = 2.7$$

$$\sigma_R = \frac{\sigma_{SP}}{K_S} = \frac{1.4}{2.7} = 0.5185\text{MPa}$$

(2) 粗粒式密级配沥青混凝土

$$K_s = \frac{0.09 N_e^{0.22}}{A_c} = \frac{0.09 \times 5185122^{0.22}}{1.0} = 2.7$$

$$\sigma_R = \frac{\sigma_{SP}}{K_S} = \frac{0.8}{2.7} = 0.296\text{MPa}$$

(3) 水泥稳定碎石

$$K_s = \frac{0.35 N_e^{0.11}}{A_c} = \frac{0.35 \times 5185122^{0.11}}{1.0} = 1.92$$

$$\sigma_R = \frac{\sigma_{SP}}{\sigma_R} = \frac{0.5}{1.92} = 0.2604\text{MPa}$$

(4) 石灰土

$$K_s = \frac{0.45N_e^{0.11}}{A_c} = \frac{0.45 \times 5185122^{0.11}}{1.0} = 2.47$$

$$\sigma_R = \frac{\sigma_{SP}}{\sigma_R} = \frac{0.35}{2.47} = 0.1417\text{MPa}$$

5.4.3 结构组合与材料选取,拟定各层厚度

1. 土基抗压回弹模量:根据《公路沥青路面设计规范》要求,上路床 0 ~ 30cm 填料 CBR 值不小于 8,下路床 30 ~ 80cm 填料 CBR 值不小于 5;路床 0 ~ 80cm 的压实度(重型击实标准)不小于 96%。根据沿线填挖情况,土质调查及试验,结合工程所在地的自然区划 $Ⅳ_2$,得到天然土基回弹模量或根据现场试验选取土基回弹模量,为计算方便暂查表得到 E_0 约为 31MPa,由此确定土基回弹模量为 31MPa,待路基建成后在不利季节实测土基回弹模量,若小于设计值,采取补压、固化处理等措施,或调整路面结构以保证路基路面的强度和稳定性。

2. 由上面的计算得到设计年限内一个行车道上的累计标准轴次约为 500 万次左右,根据规范规定和相关经验,推荐如下结构:机动车道路面结构层采用沥青混凝土(12cm)、基层采用水泥碎石(厚度待定)、底基层采用石灰土(30cm)。规范规定城市道路面层由二至三层组成,采用两层沥青面层,表面层采用细粒式密级配沥青混凝土(厚 4cm)下面层采用粗粒式密级配沥青混凝土(厚 8cm)。

3. 各层材料的抗压模量与劈裂强度

查有关资料的表格及该地区各种材料模量经验值,得各层材料抗压模量(20℃)与劈裂强度,见表 5-11。

5-11 材料参数

材料名称	H(cm)	20℃ 抗压模量(MPa)	劈裂强度(MPa)
细粒式沥青混凝土	4	1400	1.4
粗粒式沥青混凝土	8	1000	0.8
水泥稳定碎石	?	1500	0.5
石灰土	30	900	0.35
土基	—	31	—

4. 确定水泥稳定碎石层厚度(换算成三层体系)

将路面结构多层结构体系换算成三层体系,用设计弯沉来确定水泥稳定碎石层的厚度。

$$L_S = 600N_e^{-0.2}A_cA_SA_b = 600 \times 5317123^{-0.2} \times 1.0 \times 1.0 \times 1.0 = 27.10(0.01\text{mm})$$

$$F = 1.63\left[\frac{L_S}{2000\delta}\right]^{0.38} \times \left[\frac{E_0}{P}\right]^{0.36} = 0.5065$$

$$\alpha_L = \frac{L_SE_1 \times 10^{-3}}{2P\delta F} = \frac{0.027 \times 1400}{2 \times 0.7 \times 10.65 \times 0.5065} = 5.005$$

$$h = h_1 = 4\text{cm},\ E_1 = 1400\text{MPa},\ H = H_2 + \sum_{k=3}^{n-1} h_K \sqrt[2.4]{\frac{E_K}{E_2}},\quad E_2 = 1000\text{MPa}$$

$$\begin{cases}\dfrac{h}{\delta}=\dfrac{4}{10.65}=0.38\\[2ex]\dfrac{E_2}{E_1}=\dfrac{1000}{1400}=0.71\end{cases}$$

∴ 查弯沉系数诺谟图得 $\alpha=7.1$

$$\begin{cases}\dfrac{h}{\delta}=\dfrac{4}{10.65}=0.38\\[2ex]\dfrac{E_0}{E_2}=\dfrac{31}{1000}=0.031\end{cases}$$

∴ 查弯沉系数诺谟图得 $K_1=1.39$

$\therefore K_2=\dfrac{\alpha_L}{\alpha K_1}=\dfrac{5.005}{7.1\times 1.39}=0.5071$

∴ 查弯沉系数诺谟图得：$\dfrac{H}{\delta}=5.2$

$\therefore H=\delta\times 5.2=10.65\times 5.2=55.38\text{cm}$

根据 $H=H_2+\sum\limits_{k=3}^{n-1}h_K\sqrt[2.4]{\dfrac{1500}{1000}}+30\sqrt[2.4]{\dfrac{900}{1000}}=8+h_K\times 1.184+28.71=55.38\text{cm}$

$\therefore h_3=15.77\text{cm}$，取 $h_3=20\text{cm}$

即水泥碎石层取 20cm 满足设计弯沉要求。

5.4.4　弯拉应力、剪应力的验算

1. 对于沥青路面需验算各层的弯拉应力是否满足要求

细粒式密级配沥青混凝土底 $h=h_1=4\text{cm}$

$$H=\sum_{k=2}^{i}h_k\sqrt[0.9]{\frac{E_K}{E_{i+1}}}=8+20\times\sqrt[0.9]{\frac{1500}{1000}}+30\times\sqrt[0.9]{\frac{900}{1000}}=64.08\text{cm}$$

$\dfrac{h}{\delta}=\dfrac{4}{10.65}=0.38$　$\dfrac{E_2}{E_1}=\dfrac{1000}{1400}$　$\dfrac{E_0}{E_2}=\dfrac{31}{1000}=0.031$

查弯拉应力诺谟图得 σ 为压应力，不需验算。

粗粒式密级配沥青混凝土底

$$h=\sum_{k=2}^{i}h_k\sqrt[4]{\frac{E_K}{E_i}}=4\times\sqrt[4]{\frac{1400}{1000}}+8\times\sqrt[4]{\frac{1000}{1000}}=12.35\text{cm}$$

$$H=20\times\sqrt[0.9]{\frac{1500}{1500}}+30\times\sqrt[0.9]{\frac{900}{1500}}=38.94\text{cm}$$

$\dfrac{h}{\delta}=\dfrac{12.35}{10.65}=1.16$　$\dfrac{E_2}{E_1}=\dfrac{1500}{1000}=1.5$　$\dfrac{E_0}{E_2}=\dfrac{31}{1500}=0.021$

查弯拉应力诺谟图得 σ 为压应力，不需验算。

水泥稳定碎石层底

$$h=\sum_{k=1}^{i}h_k\sqrt[4]{\frac{E_K}{E_i}}=4\times\sqrt[4]{\frac{1400}{1500}}+8\times\sqrt[4]{\frac{1000}{1500}}+20=31.16\text{cm}$$

$$\frac{h}{\delta}=\frac{31.16}{10.65}=2.93\quad \frac{E_2}{E_1}=\frac{900}{1500}=0.6\quad \frac{E_0}{E_2}=\frac{31}{900}=0.034$$

查弯拉应力诺谟图得

$$\bar{\sigma}=0.32\quad m_1=1.13\quad H=30\text{cm}\quad \frac{H}{\delta}=\frac{30}{10.65}=2.82$$

查弯拉应力诺谟图得 $m_2=0.45$

$\sigma=p\bar{\sigma}m_1m_2=0.7\times0.32\times1.13\times0.45=0.113\text{MPa}<\sigma_R=0.2604\text{MPa}$

故满足要求

石灰土底层弯拉应力

$$h=\sum_{k=1}^{i}h_k\sqrt[4]{\frac{E_K}{E_i}}=4\times\sqrt[4]{\frac{1400}{1500}}+8\times\sqrt[4]{\frac{1000}{1500}}+20=31.16\text{cm}$$

$$\frac{h}{\delta}=\frac{31.16}{10.65}=2.93,\quad \frac{E_2}{E_1}=\frac{900}{1500}=0.6\quad \frac{E_0}{E_2}=\frac{31}{900}=0.034$$

$$H=30\text{cm}\quad \frac{H}{\delta}=\frac{30}{10.65}=2.82$$

查弯拉应力诺谟图得： $\bar{\sigma}=0.32\quad n_1=1.12\quad n_2=0.45$

$\sigma_5=p\bar{\sigma}n_1n_2=0.7\times0.32\times1.12\times0.45=0.1129\text{MPa}<\sigma_R=0.14174\text{MPa}$

故满足要求。

对于城市道路还需验算剪应力和抗剪强度

(1) 路面结构等效换算

$h=h_1=4\text{cm}$

$$H=h_2+h_3\sqrt[2.4]{\frac{E_3}{E_2}}+h_4\sqrt[2.4]{\frac{E_4}{E_2}}$$

$$=8+20\times\sqrt[2.4]{\frac{1500}{1000}}+30\times\sqrt[2.4]{\frac{900}{1000}}=8+23.68+28.71=60.39\text{cm}$$

(2) 计算剪应力和正应力

由 $\frac{h}{\delta}=\frac{4}{10.65}=0.376\quad \frac{E_2}{E_1}=\frac{1000}{1400}=0.714$

$$\frac{E_0}{E_2}=\frac{31}{1000}=0.031\quad \frac{H}{\delta}=\frac{60.39}{10.65}=5.67$$

查剪应力诺谟图得：$\lambda'_{t(0.3)}=0.417,\gamma_1=0.868,\gamma_2=1.130$

$\lambda'_{(0.3)}=1.1305,\rho_1=1.052,\rho_2=0.968$

因而得 $f=0.3$ 时

$\tau_{m(0.3)}=p_t\lambda_{t(0.3)}=p\lambda'_{t(0.3)}\gamma_1\gamma_2=0.7\times0.417\times0.868\times1.13=0.286\text{MPa}$

$\lambda t_{(0.3)}=\lambda'_{t(0.3)}\gamma_1\gamma_2=0.417\times0.868\times1.13=0.409\text{MPa}$

$\sigma_{cp(0.3)}=p_t\lambda_{(0.3)}=p\lambda'_{(0.3)}\rho_1\rho_2=0.7\times1.305\times1.052\times0.968=0.806\text{MPa}$

$\lambda_{(0.3)}=\lambda'_{(0.3)}\rho_1\rho_2=1.1305\times1.052\times0.968=1.151$

缓慢制动时：$f=0.2$，则

$\tau_{m(0.2)}=[\lambda t_{(0.3)}+1.3(f-0.3)]p=[0.409+1.3\times(0.2-0.3)]\times0.7=0.195\text{MPa}$

$\sigma_{(0.2)}=[\lambda_{(0.3)}+0.46(f-0.3)]p=[1.151+0.46\times(0.2-0.3)]\times0.7=0.774\text{MPa}$

已知沥青混凝土面层 $c=0.2\text{MPa}$，$\varphi=37°$，则

上层破裂面上的实际剪应力：

$\tau_{a(f)}=pt\lambda_{t(f)}\cos\varphi$

$\tau_{a(f)}=\tau_{m(0.2)}\cos\varphi=0.195\times\cos37°=0.157\text{MPa}$；

破裂面上有效法向应力为：

$\sigma_a=\sigma_{(0.2)}-\tau_{(0.2)}(1+\sin\varphi)=0.774-0.195\times(1+\sin37°)=0.462\text{MPa}$（有效法向应力）；

沥青混合料面层材料的剪切强度为：

$\therefore\tau=c+\sigma_a\text{tg}\varphi=0.2+0.462\times\text{tg}37°=0.548\text{MPa}$（剪切强度）

紧急制动时

$\tau_{m(0.5)}=[\lambda_{t(0.3)}+1.3(f-0.3)]Pt=[0.409+1.3(0.5-0.3)]\times0.7=0.468\text{MPa}$

$\sigma_{(0.5)}=[\lambda_{(0.3)}+0.46(f-0.3)]Pt=[1.151+0.46(0.5-0.3)]\times0.7=0.870\text{MPa}$

$\sigma_a=0.87-0.468\times(1+\sin37°)=0.12\text{MPa}$

$\tau_a=0.468\cos37°=0.37\text{MPa}$

$\tau=2c+\sigma_a\text{tg}\varphi=0.2\times2+0.12\times\text{tg}37°=0.49\text{MPa}$

(3) 确定容许剪应力

停车站在设计年限内的停车标准轴数现按累计当量轴数的 15% 计，即

$N_T=0.15\times5317123=797568$ 次

则缓慢制动时：

$$K_{T(0.2)}=0.33\times\frac{N_T^{0.15}}{A_c}=0.33\times\frac{797568^{0.15}}{1.1}=2.30$$

$$\tau_a=\frac{\tau}{K_{T(0.2)}}=\frac{0.548}{2.30}=0.24\text{MPa}=\tau_R$$

紧急制动时：

$$K_{T(0.5)} = \frac{1.2}{A_c} = \frac{1.2}{1.1} = 1.09$$

$$\tau_a = \frac{\tau}{K_{T(0.5)}} = \frac{0.49}{1.09} = 0.45\text{MPa} = \tau_R$$

(4) 验算剪切应力

对于缓慢制动时：$\tau_a = 0.157\text{MPa} < \tau_R = 0.24\text{MPa}$

对于紧急制动时：$\tau_a = 0.37\text{MPa} < \tau_R = 0.45\text{MPa}$

因此，均满足要求。

若不满足抗剪强度要求可改变混合料组成设计或采用质量较好的沥青来满足抗剪强度要求。

非机动车道：用同样的方法演算所拟定的结构满足要求。

5.4.5 确定路面结构

行车道路面结构：

4cm AC—13(F) 细粒式沥青砼

8cm AC—16(F) 中粒式沥青砼

20cm 水泥稳定碎石

30cm 石灰土

人行道路面结构：

人行道路面结构由规范推荐，综合考虑到行人行走舒适，方便并与景观相协调，确定人行道铺装结构为：

6cm 纽西兰地面砖

2cm 1:4 水泥砂浆

18cm 水泥稳定碎石

5.5 排水设计

5.5.1 设计说明

1. 设计依据

(1)《某市雨水规划》某市政工程设计院。

(2)《某市污水专业规划(2007－2020)》某市政工程设计院。

(3)《某市长江东路工程施工图》某市政工程设计院。

(4) 相关管线设计规范。

2. 主要设计内容

本次设计通过设计道路及其周边相关道路现状排水系统进行分析，结合片区相关规划和设计道路设计方案，初步确定设计道路排水系统布置方案，对道路沿线的排水管线进行设计。主要包括排水管线的走向、管渠断面的确定、与现状的结合等方面内容。

5.5.2　排水工程设计

1. 排水工程现状

本次案例设计范围北起长江东路，南至合裕路，全长约2000m。沿线与新安江路、淮南东路、和平路、合裕路等道路相交。

2. 雨水系统布置

根据《某市雨水规划》，本次道路设计范围长临路以南属于南淝河流域范围，以北属于二十埠河流域范围。长江东路以北路段雨水管道向南接入长江东路现状雨水干管；长江东路至长临路雨水管汇入新安江路雨水干管，长临路至合裕路雨水管沿路向南排入合裕路雨水干管；合裕路以南雨水管汇入复兴路现状雨水箱涵。

3. 雨水管道布置方案

本方案依据规划并结合道路竖向设计，布置设计道路的雨水管道。

设计道路红线宽40m，根据《城市工程管线综合规划规范》，结合某市排水规划，雨水管按单侧布管考虑，雨水管布置在道路机动车道下；

长江东路～长临路，汇入新安江路雨水管。

长临路～合裕路，向南排入合裕路雨水干管。

雨水预留支管间距120m左右，且保证每个地块至少有一根预留管。预留管管径取DN600，以 $i = 0.005$ 坡向检查井。

雨水口采用偏沟式双箅雨水口。

4. 雨水管渠设计计算

以和平路至合裕路段为例进行设计。

按照规划要求，雨水排到合裕路雨水管道，同时得到汇水面积。

由规范要求并结合本段具体路况，拟定管道长度为40m，同时K0+460点为设计道路标高最低点，故此处也要设雨水口及检查井。同时可得各检查井的道路设计标高(表5-12)。

表5-12　设计标高表

检查井编号	设计标高(m)	检查井编号	设计标高(m)
1	16.65	9	16.66
2	15.67	10	16.28
3	15.33	11	15.77
4	15.46	12	15.25
5	15.73	13	14.73
6	16.00	14	14.22
7	16.26	15	13.70
8	16.53		

由于市区内建筑分布情况差异不大，可采用统一的平均径流系数值。由《某市雨水规划》确定取径流系数值 $\psi = 0.60$。

本设计路段地形平坦，建筑密度较稀，地面集水时间采用 $t_1 = 10\text{min}$。设计重现期选用 $P = 1.5a$。管道起点埋深根据支管的接入标高等条件，采用1.50m。

列表进行干管的水力计算(表5-13)。

表 5-13 雨水干管水力计算

设计管段编号	管长L (m)	汇水面积 $F(h_a)$	管内雨水流动时间(min) $\sum t_2=\sum \frac{L}{v}$	管内雨水流动时间(min) $t_2=\frac{L}{v}$	单位面积径流量 q_0 (L/(s·h_a))	设计流量 Q(L/s)	管径 D(mm)
1	2	3	4	5	6	7	8
1～2	40	0.43	0	0.65	169.67	72.96	300
2～3	40	0.68	0.65	0.73	165.90	112.81	400
3～4	20	0.80	1.38	0.32	161.89	129.51	400
4～5	40	1.02	1.70	0.51	161.35	160.19	400
5～6	40	1.41	1.99	0.61	158.69	223.75	500
6～7	40	1.82	2.60	0.51	155.63	283.24	500
7～8	40	2.24	3.11	0.42	153.17	343.09	500
8～9	40	2.58	3.53	0.51	151.20	390.10	600
9～10	40	2.86	4.04	0.48	148.89	425.81	600
10～11	40	3.24	4.52	0.44	146.78	475.56	600
11～12	40	3.62	4.96	0.60	144.90	524.55	700
12～13	40	4.04	5.56	0.50	142.43	575.41	700
13～14	40	4.46	6.06	0.41	140.44	626.34	700
14～15	40	4.78	6.47	0.61	138.85	663.69	800

坡度 I (‰)	流速 (m/s)	坡降 (m)	设计标高(m) 起点	设计标高(m) 终点	设计管内底标高(m) 起点	设计管内底标高(m) 终点	埋深(m) 起点	埋深(m) 终点
9	10	11	12	13	14	15	16	17
5.7	1.03	0.28	16.65	15.67	14.65	14.45	2.00	1.22
3.0	0.91	0.12	15.67	15.33	14.35	13.95	1.32	1.38
3.9	1.04	0.08	15.33	15.46	13.85	13.75	1.48	1.71
6.2	1.30	0.24	15.46	15.73	13.65	13.43	1.81	2.30
4.0	1.10	0.16	15.73	16.00	13.33	13.17	2.40	2.67
4.6	1.32	0.18	16.00	16.26	13.07	12.89	2.77	3.37
5.1	1.60	0.20	16.26	16.53	12.79	12.59	3.47	3.94
4.0	1.31	0.16	16.53	16.66	12.49	12.33	4.04	4.33
4.2	1.40	0.17	16.66	16.28	12.23	12.06	4.43	4.22
4.8	1.51	0.19	16.28	15.77	11.96	11.77	4.32	4.00
4.1	1.12	0.16	15.77	15.25	11.67	11.51	4.10	3.74
4.4	1.34	0.17	15.25	14.73	11.41	11.24	3.84	3.48
5.0	1.62	0.20	14.73	14.22	11.14	10.94	3.58	3.28
4.0	1.10	0.16	14.22	13.70	10.84	10.68	3.38	3.02

表 5-13 中设计说明：

(1) 第 2、3、12、13 项由前面计算可得。

(2) 计算中假定管段的设计流量均从管段的起点进入，即各管段的起点为设计断面。因此，各管段的设计流量是按该管段起点，即上游管段终点的设计降雨历时（集水时间）进行计算的，也就是说在计算各设计管段的暴雨强度时，用的 t_2 值应按上游各管段的管内雨水流行时间之和 $\sum t_2(\sum \frac{L}{v})$ 求得。如管段 1～2，是起始管段，故 $\sum t_2 = 0$，将此值填入表中。

(3) 根据确定的设计参数，求单位面积径流量 q_0。

根据某市雨水规划，该市暴雨强度公式如式(5-1)：

$$q = \frac{3600(1+0.76\times \lg P)}{(t+14)^{0.84}} \tag{5-1}$$

式中：q— 暴雨强度(L/s·ha)；

P— 设计重现期，(年) 本工程全部路段采用 1.5 年；

t— 降雨历时，$t = t_1 + mt_2$；

t_1— 地面集水时间(min)，本工程全部路段取 10min。

t_2— 管内流行时间(min)；

m— 延缓系数，暗管 $m = 2$，明渠 $m = 1.2$。

由此可得单位面积径流量公式(5-2)：

$$q_0 = \Psi q\,(\text{L/s}\cdot\text{ha}) \tag{5-2}$$

式中：q— 设计暴雨强度(L/s·ha)；

Ψ—— 径流系数；

一般路段采用综合径流系数 0.6。

综合可得：

$$q_0 = \Psi\times\frac{3600(1+0.76\lg P)}{(t+14)^{0.84}} = 0.6\times\frac{3600(1+0.76\lg 1.5)}{(t_2+24)^{0.84}} = \frac{2449}{(t_2+24)^{0.84}}$$

q_0 为管内雨水流行时间 $\sum t_2$ 的函数，只要知道各设计管段内雨水流行时间 $\sum t_2$，既可求出各设计管段的单位面积径流量 q_0。如管段 1～2 的 $\sum t_2 = 0$，代入上式得 $q_0 = \frac{2449}{24^{0.84}} =$ 169.67(L/s·ha)，将 q_0 列入表中第 6 项。

(4) 用各设计管段的单位面积径流量乘以该段的总汇水面积得设计流量。如管段 1～2 的设计流量 $Q = 169.67\times 0.43 = 72.96$L/s，列入表中第 7 项。

(5) 在求得设计流量后，即可进行水力计算，求管径，管道坡度和流速。在查水力计算图或表时，Q、I、D、v 等 4 个水力因素可以相互适当调整，使计算结果既符合水力计算设计数据的规定，又应经济合理。本段道路坡度较小，为不使管道埋深增加过多，管道坡度宜取小值。但所取坡度应使管内水流速度不小于最小设计流速。计算采用钢筋混凝土圆管（满流，$n =$ 0.013）水力计算表。

将确定的管径、坡度、流速各值列入表中第 8,9,10 项。

(6) 根据设计管段的设计流速求本管段的管内雨水流行时间 t_2。例如管段 1～2 的管内

雨水流行时间 $t_2 = \frac{L_{12}}{v_{12}} = \frac{40}{0.98 \times 60} = 0.68\text{min}$。将该值列入表中第5项。此值便是下一个管段 2 ～ 3 的 $\sum t_2$ 值。

(7) 管段长度乘以管道坡度得到该管道起点与终点之间的高差，即降落量。如管段 1 ～ 2 的降落量 $I \cdot l = 0.005 \times 40\text{m}$。列入表中第 11 项。

(8) 根据冰冻情况、雨水管道衔接要求及承受荷载的要求，确定管道起点的埋深或管底标高。本段起点埋深定为 2.0m，将该值列入表中第 16 项。用起点标高减去该点管道埋深得到该点管底标高，即 16.65 − 2.0 = 14.65m。列入表中第 14 项。用该值减去 1、2 两点的降落量得到终点 2 的标高，即 14.65 − 0.20 = 14.45m。列入表中的第 15 项。用 2 点的设计标高减去该点的管底标高得该点的埋深深度，即 15.67 − 14.45 = 1.22m。列入表中的第 17 项。

雨水管道各设计管段在高程上采用管顶平衔接。

(9) 在划分各设计管段的汇水面积时，应尽可能使各设计管段的汇水面积均匀增加。

其余各段用同样的方法得到雨水干管水力计算表 5 - 13。

5. 绘制雨水管纵剖面图

5.6 交叉口设计

5.6.1 设计资料

本设计段沿线共有 12 个交叉口，其中合裕路为快速路，长江东路为城市主干道，凤阳东路、新安江路、淮南东路和和平路为次干道，土山路、长临路、同心路、红旗路、复兴路、乐水路为支路。交叉口整体设计思路为：与快速路相交近期采用平交，远期采用立体交叉；与主干道相交，近期采用平交，远期根据需要设置立交；与次干道及支路相交采用平交；合理渠化交口内部交通流"盲区"、因地制宜地适度拓宽进出口，信号灯优化控制。

沿线存在多处铁路交叉，对于正在使用的铁路线，采用可移动栅栏分离、专人看护及专用信号灯控；对于废弃铁路线按正常路段设计。

5.6.2 交叉口设计

以和平路为例进行交叉口设计。

1. 确定交叉口类型

交叉口类型有加辅转角式、分道转弯式、扩宽路口式及环形交叉四类。各种型式的选择主要由相交道路等级和周围地形、用地情况来决定。设计道路与和平路均为城市次干道。设计道路红线宽度为 40m，和平路为 39m。因为两条相交道路交通量都较大，为使转弯车辆不影响其他车辆的正常行驶，所以决定采用拓宽路口式，即在交叉口连接部增设变速车道和转弯车道。因为和平路为已建道路，而设计道路为新建道路，故决定在设计道路交叉口处进行拓宽。考虑到交通量和用地情况，拓宽两个车道即 3.75m×2 = 7.5m。所以，在此交叉口处设计道路宽度为 47.5m. 拓宽方式为在机动车道两边分别增加一个车道。

2. 交叉口平面设计

交叉口平面设计的主要内容解决合适的转角曲线半径和足够的视距问题。为了保证各种右转车辆能以一定速度顺利转弯，交叉口转角处的缘石边缘应做成圆曲线。转弯半径应采用较大的设计值以保证交叉口处的通行能力和满足车辆转弯时的视距要求。交叉口形式如图 5－4 所示。

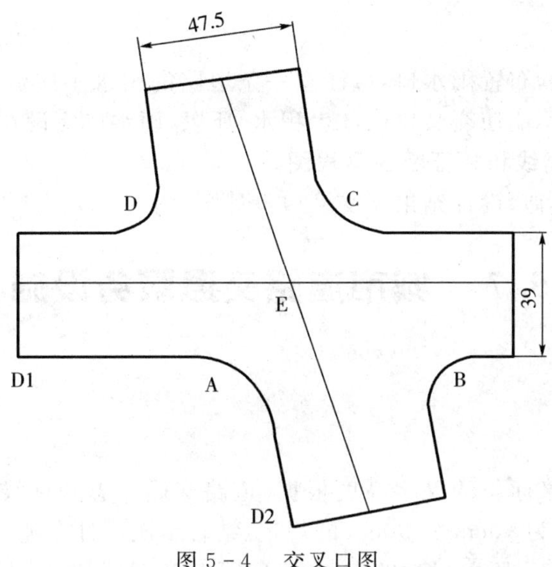

图 5－4　交叉口图

由规范可得设计车速为 40km/h 时，右转车速取 20km/h。圆曲线最小半径为 12m。为了有利行车和以后交通发展需要 B 点处圆曲线半径取 $R_1=15\text{m}$。所以，A 点处：

$$R_2=\left(\frac{2R_1+B_2}{2\cot^2\frac{\alpha}{2}}\right)-\frac{B_1}{2}$$

式中：B_1 — 主线路基宽度(m)；

B_2— 被交线路基宽度(m)；

α— 交叉角，为 100°。

可得：$$R_2=\left(\frac{2\times 15+39}{2\times\cot^2\frac{100}{2}}\right)-\frac{47.5}{2}=25.2\text{m，取 }25\text{m。}$$

对于 C 点和 D 点为了便于交叉口整齐美观和便于施工，其半径值分别取与 A 点和 B 点值一样大，即 25m 和 15m。

3. 立面设计

因为设计道路与和平路同为城市次干道，所以在交叉口范围内，各自的纵坡不变，而改变它们的横坡度。设计道路纵坡较大，所以改变和平路的横断面形状，将路脊线(路拱顶点的连线) 逐渐向设计道路的行车道边线移动，使其横断面的横坡度与设计道路的纵坡一致。用特征断面法进行立面设计计算。对于十字型交叉口，特征断面为各相交道路进入交叉口的入口处、转角曲线的切点处和交叉口对角线处。由于入口处和切点处设计标高由纵断面和横断面设计确定。所以此处主要计算路脊线交点处的标高：

$$H_E=H_{D1}+\frac{H_{D2}-H_{D1}}{l}\cdot l_1$$

式中：E 点为路脊线交点。

D_1，D_2 为交叉口入口处，设计标高分别为 17.02m 和 16.67m。

$D_1D_2=l=40\text{m}$　$D_1E=l_1=37.5\text{m}$。

所以：

$$H_E = 17.02 + \frac{17.02 - 16.67}{40} \times 37.5 = 17.35\text{m}$$

4. 布置雨水口

根据交叉口等高线，布置雨水口，应注意一条道路的雨水不应流过交叉口的人行横道，或流入另一条道路，也不能使交叉口内产生积水。所以，雨水口应设在人行横道前或低洼处。

5. 绘制交叉口等高线和特征断面高程图

其余交叉口设计类似，设计结果见交叉口设计图(图 5 - 5)。

5.7　城市道路交通服务设施

5.7.1　交通工程

1. 交通标志

(1) 版面设计：指路标志的汉字高度根据《道路交通标志和标线》的中设计车速 40 ～ 70km/h，标志的汉字高为 40cm ～ 50cm 的规定。结合本次设计车速为 40km/h，所设的标志汉字高 H 取 40cm，以确定版面尺寸的大小，字间距 $1/10H$，行距 $1/3H$。指路标志为蓝底，白字符。

(2) 结构设计：本次交通标志的结构形式主要为钢结构形式。

(3) 反光要求：路侧标志采用三级反光膜，悬臂标志采用二级反光膜。

2. 交通标线

本次设计标线采用热熔型标线涂料，突出标线的反光性、美观性和耐久性。交通标线设计依据是《道路交通标志和标线》的规定，并结合道路标线设计的经验综合而成。

3. 交通信号灯

信号灯材料选择：交叉口信号灯主要采用弯杆和直杆两种形式；信号灯地下埋管部分采用预埋 3 孔。灯杆用热镀锌钢管；信号灯、信号机型号由建设方确定。

4. 交通监控系统

以现代交通流理论为核心，使用信息技术和控制技术对路网交通流进行实时调节、快速互动。城市快速路建立可靠、高效的交通监控系统，是实现交通流合理分配、提高交通承载力和服务水平的必要手段。我们将以"区域控制、总体诱导"的策略，构建本工程交通监控系统总体结构，实现对交通的高效、有序和动态管理。

5.7.2　道路公共设施

1. 道路无障碍设计

缘石坡道分为单面坡和三面坡，本方案一般采用单面坡缘石坡道，型式根据设置地点选择方形、长方形或扇形，坡道下口宽度一般大于 2m，坡度小于等于 1：20，高出车行道的地面约 2cm。

盲道按作用分行进盲道、提示盲道，盲道的位置的一般距人行道边 0.8m 处，设置宽度为 0.6m。提示盲道设在行进盲道的起、终点、人行横道入口和转弯处。

沿人行道的公交车站盲道按规范要求设置。

2. 行人过街设计

(1) 过街通道位置设计：行人与非机动车作为交通出行中的弱者，在与其它交通方式的

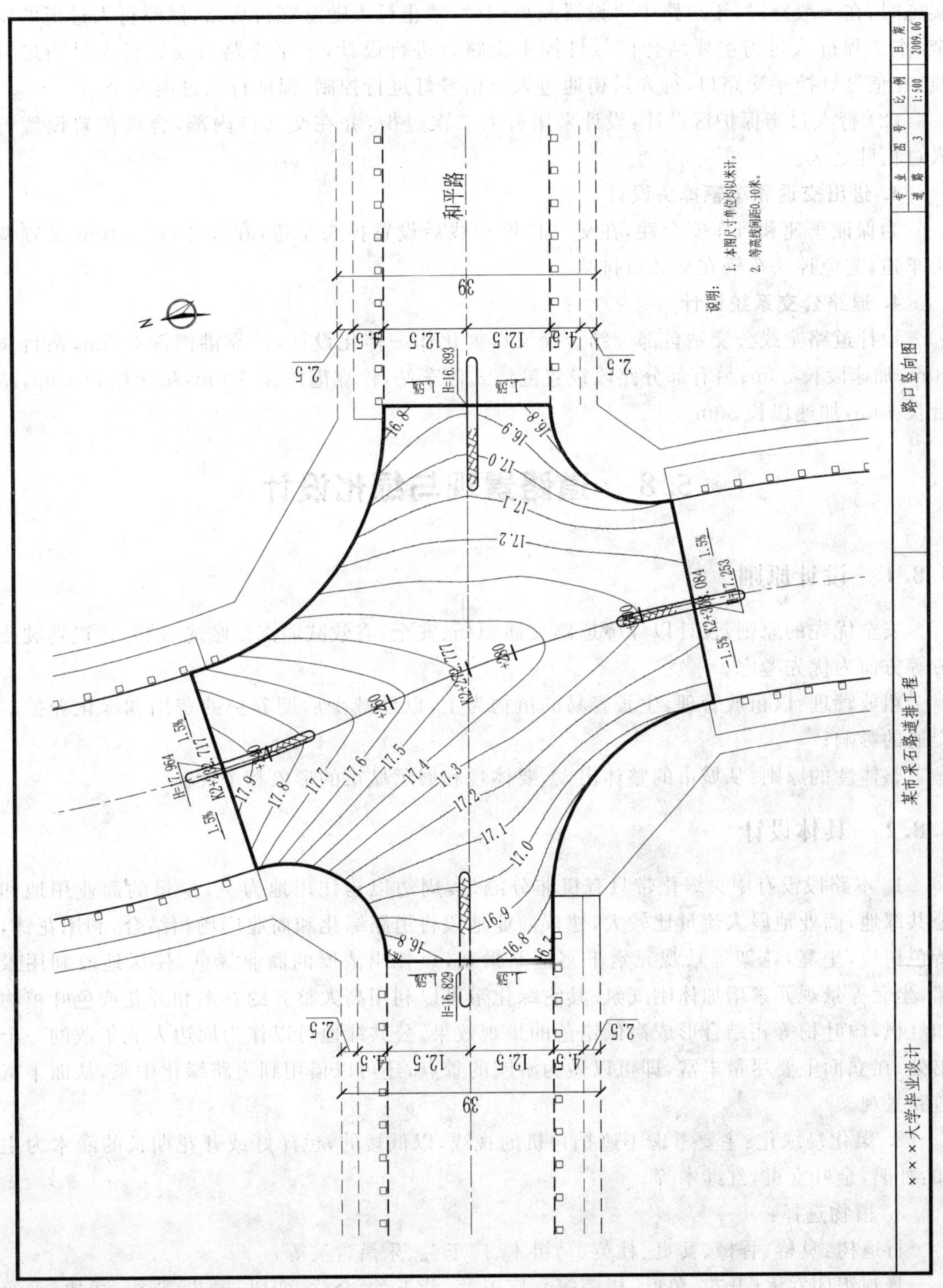

图 5-5　交叉口竖向设计图

冲突中最容易受到伤害，在交叉口处表现得尤为明显，因此，必须采取保护措施。本工程近期实施时，在一般路段，于道路中央设置隔离护栏，禁止行人随意穿行马路，保障行人过街的安全。本工程行人过街主要结合信号灯控平交路口进行设计，于平交路口设置行人过街斑马线。在信号灯控平交路口，行人过街通过人行信号灯进行控制，保证行人过街安全。

(2) 行人过街保护区设计：设计采用行人二次过街，并在交叉口内部，合理位置设置行人过街驻足区。

3. 进出交通和车辆掉头设计

为保证车速和行车安全性，在交叉口停车线后设置掉头车道，在停车线后 40m 设置调头车道，避免掉头车辆在交叉口排队。

4. 道路公交系统设计

设计道路全线公交站台部分结合交叉口渠化作一体化设计，停靠港湾深 3.5m，站台长 40m，加速段长 30m；另有部分路段设置港湾式停车站，停靠港湾深 3.0m，减速段长 20m，站台长 40m，加速段长 30m。

5.8 道路景观与绿化设计

5.8.1 设计原则

安全优先的原则：设计以保障道路交通顺畅、安全，有效减弱汽车眩光、消除司机驾驶疲劳等方面为优先考虑。

粗放管理：以粗放管理，生长容易的植物为主，以便减少后期养护的费用和绿化养护对交通的影响；

整体性的原则：从城市的整体出发，要体现和展示城市的形象和个性。

5.8.2 具体设计

1. 本路段没有中央绿化带只有机非分隔带，周边以居住用地为主，少量的商业用地和公共绿地，商业地段人流量比较大，建议商业地段将道路绿化和商业广场相结合，利用花钵，特色树池，坐凳，花架等景观元素丰富道路景观，烘托出浓厚的商业气息，住居地段利用景墙，坐凳等景观元素增加休闲气氛。其它绿化带可以利用高大整齐的乔木和开花或色叶植物如红枫，榆叶梅等相结合形成高低错落的景观效果。公共绿地可以作为周边人流集散的一个出处，在立面上要尽量丰富，即可以做为游园的景点，还可以借用到道路绿化中来，从而丰富道路景观。

2. 渠化岛绿化：主要考虑不遮挡司机的视线，以低矮的，色泽好或开花期长的灌木为主如：杜鹃，金叶女贞，红继木等。

3. 植物选择：

行道树：臭椿、香樟、女贞、杜英、马褂木、广玉兰、乐昌含笑等；

景观组团乔木(开花、色叶、树姿等)：广玉兰、紫玉兰、合欢、栾树、樱花、腊梅、碧桃、垂丝海棠等；

花灌木及灌木花带：紫薇、木槿、火棘、迎春、素馨、连翘、栀子花等。

第6章　某高速公路设计示例

本示例为一段高速公路线路设计。设计资料有：某地区1∶2000地形图一张；交通量调查资料；该地区地质、水文、气候、植被情况；路线起终点位置等。根据所给资料，进行平面设计、路线纵断面设计、横断面设计及其组合设计。最后成果包括计算书、直曲表、土方计算表、方案比较图、平面图、纵断面图和横断面图。

6.1　公路路线设计

路线设计要求利用道路设计软件进行辅助设计，根据所给资料，参照《标准》和《公路路线设计规范》确定公路等级及各项指标。

6.1.1　公路等级的确定

该地区近期交通量调查资料如表6-1，交通量增长率为10%。

表6-1　交通量资料

车型	数量	车辆折算系数
三菱 FR415	450	1.5
五十铃 NPR595G	252	1.5
江淮 HF140A	180	1.5
江淮 HF150	300	2.0
东风 KM340	630	1.5
东风 SP9135B	198	3.0
五十铃 EXR181L	138	3.0

表6-1中所列车型占交通量的60%，小客车占总交通量的40%。根据交通量调查资料，各类车型数量整理换算如表6-2(汽车折算系数由《标准》中表2.0.2查得)。

表6-2　交通量换算结果表

车型	数量
小客车	1432
中型车	1512
大型车	300
拖挂车	336

经计算交通量为：$N_O = 1432\times1+1512\times1.5+300\times2.0+336\times3.0=5308$ 辆/日

远景交通量：$N_d = N_O\times(1+\gamma)^{n-1}=5308\times(1+10\%)^{20-1}=32463$ 辆/日

式中：N_d— 远景设计年限年平均昼夜交通量；

γ— 交通量增长率；

n— 远景设计年限(按《路线规范》2.2.1 条规定，本设计为高速公路，取 n = 20)。

根据《标准》1.0.3 条规定，确定本次设计为：主要供汽车行驶的双向四车道高速公路。

6.1.2 公路设计速度的选用

公路设计速度依据公路的功能、等级、交通量，并结合地形、地质等状况，经论证确定。

根据交通量及山岭重丘区地形，由《标准》2.0.5 条规定，确定设计速度为：100km/h，路基宽 26m。

6.1.3 公路服务等级

按《公路路线设计规范》3.1.3 条规定，选用二级服务水平设计。按《标准》2.0.3 条规定，公路设计小时交通量宜采用年第 30 位小时交通量，也可根据当地公路小时交通量的变化特征，采用第 20 ～ 40 位小时之间最为经济合理时位的交通量。设计小时交通量为：

$$DDHV = AADT \times D \times K = 32463 \times 0.6 \times 0.125 = 2435(\text{veh/h})$$

式中：$DDHV$— 单向设计小时交通量(veh/h)；

$AADT$— 预测年度的年平均日交通量(veh/d)；

D— 方向不均匀系数(%)，宜取 0.5 ～ 0.6，亦可根据当地交通量观测资料确定；

K— 设计小时交通量系数(%)。

6.2 平面线形设计

要求完成的成果

主要图纸：路线方案比较图，路线平面图。

主要表格：直线、曲线及转角表，逐桩坐标表。

6.2.1 选线

实际工程中选线应考虑的因素很多，在满足技术标准，行车安全舒适的同时做到工程量小，造价低，营运费用低，效益好，便于施工等。

1. 方案比选

选线主要考虑了表 6-3 所列的几个比较项，表 6-3 为 A、B 两个方案的比选情况。

经过权衡利弊综合考虑，采用方案 A 进行设计(方案比较图见图 6-1)。

2. 平面线形设计

平面线形设计一般尽量顾及到纵、横断面的平衡，先定平面线形，再设计纵横断面，为求得线形的均衡和土石方数量的平衡，需要经过几次反复的比较论证，最终得到最优的平面线形(平面图见附录 4)。

本次设计采用纬地道路设计软件进行平面线形的布设。交点坐标见表 6-4。

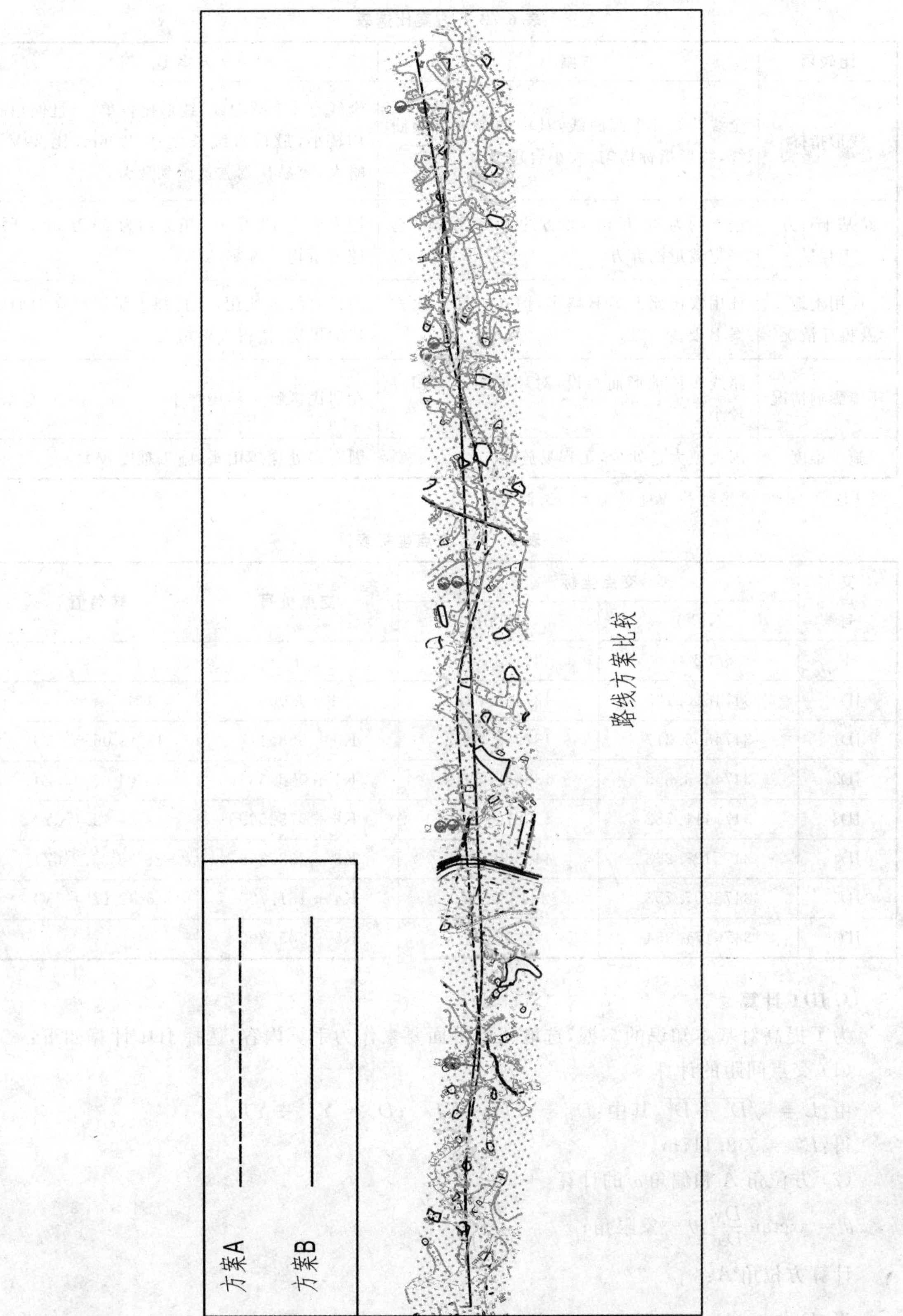

图 6-1　路线方案比较图

表 6-3 方案比选表

比较项	方案 A	方案 B
线形指标	全线共设 5 个圆曲线，其中两个为 S 形曲线，线形指标均匀，大小合理。	全线有 3 个圆曲线，线形比较单一，且偏角均较小，最长直线长度达 2296m，比 20V 略大，容易让驾驶员感到疲劳。
路基土石方工程量	挖方约为 38 万 m^3，填方约为 20 万 m^3，有一定数量的弃方。	挖方约为 42 万 m^3，填方约为 29 万 m^3，开挖方量均较方案 A 大。
征用土地及拆迁情况	征用农田比方案 B 略多，但在拆迁上比方案 B 要少。	因长直线的使用，须拆掉大量居民靠山而建的民房，使得投资增大。
环境影响情况	路线多依地形而布设，对环境的扰动相对较小。	在居民区噪声污染严重
施工难度	因大填大挖处少，工程易施工。	因有多处穿越山头，施工难度较大。

[注] 若有大型结构物也可作为比选的内容。

表 6-4 交点坐标表

交点号	交点坐标		交点桩号	转角值
	N(X)	E(Y)		
1	2	3	4	5
JD0	3474615.135	437428.6384	K0＋000	
JD1	3474806.317	437952.9893	K0＋558.117	12°18′06.6″(Y)
JD2	3474873.865	438450.5949	K1＋058.535	13°01′08.1″(Z)
JD3	3475411.782	439870.4529	K2＋575.539	19°24′42.1″(Y)
JD4	3475427.233	440532.1602	K3＋233.856	29°38′36.2″(Z)
JD5	3475907.753	441332.479	K4＋151.720	16°32′17.4″(Y)
JD6	3476171.354	442355.9575	K5＋205.399	

3. *JD*1 计算

为了提高对基本知识的掌握，选取一处平面要素作为手算内容，选择 JD1 计算如下：

(1) 交点间距的计算

由：$L = \sqrt{D_x^2 + D_y^2}$，其中：$D_x = XJ_i - XJ_{i-1}$；$D_y = YJ_i - YJ_{i-1}$

得：$L_1 = 558.117\text{m}$

(2) 方位角 A 和偏角 α 的计算

$\theta = \arctan \dfrac{Dy}{Dx}$，$\theta$— 象限角；

计算方位角 A：

当：$D_x > 0, D_y > 0$ 时，$A = \theta$；$D_x < 0, D_y > 0$ 时，$A = 180° - \theta$；

$D_x < 0, D_y < 0$ 时，$A = 180° + \theta$；$D_x > 0, D_y < 0$ 时，$A = 360° - \theta$。

所以：$D_{x1}=191.182$，$D_{y1}=524.351$，得：$A_1=69°58'03.9''$

$D_{x2}=67.548$，$D_{y2}=497.606$，得：$A_2=82°16'10.5''$

偏角：$\alpha_i=A_i-A_{i-1}$，因此：$\alpha_1=12°18'06.6''$

4. 曲线要素及主点桩号的计算(仍取JD1作为手算内容)

(1) 确定缓和曲线的长度($R=1500\text{m}$)

① 根据离心加速度变化率计算：$L_s\min=\dfrac{0.036v^3}{R}=\dfrac{0.036\times100^3}{1500}=24\text{m}$

② 按驾驶员的操作及反应时间计算：$L_s\min=\dfrac{\text{v}}{1.2}=\dfrac{100}{1.2}=83.33\text{m}$(必须执行)

③ 根据超高渐变率计算：

$$L_{s,\min}=\frac{B\Delta_i}{p}=\frac{11.25\times0.05}{1/225}=126.56(\text{可以参考})$$

其中：B—— 旋转轴至行车道外边缘的宽度，$B=7.5$(行车道)$+3.0$(硬路肩)$+0.75$(路缘带)$=11.25\text{m}$；

Δ_i—— 超高坡度与路拱坡度代数差，$\Delta_i=0.03-(-0.02)=0.05$，

P—— 超高渐变率，$P=1/225$(绕中分带边缘旋转)

④ 按视觉条件计算：$L_{s,\min}=R/9=\dfrac{1500}{9}=166.667\text{m}$(可以参考)

综合以上计算结果，考虑路线整体的协调，及圆曲线长度与缓和曲线长度的比例关系，把 Ls 略微取大，Ls 取为140m。

(2) 主要里程桩号的计算

① 曲线要素的计算

$$p=\frac{L_s^2}{24\times R}-\frac{L_s^4}{2348\times R^3}=\frac{140^2}{24\times1500}-\frac{140^4}{2348\times1500^3}$$

$$q=\frac{L_s}{2}-\frac{L_s^3}{240\times R^2}=\frac{140}{2}-\frac{140^3}{240\times1500^3}=69.99$$

$$T=(R+p)\text{tg}\,\frac{\alpha}{2}+q=(1500+0.9)\text{tg}\,\frac{12.3°}{2}+69.99=231.676$$

$$\beta_0=28.6479\cdot\frac{L_s}{R}=28.6479\times\frac{140}{1500}=2.674°$$

$$L=(\alpha-2\beta_o)\frac{\pi}{180}R+2L_s=(12.3°-2\times2.674°)\times\frac{3.14}{140}\times1500+2\times140=461.91$$

$$E=(R+p)\sec\frac{\alpha}{2}-R=(1500+0.54)\sec\frac{12.3°}{2}-1500=9.23$$

$$J=2T-L=2\times231.676-502.061=1.442$$

$$A=\sqrt{RL_s}=\sqrt{1500\times140}=458.258$$

② 主要桩号的计算

$$ZH=JD-T=K0+558.117-231.676=K0+326.441$$

$HY = ZH + Ls = K0 + 326.441 + 140 = K0 + 466.441$

$YH = HY + (L - 2Ls) = K0 + 466.441 + (461.91 - 2 \times 140) = K0 + 648.351$

$HZ = YH + Ls = K0 + 648.351 + 140 = K0 + 788.351$

$QZ = HZ - L/2 = K0 + 788.351 - 461.9/2 = K0 + 557.396$

$JD = QZ + J/2 = K0 + 557.396 + 1.442/2 = K0 + 558.117$

以上计算经校核无误。由计算机辅助得到完整的直线曲线及转角表见附录5。

6.3 道路纵断面设计

纵断面设计的主要内容是根据道路、沿线自然条件和构造物控制标高等，确定路线合适的标高、各坡段的纵坡度和坡长，并设计竖曲线。基本要求是纵坡均匀平顺、起伏和缓、坡长和竖曲线长短适当、平面与纵面组合设计协调，以及填挖经济、平衡。

1. 竖曲线设计

设计采用纬地道路设计系统进行电算，毕业设计要求取一到两个竖曲线进行手算验证，本设计取第一个竖曲线进行手算验证。

竖曲线半径为9000m，其变坡点桩号为K0+610，高程为93.684m，$i_1 = 3.482\%$，$i_2 = -0.77\%$。

(1) 计算竖曲线要素

$\omega = i_1 - i_2 = 0.03482 - (-0.0077) = 0.0425$，为凸曲线；

曲线长：$L = R\omega = 9000 \times 0.0425 = 382.77\text{m}$

切线长：$T = \dfrac{L}{2} = \dfrac{382.77}{2} = 191.38\text{m}$

外距：$E = \dfrac{T^2}{2R} = \dfrac{191.38^2}{2 \times 9000} = 2.035\text{m}$

(2) 计算竖曲线起、终点的桩号和高程

竖曲线起点桩号 $= K0 + 610 - 191.38 = K0 + 418.62$

竖曲线起点的高程 $= 93.684 - 191.38 \times 0.03482 = 87.02\text{m}$

竖曲线终点桩号 $= K0 + 610 + 191.38 = K0 + 801.38$

竖曲线终点的高程 $= 93.684 - 191.38 \times 0.00771 = 92.21\text{m}$

2. 道路平纵组合设计及景观设计

平面与纵断面线形的技术指标应大小均衡，不要悬殊太大；平曲线与竖曲线两者应相互对应，且满足“平包纵”；选择组合得当的合成坡度，利于路面排水和安全行车。

本次设计中所有竖曲线均满足平包纵，其中有一个竖曲线位于长直线上，都能较好的满足设计指标(纵断面图见图6-2)。

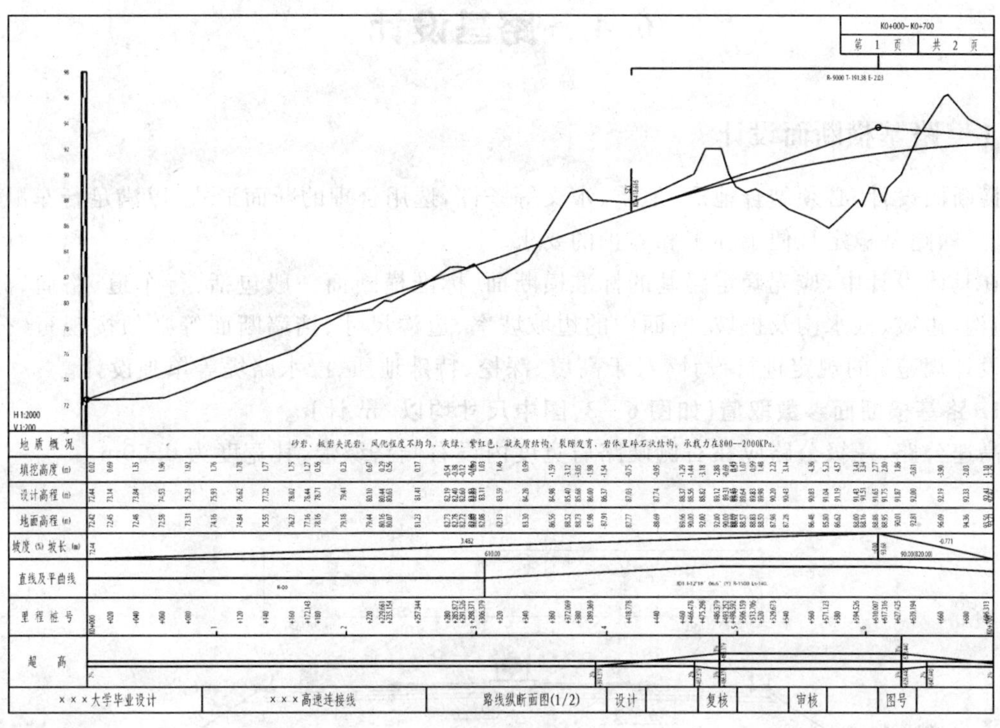

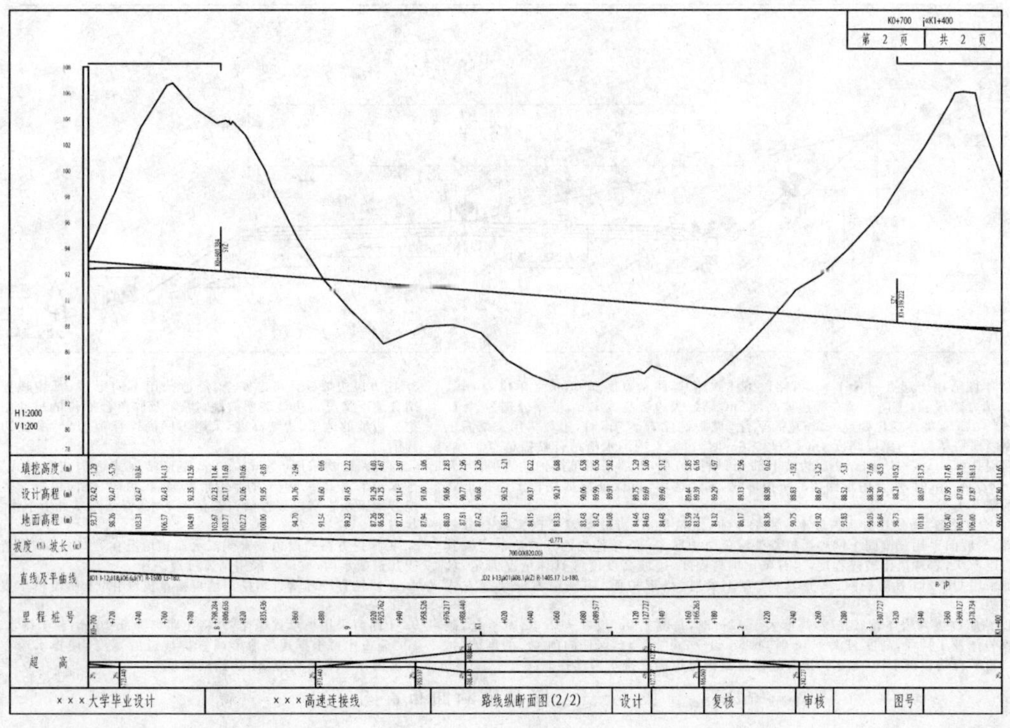

K0+000~K0+700
第 1 页　共 2 页
H 1:2000
V 1:200
地 质 概 况
砂岩、板岩夹泥岩，风化程度不均匀，灰绿，紫红色，薄夹层结构，裂隙发育，岩体呈碎石状结构，承载力在800~2000KPa。
填挖高度(m)
设计高程(m)
地面高程(m)
坡度(%) 坡长(m)
直线及平曲线
里程桩号
超　高
×××大学毕业设计
×××高速连接线
路线纵断面图(1/2)
设计
复核
审核
图号

K0+700 ~K1+400
第 2 页　共 2 页
H 1:2000
V 1:200
填挖高度(m)
设计高程(m)
地面高程(m)
坡度(%) 坡长(m)
直线及平曲线
里程桩号
超　高
×××大学毕业设计
×××高速连接线
路线纵断面图(2/2)
设计
复核
审核
图号

图 6－2　路线纵断面图

6.4 路基设计

6.4.1 路基横断面设计

横断面设计，必须结合地形、地质、水文等条件，选用合理的断面形式，以满足行车顺适、工程经济、路基稳定且便于施工和养护的要求。

在具体设计中，应先确定路基的标准横断面。标准横断面一般包括：行车道、路肩、分隔带、边沟、边坡、截水沟及护坡。断面中的边坡坡率、边沟尺寸、挡墙断面等必须按现行《公路路基设计规范》的规定进行设计。对于高填、深挖、特殊地质、浸水路堤等单独设计。

1. 路基横断面参数取值(如图 6-3，图中尺寸均以 cm 计)

高速公路，一级公路应在右侧硬路肩宽度内设右侧路缘带，其宽度为 0.50m。

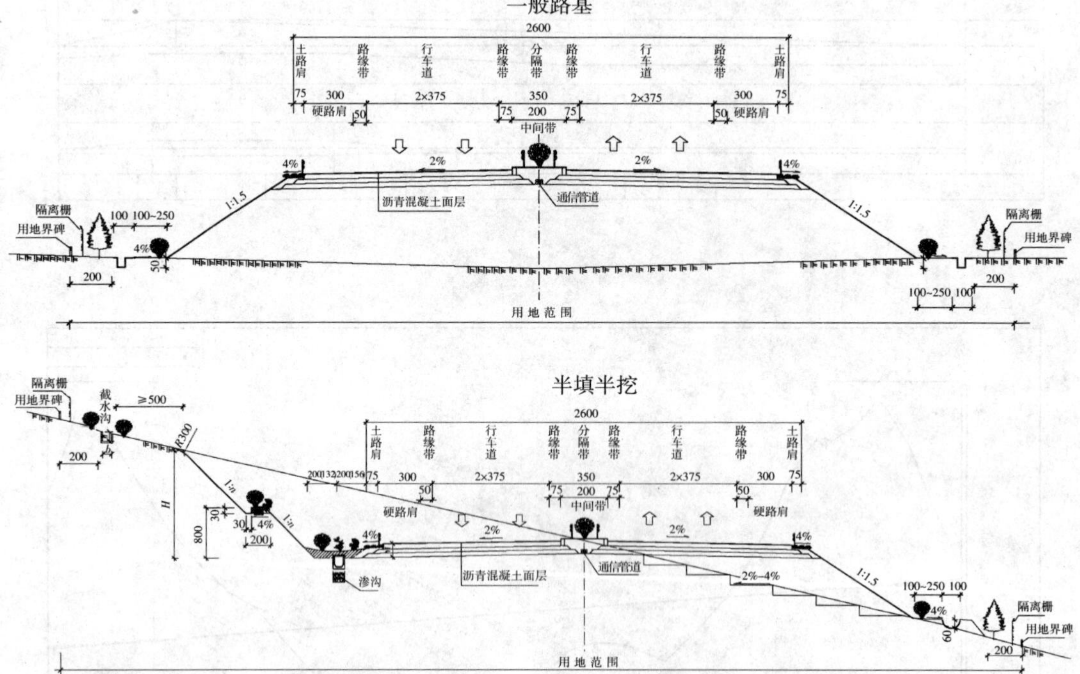

说明：1. 本图适用于起点－K61＋420 路段整体式路基，路基宽度 26m，尺寸单位为 cm。

2. 填方路段：自上向下第一级边坡高度 8m，第二级边坡高度 12m，坡率分别为 1∶1.5、1∶1.75，坡率变化处设－2m 宽的平台。路堤高度 $H \leqslant 4$m 时，边坡采用三维固土网喷播植草防护；路堤高度 $4\text{m} \leqslant H \leqslant 6$m 时，边坡采用汇水槽结合喷播植草护坡；路堤高度 $6\text{m} \leqslant H \leqslant 8$m 时，边坡上部 4m 喷播植草，下部采用单拱护坡防护。当 $H=4$m 或 6m 时，结合附近路堤的防护形式，灵活选用，以保证局部路段上防护形式的统一美观。

3. 挖方路段：土质挖方边坡坡率应根据土质，填挖平衡、边坡景观等因素综合分析确定，坡面采用三维固土网喷播植草等绿色防护形式；石质挖方的开挖坡率应视其岩层产状，岩体风化破碎程度，岩石风化难易程度，边坡高度度等具体情况而定。坡面采用 GPS2 柔性防护网、厚层基材、客土喷播、拱形护面、锚杆锚索框架等方式防护。

4. 路堑高度对岩体较好路段，高度大于 12m 时，每隔 8.0m 设置－2.0m 宽平台，破碎岩体及土质段，高度 H 大于 8m 时，每 6m 设－2m 宽平台，保证向内 4% 的横坡，每一级平台均设截水沟，截水沟出口处设急流槽与边沟或排水沟连接。

5. 挖方段边坡设计考虑安全、舒适采用不同形式，低填浅挖路段结合地形情况将边坡坡率放缓，边沟 及碎落台部位的尺寸根据其挖方边坡的地质、边坡高度，采用不同的设计值，尺寸参见边沟设计图。

6. 挖方路段均采用 60cm×60cm 矩形暗埋式边沟或盖板式边沟，排水沟采用 $R=50$cm 的半圆形断面。在纵向、横向填挖交界处及挖方地下水丰富段设置渗沟截排地下水，保证路基处于干燥、中湿状态。

7. 根据挖方路堑段边坡上侧汇水面积情况在坡口外 5m 设置一道或几道截水沟，坡口处采用圆弧过渡。

8. 石质挖方段碎落台超挖回填再植草皮绿化，土质段植草皮进行绿化。

9. 土路肩采用植草皮绿化，并将土路肩降低 10cm，利于排水。

10. 施工中可根据现场地形调整护坡道的宽度，使排水沟在一定长度内保持平顺流畅，h_1 为路面厚度。

图 6-3 路基横断面布置图

2. 横断面设计

使用道路设计软件进行辅助设计，确定路基宽度、边坡坡率、超高等。

(1) 边坡设计

a. 路堤边坡坡度以及填料的选择

路堤边坡坡率和填石路堤边坡坡率见《公路路基设计规范》3.3.4 条和 3.8.6 条规定。超过规定范围需要进行边坡稳定分析。

b. 路堑边坡坡度

路堑边坡高度不宜超过 30m，边坡坡度取值可参照《公路路基设计规范》3.4.1 条和 3.4.2 条规定。由于本设计是山岭重丘区道路，挖方地段比较多，而且挖方地段的挖方高度也比较大，所以必须分台阶放坡，由于地质条件比较好，放坡的坡度可以尽量陡些，但必须满足规范规定的要求。

(2) 超高

a. 绕中央分隔带边缘旋转(超高断面绕 D 点旋转)

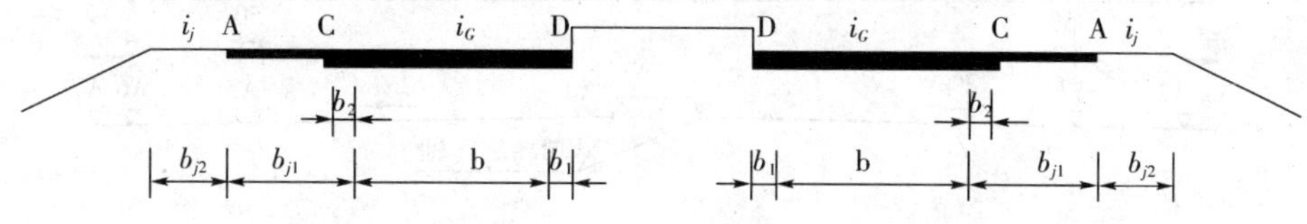

图 6-4　超高计算点位置图

b. 绕中央分隔带边缘旋转超高值计算公式见表 6-5。

表 6-5　绕中央分隔带边缘旋转超高值计算公式表

超高位置		计算公式	x 距离处行车道横坡度	备注
外侧	A	$(b_1+b+b_{j1})i_x$	$i_x=\frac{i_G+i_h}{L_c}x-i_G$	1. 计算结果为与设计高之差； 2. 设计高程为中央分隔带外侧边缘的高程； 3. 当 $x=L_c$ 时，为圆曲线上的超高值。
	C	$(b_1+b+b_2)i_x$		
	D	0		
内侧	A	$(b_1+b+b_{j1})i_x$	$i_x=-\frac{i_h+i_G}{L_c}x-i_G$	
	C	$-(b_1+b+b_2)i_x$		
	D	0		

表中：b— 左侧(或右侧) 行车道宽度(m)；b_1— 左侧路缘带宽度(m)；b_2— 右侧路缘带宽度(m)；L_c— 超高渐变段长度(m)；i_x—x 距离处横坡度(指向边线为负值，指向中线为正值)；i_h—超高横坡度；i_G— 路拱横坡度；x— 超高缓和段中任意一点至超高缓和段起点的距离(m)。

c. 路基超高设计见图 6-5 和图 6-6。

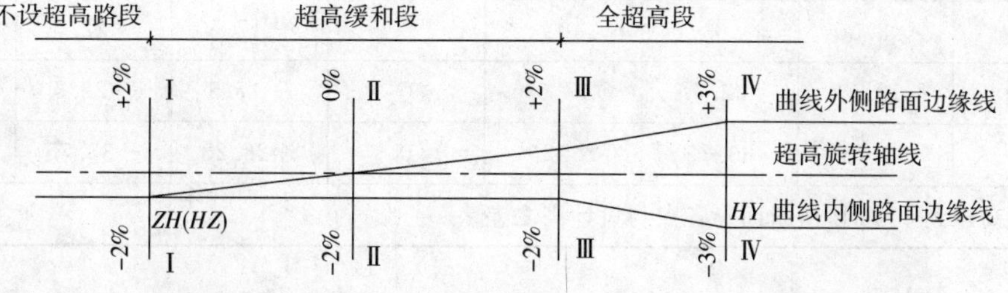

图 6-5　路基超高设计图

d. 取 JD1 作为计算对象

JD1 为右转方向，即取路面右侧为内侧，$R=1500\text{m}$，根据设计速度、圆曲线及半径、公路条件、自然条件及具体情况经计算后确定，JD1 处最大超高值取 3%。

$b=7.5\text{m}, b_1=0.75\text{m}; b_{j1}=3.0\text{m}; i_h=3\%; i_G=-2\%$,

$B=(b_1+b+b_{j1})=11.25\text{m}$;

根据规范，超高渐变率 P 应不小于 1/330，取 $P=1/225$，则 $L_c=B\triangle_i/P=126.56\text{m}$，故超高渐变段长度取 130m(曲线要素计算中取 140m，路基超高设计图横断面上各点的设计高程值与中央分隔带外侧边缘设计高程之差见表 6-6。

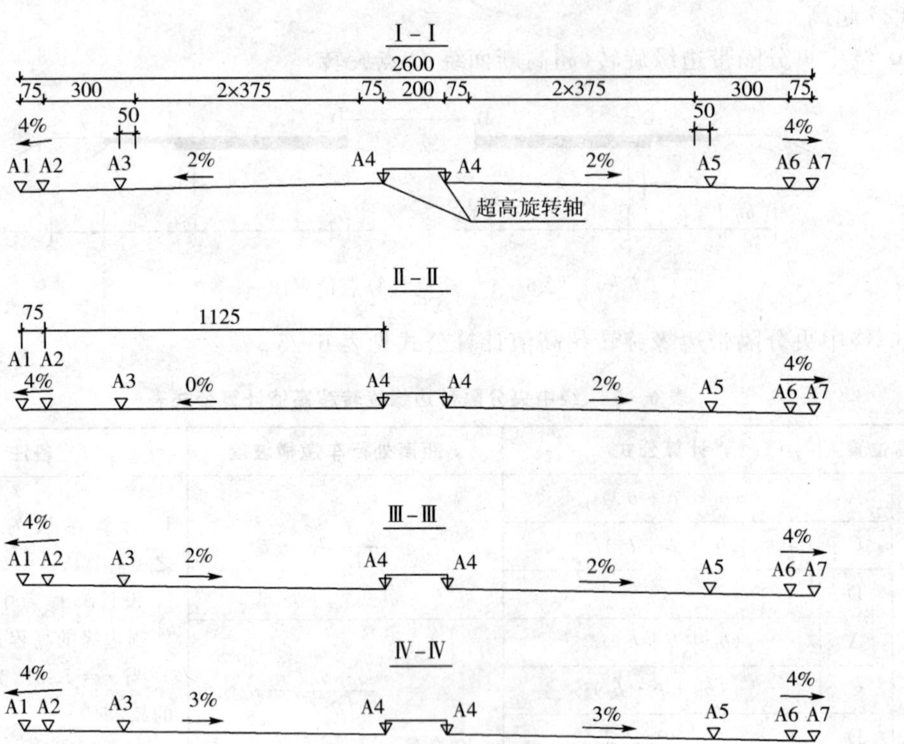

图 6-6 路基超高方式图

表 6-6 横断面上各点与中央分隔带外侧边缘设计标高之差(单位:cm)

断面	A1	A2	A3	A4	A5	A6	A7
Ⅰ－Ⅰ	－25.5	－22.5	－17.5	0	－17.5	－22.5	－25.5
Ⅱ－Ⅱ	－3.00	0	0	0	－17.5	－22.5	－25.5
Ⅲ－Ⅲ	19.5	22.5	17.5	0	－17.5	－22.5	－25.5
Ⅳ－Ⅳ	30.75	33.75	26.25	0	－26.25	－33.75	－36.75
本表为超高达到 3% 时，横断面上各点与设计高之差							

(3) 绘制横断面设计图

在需要设置各种支挡工程和防护工程的地方画出该工程结构的断面示意图。

(4) 路基土石方调配

本设计的路段 K0 + 000 ～ K0 + 500 的路基土石方调配数量见附录 6。

6.5　路面设计

6.6.1　路面结构层设计

根据《公路自然区划标准》，本路段自然区划为 Ⅳ2 江淮丘陵、山地润湿区，路线上部土层主要为砂岩，路线冲沟地段主要为可塑 — 硬塑状态的低液限粘土为主，并考虑路床顶面的整体强度要求，可取土基回弹模量 $E_o = 45\text{MPa}$。

1. 确定路面等级

本设计采用沥青混凝土路面结构层，根据沥青路面设计规范表 3.1.3，高速公路沥青路面设计年限为 15 年。

2. 标准轴载与轴载换算

(1) 标准轴载 BZZ－100 各项参数见表 6－7。

表 6－7　标准轴载 BZZ－100 各项参数

标准轴载名称	BZZ－100	标准轴载名称	BZZ－100
标准轴载 P(kN)	100	轮胎接地压强 p(MPa)	0.70
两轮中心距(cm)	1.5d	单轮当量圆直径 d(cm)	21.30

(2) 轴载换算

① 当以弯沉值为和沥青层层底拉应力为设计指标

a. 轴载换算的计算公式

$$N = \sum_{i=1}^{K} C_1 C_2 n_i \left(\frac{P_i}{P}\right)^{4.35}$$

式中：N－标准轴载的当量轴次(次／日)；

n_i 各种被换算车辆的作用次数(次／日)；

P— 标准轴载(kN)；

P_i— 各种被换算车型的轴载(kN)；

C_1— 轮组系数，双轮组为 1，单轮组为 6.4，四轮组为 0.38；

C_2— 轴数系数；当轴间距大于3m时，按单独一个轴计算，此时轴数系数为1；当轴间距小于 3m 时，双轴或多轴的轴数系数按 $C_2 = 1 + 1.2(m - 1)$ 计算(式中 m 为轴数)。

根据上述公式，计算结果见表 6－8。

表 6-8 轴载换算表

车型		P_i(kN)	C_1	C_2	n_i(次/日)	$C_1C_{2ni}\left(\frac{P_i}{P}\right)^{4.35}$
三菱 FR415	前轴	30	6.4	1	450	15.31
	后轴	51	1	1	450	24.05
五十铃 NPR595	前轴	23.5	6.4	1	252	0.00
	后轴	44	1	1	252	7.09
江淮 HF140A	前轴	18.9	6.4	1	180	0.00
	后轴	41.8	1	1	180	4.05
江淮 HF150	前轴	45.1	6.4	1	300	60.11
	后轴	101.5	1	1	300	320.07
东风 KM340	前轴	24.6	6.4	1	630	0.00
	后轴	67.8	1	1	630	116.20
东风 SP9135B	前轴	20.1	6.4	1	198	0.00
	后轴	72.6	1	2	198	98.35
五十铃 EXR181L	前轴	60	6.4	1	138	95.72
	后轴	100	1	3	138	414.00
$\sum_{i=1}^{K}C_1C_{2ni}\left(\frac{P_i}{P}\right)^{4.35}$						1154.95

[注] 轴载小于 25kN 的轴载作用不计(包括前、后轴)。

b. 设计年限累计当量标准轴载数

设计年限内一个车道沿一个方向通过的累计当量标准轴次数 N_e 按下式计算:

$$N_e=\frac{[(1+r)^t-1]\times 365}{r}\cdot N_1\cdot\eta$$

式中:N_e — 设计年限内一个车道沿一个方向通过的累计标准当量轴次(次);

t — 设计年限(年);

N_1 — 路面营运第一年双向日平均当量轴次(次/日);

r — 设计年限内交通量平均增长率(%);

η — 与车道数有关的车辆横向分布系数,简称车道系数(见表 6-9)。

表 6-9 车道系数表

车道特征	车道系数(η)	车道特征	车道系数(η)
双向单车道	1.0	双向六车道	0.3～0.4
双向双车道	0.6～0.7	双向八车道	0.25～0.35
双向四车道	0.4～0.5		

按《公路沥青路面设计规范》表 3.1.3,高速公路沥青路面的设计年限取 15 年,四车道

的车道系数取 $\eta = 0.5$；

设计年限内交通量平均增长率：$r = 10\%$；

$$N_e = \frac{[(1+r)^t - 1] \times 365}{r} \cdot N_1 \cdot \eta = 6696934(\text{次})$$

② 当以半刚性材料结构层的层底拉应力为设计指标

a. 轴载当量换算

验算半刚性基层底拉应力的轴载换算公式：

$$N = \sum_{i=1}^{K} C'_1 C'_2 n_i \left(\frac{P_i}{P}\right)^8$$

式中：C'_1 — 轮组系数，双轮组为 1.0，单轮组为 18.5，四轮组为 0.09；

C'_2 — 轴数系数：当轴间距大于 3m 时，按单独一个轴计算，此时轴数系数为 1；当轴间距小于 3m 时，双轴或多轴的轴数系数按 $C'_2 = 1 + 2(m-1)$ 计算（式中 m 为轴数）。

根据上述公式，计算结果见表 6－10。

表 6－10　轴载换算表

车型		P_i(kN)	C'_1	C'_2	n_i(次/日)	$C'_1 C'_{2} n_i \left(\frac{P_i}{P}\right)^8$
三菱 FR415	后轴	51	1	1	450	2.06
江淮 HF150	后轴	101.5	1	1	300	337.95
东风 KM340	后轴	67.8	1	1	630	28.13
东风 SP9135B	后轴	72.6	1	2	198	30.56
五十铃 EXR181L	前轴	60	18.5	1	138	42.88
	后轴	100	1	3	138	414.00
$\sum_{i=1}^{K} C'_1 C'_2 n_i \left(\frac{P_i}{P}\right)^8$						855.58

［注］　轴载小于 50kN 的轴载作用不计(包括前、后轴)。

b. 设计年限累计当量标准轴载数

$$N = \frac{[(1+r)^t - 1] \times 365}{r} \times N_1 \times \eta = 4961602(\text{次})$$

根据累计轴次结果，由《公路沥青路面设计规范》表 3.1.8 查得沥青路面交通等级属于中等交通等级。

3. 结构组合及材料的选取

由以上计算结果得到设计年限内一个行车道上的累计标准轴次约为 670 万次。路面结构面层采用沥青混凝土（15cm）、基层采用水泥稳定碎石（厚度待定）、底基层采用石灰土（20cm）。

本毕业设计采用三层式沥青混凝土面层，表面层采用细粒式密级配的沥青混凝土，厚度为 4cm，中面层采用中粒式密级配沥青混凝土，厚度为 5cm，下面层采用粗粒式沥青混凝土，厚度为 6cm。

4. 各层材料的抗压模量与劈裂强度的确定

各层材料抗压模量(20℃)与劈裂强度见表 6-11。

表 6-11 各层材料抗压模量和劈裂强度

材料名称	H(cm)	20℃ 抗压模量	劈裂强度
细粒式沥青混凝土	4	1400	1.4
中粒式沥青混凝土	5	1200	1.0
粗粒式沥青混凝土	6	1000	0.8
水泥稳定碎石	?	1500	0.5
石灰土	20	550	0.225
土基	—	45	—

5. 设计指标的确定

(1) 设计弯沉值的计算

对于高速公路,规范要求以设计弯沉值为指标,并进行结构层拉应力验算。

$$l_d = 600N_e^{-0.2}A_cA_sA_b$$

式中:l_d — 设计弯沉值(0.01mm);

N_e — 设计年限内一个车道累计当量标准轴载(次/车道);

A_b — 路面结构类型系数,半刚性路基层沥青路面为 1.0,柔性基层沥青路面为 1.6;

A_c — 公路等级系数,高速公路、一级公路为 1.0,二级公路为 1.1,三、四级公路为 1.2;

A_s — 面层类型系数,沥青混凝土面层为 1.0,热拌沥青碎石、乳化沥青碎石、上拌下贯或贯入式路面、沥青表面处治为 1.1。

本设计为高速公路,公路等级系数取 $A_c = 1.0$,面层是混凝土面层,面层类型系数取 $A_s = 1.0$。基层为半刚性基层取 $A_b = 1.0$。

设计弯沉值:

$l_d = 600N_e^{-0.2}A_cA_sA_b = 600 \times 6696934^{-0.2} \times 1.0 \times 1.0 \times 1.0 = 25.88(0.01\text{mm})$

(2) 各层材料容许层底拉应力

$$\sigma_R = \frac{\sigma_{sp}}{k_s}$$

式中:σ_{sp} — 沥青混凝土或半刚性材料的极限劈裂强度(MPa);

σ_R — 路面结构材料的容许拉应力;

k_s — 抗拉强度结构系数,根据结构层材料不同,按以下公式计算 k_s 值:

$k_s = 0.09N_e^{0.22}/A_c$,(沥青混凝土面层);

$k_s = 0.35N_e^{0.11}/A_c$,(无机结合料稳定集料);

$k_s = 0.45N_e^{0.11}/A_c$,(无机结合料稳定细粒土)

细粒式密级配沥青混凝土:$k_s = 0.09N_e^{0.22}/A_c = 0.09 \times 6696934^{0.22}/1 = 2.857$

$$\sigma_R = \frac{\sigma_{sp}}{k_s} = \frac{1.4}{2.857} = 0.49\text{MPa}$$

中粒式密级配沥青混凝土:$k_s = 0.09N_e^{0.22}/A_c = 0.09 \times 6696934^{0.22}/1 = 2.857$

$$\sigma_R = \frac{\sigma_{sp}}{k_s} = \frac{1.0}{2.857} = 0.35\text{MPa}$$

粗粒式沥青混凝土：$k_s = 0.09N_e^{0.22}/A_c = 0.09 \times 6696934^{0.22}/1 = 2.857$

$$\sigma_R = \frac{\sigma_{sp}}{k_s} = \frac{0.8}{2.857} = 0.28\text{MPa}$$

水泥稳定碎石：$k_s = 0.35N_e^{0.11}/A_c = 0.35 \times 4961602^{0.11}/1 = 1.908$

$$\sigma_R = \frac{\sigma_{sp}}{k_s} = \frac{0.5}{1.908} = 0.262\text{MPa}$$

石灰土：$k_s = 0.45N_e^{0.11}/A_c = 0.45 \times 4961602^{0.11}/1 = 2.453$

$$\sigma_R = \frac{\sigma_{sp}}{k_s} = \frac{0.225}{2.453} = 0.092\text{MPa}$$

6. 设计资料汇总

设计弯沉值 25.88(0.01mm)，相关设计资料汇总如表 6－12。

表 6－12　各层材料资料汇总表

材料名称	H(cm)	20℃ 抗压模量	容许拉应力(MPa)
细粒式沥青混凝土	4	1400	0.49
中粒式沥青混凝土	5	1200	0.35
粗粒式沥青混凝土	6	1000	0.28
水泥稳定碎石	?	1500	0.262
石灰土	20	550	0.092
土基	—	45	—

7. 路面结构层厚度的计算

(1) 计算弯沉综合修正系数

$$F = 1.63\left(\frac{L_S}{2000\delta}\right)^{0.38}\left(\frac{E_o}{p}\right)^{0.36}$$

式中：l_s—— 路表计算弯沉值(0.01mm)，此时可取设计弯沉值代入计算；

δ—— 当量圆半径(cm)，此处为双圆荷载，取 $\delta = 10.65$cm；

p—— 标准车轴载轮胎接地压力(MPa)；

E_o—— 土基回弹模量(MPa)。

$$F = 1.63\left(\frac{l_s}{2000\delta}\right)^{0.38}\left(\frac{E_o}{p}\right)^{0.36} = 1.63\left(\frac{25.88}{2000 \times 10.65}\right)^{0.38}\left(\frac{45}{0.7}\right)^{0.36} = 0.569$$

(2) 计算理论弯沉系数

$$l_s = 1000\,\frac{2p\delta}{E_1}\alpha_c F$$

式中：E_1 — 各结构层材料的回弹模量(MPa)；

α_c — 理论弯沉系数。

即：$\alpha_c = \frac{l_s E_1 \times 10^{-3}}{2p\delta F} = \frac{25.88 \times 10^{-3} \times 1400}{2 \times 0.7 \times 10.65 \times 0.569} = 4.271$

(3) 确定水泥稳定碎石层的厚度

这是一个多层体系，计算时可以先将多层体系转换为当量三层体系，求出中间层的厚度 H，然后再求出基层厚度，转换图式如图 6－7。

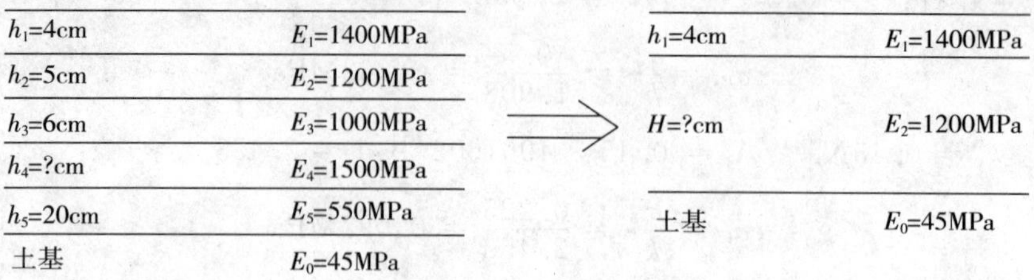

多层体系			当量三层体系	
h_1=4cm	E_1=1400MPa	⟹	h_1=4cm	E_1=1400MPa
h_2=5cm	E_2=1200MPa		H=?cm	E_2=1200MPa
h_3=6cm	E_3=1000MPa			
h_4=?cm	E_4=1500MPa			
h_5=20cm	E_5=550MPa			
土基	E_0=45MPa		土基	E_0=45MPa

图 6－7 弯沉三层体系换算图式

由 $\begin{cases} \frac{h}{\delta} = \frac{4}{10.65} = 0.376 \\ \frac{E_2}{E_1} = \frac{1200}{1400} = 0.857 \end{cases}$，查诺谟图得 $\alpha = 6.43$；

$\begin{cases} \frac{h}{\delta} = \frac{4}{10.65} = 0.376 \\ \frac{E_0}{E_2} = \frac{45}{1200} = 0.0375 \end{cases}$，查诺谟图得 $K_1 = 1.24$；

由于 $\alpha_C = K_1 K_2 \alpha$，所以 $K_2 = \frac{4.271}{1.24 \times 6.43} = 0.537$

再由 $\begin{cases} \frac{h}{\delta} = \frac{4}{10.65} = 0.376 \\ \frac{E_0}{E_2} = \frac{45}{1200} = 0.0375 \end{cases}$ 和 $K_2 = 0.537$，查诺谟图得 $\frac{H}{\delta} = 5.6$

则：$H = \delta \times 5.6 = 10.65 \times 5.6 = 59.64$

根据等效路表弯沉的结构层转换公式：$H = h_2 + \sum_{K=3}^{n-1} h_K \sqrt[2.4]{\frac{E_K}{E_2}}$

则：$H = 5 + 6 \times \sqrt[2.4]{\frac{1000}{1200}} + h_4 \sqrt[2.4]{\frac{1500}{1200}} + 20 \times \sqrt[2.4]{\frac{550}{1200}} = 59.64\text{cm}$

上式解得 $h_4 = 27$cm。采用 HPDS 电算系统进行计算，结果得 $h_4 = 26.8$cm，取整得 $h_4 = 27$cm。(由于查图法存在一定的人为误差因素，导致和电算有少量出入)。

6.6.2 路面结构层验算

1. 验算结构层底面拉应力

验算层底拉应力时根据多层弹性理论，层间接触条件为完全连续体系，以双圆荷载作用下按下式计算：$\sigma_m = p \cdot \sigma \cdot m_1 \cdot m_2$

验算底层拉应力时，应满足 $\sigma_m \leqslant \sigma_R$，式中 σ_R 为允许拉应力。

(1) 验算细粒式密级配沥青混凝土底面拉弯应力(图 6－8)

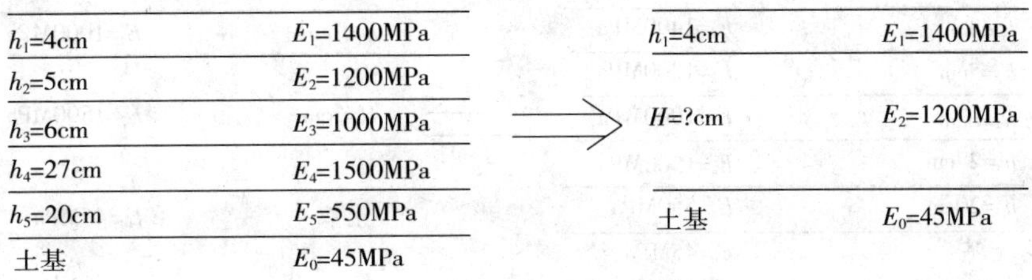

h_1=4cm	E_1=1400MPa
h_2=5cm	E_2=1200MPa
h_3=6cm	E_3=1000MPa
h_4=27cm	E_4=1500MPa
h_5=20cm	E_5=550MPa
土基	E_0=45MPa

⟹

h_1=4cm	E_1=1400MPa
H=?cm	E_2=1200MPa
土基	E_0=45MPa

图 6－8　多层体系计算上面层拉应力换算图

上面层厚度：$h = 4\text{cm}$

中面层厚度：

$$H = \sum_{K=2}^{n-1} h_K \sqrt[0.9]{\frac{E_K}{E_{i+1}}} = 5 + 6 \times \sqrt[0.9]{\frac{1000}{1200}} + 27 \times \sqrt[0.9]{\frac{1500}{1200}} + 20 \times \sqrt[0.9]{\frac{550}{1200}} = 53\text{cm}$$

由：$\dfrac{h}{\delta} = \dfrac{4}{10.65} = 0.376$；　$\dfrac{E_2}{E_1} = \dfrac{1200}{1400} = 0.857$

$\dfrac{E_0}{E_2} = \dfrac{45}{1200} = 0.0375$；　$\dfrac{H}{\delta} = \dfrac{53}{10.65} = 4.977$；

查诺谟图得 $\sigma < 0$，为压应力，不需验算。

(2) 验算中粒式密级配沥青混凝土底面拉弯应力(图 6－9)

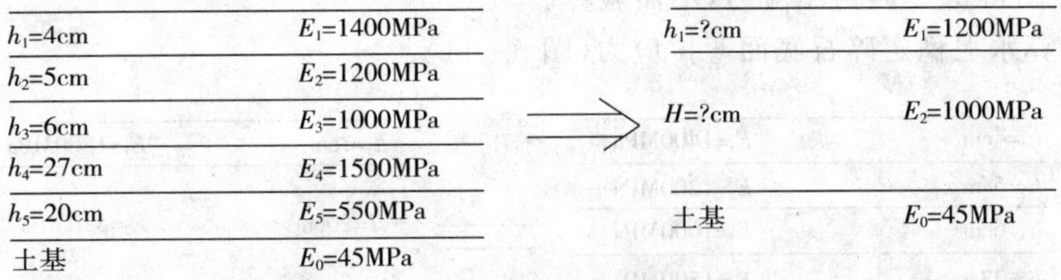

h_1=4cm	E_1=1400MPa
h_2=5cm	E_2=1200MPa
h_3=6cm	E_3=1000MPa
h_4=27cm	E_4=1500MPa
h_5=20cm	E_5=550MPa
土基	E_0=45MPa

⟹

h_1=?cm	E_1=1200MPa
H=?cm	E_2=1000MPa
土基	E_0=45MPa

图 6－9　多层体系计算中面层拉应力换算图

上面层厚度：

$$h = \sum_{k=1}^{i} h_K \sqrt[4]{\frac{E_K}{E_i}} = 4 \times \sqrt[4]{\frac{1400}{1200}} + 5 = 9.16\text{cm}$$

中面层厚度：

$$H = \sum_{K=2}^{n-1} h_K \sqrt[0.9]{\frac{E_K}{E_{i+1}}} = 6 \times \sqrt[0.9]{\frac{1500}{1000}} + 27 \sqrt[0.9]{\frac{1000}{1000}} + 20 \sqrt[0.9]{\frac{550}{1000}} = 56.57\text{cm}$$

由：$\dfrac{h}{\delta} = \dfrac{9.16}{10.65} = 0.86$；　$\dfrac{E_2}{E_1} = \dfrac{1000}{1200} = 0.833$

$\dfrac{E_0}{E_2} = \dfrac{45}{1000} = 0.045$；　$\dfrac{H}{\delta} = \dfrac{56.57}{10.65} = 5.31$；

查诺谟图得 $\sigma < 0$，为压应力，不需验算。

(3) 验算粗粒式密级配沥青混凝土底面拉弯应力(图 6－10)

h_1=4cm	E_1=1400MPa
h_2=5cm	E_2=1200MPa
h_3=6cm	E_3=1000MPa
h_4=27cm	E_4=1500MPa
h_5=20cm	E_5=550MPa
土基	E_0=45MPa

⟹

h_1=?cm	E_1=1000MPa
H=?cm	E_2=1500MPa
土基	E_0=45MPa

图 6-10　多层体系计算下面层拉应力换算图

上面层厚度：

$$h = \sum_{k=1}^{i} h_K \sqrt[4]{\frac{E_K}{E_i}} = 4 \times \sqrt[4]{\frac{1400}{1000}} + 5 \times \sqrt[4]{\frac{1200}{1000}} + 6 = 15.58\text{cm}$$

中面层厚度：

$$H = \sum_{K=2}^{n-1} h_K \sqrt[0.9]{\frac{E_K}{E_{i+1}}} = 27 \times \sqrt[0.9]{\frac{1500}{1500}} + 20 \sqrt[0.9]{\frac{550}{1500}} = 35.11\text{cm}$$

由：$\frac{h}{\delta} = \frac{15.58}{10.65} = 1.463$；　$\frac{E_2}{E_1} = \frac{1500}{1000} = 1.5$

$\frac{E_0}{E_2} = \frac{45}{1500} = 0.03$；　$\frac{H}{\delta} = \frac{35.11}{10.65} = 3.3$；

查诺谟图得 $\sigma < 0$，为压应力，不需验算。

(4) 验算水泥稳定碎石底面弯拉应力(图 6-11)

h_1=4cm	E_1=1400MPa
h_2=5cm	E_2=1200MPa
h_3=6cm	E_3=1000MPa
h_4=27cm	E_4=1500MPa
h_5=20cm	E_5=550MPa
土基	E_0=45MPa

⟹

h_1=?cm	E_1=1500MPa
H=20cm	E_2=550MPa
土基	E_0=45MPa

图 6-11　多层体系计算基层拉应力换算图

上面层厚度：

$$h = \sum_{k=1}^{i} h_K \sqrt[4]{\frac{E_K}{E_i}} = 4 \times \sqrt[4]{\frac{1400}{1500}} + 5 \times \sqrt[4]{\frac{1200}{1500}} + 6 \times \sqrt[4]{\frac{1000}{1500}} + 27 = 41.08\text{cm}$$

中面层厚度：

$$H = \sum_{K=2}^{n-1} h_K \sqrt[0.9]{\frac{E_K}{E_{i+1}}} = 20\text{cm}$$

由：$\frac{h}{\delta} = \frac{41.08}{10.65} = 3.86$；　$\frac{E_2}{E_1} = \frac{550}{1500} = 0.367$

$\frac{E_0}{E_2} = \frac{45}{550} = 0.082$；　$\frac{H}{\delta} = \frac{20}{10.65} = 1.878$；

查诺谟图得：$\sigma = 0.14$；$m_1 = 1.28$；$m_2 = 1.21$

$\sigma_m = p \times \sigma \times m_1 \times m_2 = 0.216 < \sigma_R = 0.254$

(5) 验算石灰土底面弯拉应力(图 6-12)

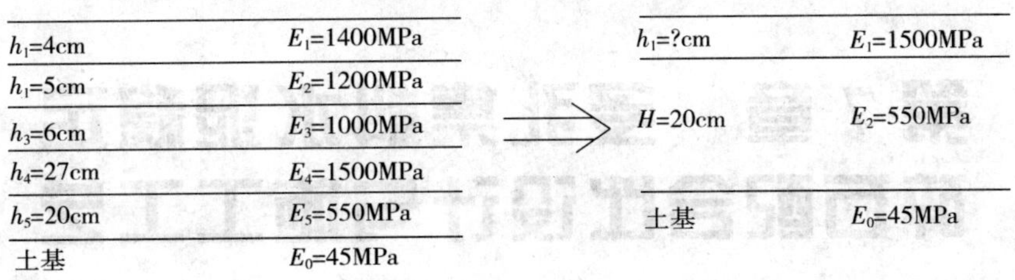

h_1=4cm	E_1=1400MPa
h_1=5cm	E_2=1200MPa
h_3=6cm	E_3=1000MPa
h_4=27cm	E_4=1500MPa
h_5=20cm	E_5=550MPa
土基	E_0=45MPa

⟹

h_1=?cm	E_1=1500MPa
H=20cm	E_2=550MPa
土基	E_0=45MPa

图 6 - 12　多层体系计算底基层拉应力换算图

上面层厚度：

$$h=\sum_{k=1}^{i}h_K\sqrt[4]{\frac{E_K}{E_i}}=4\times\sqrt[4]{\frac{1400}{1500}}+5\times\sqrt[4]{\frac{1200}{1500}}+6\times\sqrt[4]{\frac{1000}{1500}}+27=41.08\text{cm}$$

中面层厚度：$H=20\text{cm}$

由：$\frac{h}{\delta}=\frac{41.08}{10.65}=3.857$；$\frac{E_2}{E_1}=\frac{550}{1500}=0.367$

$\frac{E_0}{E_2}=\frac{45}{550}=0.082$；　$\frac{H}{\delta}=\frac{20}{10.65}=1.878$；

查诺谟图得：$\sigma=0.29$；$n_1=1.03$；$n_2=0.41$

$\sigma_m=p\times\sigma\times n_1\times n_2=0.0857<\sigma_R=0.89$，所以设计满足要求。

第7章 多孔集料水泥稳定碎石配合比设计与施工工艺

7.1 设计资料及基本数据

1. 工程概况

路线起点位于某市城南镇，接在建的另一高速公路的终点，设计速度为120km/h，因此K0＋000～K0＋100作为路基宽度过渡段，路基宽度由28m过渡为26m；路线终点接规划的某高速公路，并通过互通立交与地方道路相连，路线全长72.287km。

2. 气候特征

项目沿线春秋温和，雨量充沛，光照充足，雨热同期，无霜期长。区域内年平均气温14.5～16.6℃，大别山区气温最低。一年中1月份气温最低，月平均1.4℃，7月份最高，平均27.2～29℃。项目区域内降水量900～1600mm，具有南部大于北部、山区大于沿江、平原的特点。根据气象调查资料，可知本项目区域应属于1—3—1区，即夏炎热冬冷潮湿区，高温多雨为本地区的主要特点。

3. 交通轴载

本工程为国家干线的重要组成部分，建成后重车与超载运输的比例将上升，路面设计时考虑货车超载情况。考虑超载情况下轴载计算代表车型，见表7-1。

表7-1 几种车型技术参数及交通量

货车类型	代表车型	前轴轴重(kN)	后轴轴重(kN)	后轴轴数	后轴轮组数	交通量
小客	江淮AL6600	17.0	26.5	1	单轮组	2000
中客	黄海DD640	32.0	70	1	双轮组	960
大客	黄海DD650	49.0	91	1	双轮组	340
小货	金杯SY132	12.8	27.6	1	双轮组	1282
中货	解放CA141	24.5	68.6	1	双轮组	1042
大货	黄河JN150	49.0	101.6	1	双轮组	1663
拖挂车	日野ZM440	60	100	2	双轮组	196

根据交通量调查资料，考虑车型发展趋势、经济发展对交通量增长率等因素的影响，将各级轴载换算为标准轴载100kN的累计标准当量轴次作为结构层计算的依据。根据表7-1，将各种车型换算成标准轴载，计算出设计年限十五年内一个车道上累计当量轴次为1.859×10^{7}次，根据《公路沥青路面设计规范》确定本项目交通等级为重交通等级。

4. 技术标准

(1)设计车速:100km/h;

(2)路基宽度:26m,路面宽度 2×11.25m;

(3)路面结构类型:沥青下面层 AC25(8cm),中间层 AC20(6cm),上面层 AC16(4cm),水泥稳定碎石基层 35cm。

5. 试验与设计依据

(1)《公路工程水泥及水泥混凝土试验规程》(JTG E30—2005)

(2)《公路沥青路面设计规范》(JTG D50—2006)

(3)《公路工程集料试验规程》(JTG E42—2005)

(4)《公路工程无机结合料稳定材料试验规程》(JTJ 057—94)

6. 研究主要内容

本论文结合高速公路水泥稳定碎石基层施工,将室内试验研究与工程实践相结合,研究水泥稳定基层混合料的配合比设计方法以及基层施工工艺和施工质量控制措施。具体内容包括:

(1)原材料试验,包括水泥、集料的技术指标检测;

(2)水泥稳定碎石混合料级配的确定;

(3)水泥稳定碎石混合料击实试验;

(4)水泥稳定碎石混合料 7 天无侧限抗压强度试验;

(5)多孔集料与普通集料水泥稳定碎石混合料性能对比试验;

(6)水泥稳定碎石基层施工工艺与施工质量控制。

7.2　配合比设计流程

水泥稳定碎石基层必须具有良好的力学性能、抗冻性、抗冲刷性、耐久性能和抗收缩性能等。组成设计(配合比设计)是影响水泥稳定碎石混合料的强度、温缩、干缩以及抗冲刷性能最主要的内在因素,为使水泥稳定碎石基层在满足行车荷载对强度要求的前提下,尽量减少其缩裂,充分发挥水泥稳定碎石基层的板体性,我们必须从组成设计做起。

水泥稳定碎石混合料的组成设计包括:确定各组成集料之间的比例;确定水稳碎石混合料的最佳含水量和最大干密度;根据强度标准确定经济水泥用量。

配合比设计过程如下:

(1)对原材料进行检测,根据集料级配,确定水稳混合料合成级配;

(2)分别按四种水泥剂量(3.0%,3.5%,4.0%,4.5%)配制同一集料、不同水泥剂量的混合料;

(3)确定各种混合料的最佳含水量和最大干密度,做三个不同水泥剂量混合料的击实试验,即 3.0%剂量、4.0%剂量和 4.5%剂量,3.5%剂量混合料的最佳含水量和最大干密度用内插法确定;

(4)按最佳含水量和最大干密度制备试件。进行强度试验时,平行试验的最少试件数量应不小于规范的规定,如试验结果的偏差系数大于规范值,则应重做试验,并找出原因,加以解决,如不能降低偏差系数,则应增加试件数量;

(5)试件在规定温度下保湿养生 6d,浸水 24h 后,按《公路工程无机结合料稳定材料试验规程》进行无侧限抗压强度试验;

(6)计算试验结果的平均值和偏差系数；

(7)根据强度标准，确定混合料的配合比。

7.3 原材料选择与试验

1. 水泥

普通硅酸盐水泥、矿渣硅酸盐水泥和火山灰质硅酸盐水泥均可用于水泥稳定碎石基层，但不应使用快硬水泥、早强水泥以及已受潮变质的水泥；宜采用标号 32.5 或 42.5 的水泥，初凝时间 4h 以上，终凝时间宜 6h 以上；要求施工的延迟时间应小于水泥终凝时间。

本实验选用的水泥为 P·O32.5 普通硅酸盐水泥，产地巢湖，生产许可证 XK23—201—07650，执行标准 GB175—1999。

(1)水泥标准稠度用水量

水泥标准稠度用水量可用调整水量和固定水量两种方法中的任意一种测定，本实验采用固定水量法。其试验目的是为测定水泥凝结时间和安定性试验提供标准稠度用水量，试验结果见表 7-2。

表 7-2 水泥标准稠度用水量试验记录

次数	水泥质量(g)	加水量(ml)	锥入深度(mm)	标准稠度用水量(%)
1	500	142.5	25.6	28.7
2	500	142.5	25.5	

硅酸盐水泥的标准稠度用水量一般在 24%~30%之间，试验用水泥满足使用要求。

(2)初、终凝时间

自加水时刻起，至试针插入净浆中距底板 2～3mm 时所经过的时间为水泥初凝时间；至试针插入净浆中不超过 1～0.5mm 时所经过的时间为水泥终凝时间。初凝时间与终凝时间均用 h－min(小时－分)表示(表 7-3)。

表 7-3 水泥凝结时间试验记录表

开始加水时间	试针距底板 3～5mm 时间	试针沉入净浆中≤0.5mm 时间
9:42	14:00	17:00
初凝时间	4h18min	
终凝时间	7h18min	

道路基层用水泥初凝时间宜不低于 4h，终凝时间应高于 6h，但不得迟于 10h。试验结果显示，该水泥凝结时间符合规范要求。

(3)水泥的体积安定性(雷氏法)

水泥体积安定性试验方法有试饼法和雷氏法两种，本实验采用雷氏法。试验方法为：用水泥标准稠度净浆装入雷式夹制作试件，将雷氏夹试养护 24h 后，放入沸煮箱，恒沸 3h。用膨胀值测定仪测量试件雷氏夹指针两针尖之间的距离，计算膨胀值，取两个试件膨胀值的算术平均值，若试件煮后增加距离的平均值不大于 5mm 时，则判定该水泥安定性合格。若两个试件的膨胀值超过 4mm 时，应用同种水泥重做试验。再如此，则认为该水泥为安定性不合格。

表 7-4　雷氏法测体积安定性试验记录

编号	初始记录	煮沸后记录	膨胀值
1—1	10.5mm	11.5mm	1mm
1—2	9.5mm	10.0mm	0.5mm

试验结果显示(表 7-4)，两个试件膨胀值的算术平均值为 0.75mm，小于 5mm，该水泥体积安定性合格。

(4)水泥胶砂强度

胶砂搅拌采用行星式胶砂搅拌机(ISO679)，首先将称好的水加入锅内，再加入水泥，把锅放在固定器上，上升至固定位置后立即开动机器，低速搅拌 30s 后，在第二个 30s 开始的同时均匀将砂子加入。停拌 90s，在停拌中的第一个 15s 内用一胶皮刮具将叶片和锅壁上的胶砂刮入锅中。在高速下继续搅拌 60s。

试件振动成型采用胶砂试件成型振实台(ISO679)，将胶砂分三层装入试模，每层振动 60 次。取下试模后，用直尺将试件表面抹平。试件放入养生室内分别养生 3 天、7 天、28 天，测试其抗折强度及断块抗压强度。以中心加荷法测定抗折强度，试件应侧面朝上，抗折试验加荷速度为 50N/s±10N/s，直至折断，试验结果见表 7-5～表 7-7。

抗折强度按式(7-1)计算

$$R_f = 1.5F_f L/b^3 \tag{7-1}$$

式中：R_f——抗折强度(MPa)；

F_f——破坏荷载(N)；

L——支撑圆柱中心距(mm)；

b——试件断面正方形的边长，为 40mm 。

表 7-5　水泥抗折强度试验记录

龄期(d)	破坏荷载(单个值)(kN)			测定值	
				破坏荷载(kN)	强度(MPa)
3	1582	1632	1538	1584	3.71
7	1960	2010	1950	1973	4.63
28	3020	2960	3100	3027	7.09

抗压实验应在抗折试验后立即进行，受压面为试件成型时的两个侧面，面积为 40mm×40mm。

抗压强度按式(7-2)计算

$$R_c = F_c/A \tag{7-2}$$

式中：R_c——抗压强度(MPa)；

F_c——破坏荷载(N)；

A——受压面积，40mm×40mm=1600mm²

表 7-6 水泥抗压强度试验记录

龄期(d)	破坏荷载(单个值)(kN)						测定值	
							荷载(kN)	强度(MPa)
3d	24.67	26.23	27.96	20.93	21.73	24.22	20.25	12.66
7d	43.04	46.37	44.88	46.43	40.12	41.32	36.81	23.00
28d	66.81	67.83	62.70	64.85	64.16	63.94	54.39	33.99

(5)水泥技术指标汇总

将检测的水泥的技术指标汇总(表 7-7),试验结果显示该水泥的强度、凝结时间等各项指标满足规范要求,可用于配合比设计与施工。

表 7-7 水泥技术指标汇总

项目	3 天抗折强度(MPa)	3 天抗压强度(MPa)	7 天抗折强度(MPa)	7 天抗压强度(MPa)	28 天抗折强度(MPa)	28 天抗压强度(MPa)	标准稠度用水量(%)	初凝时间	终凝时间
实验数据	3.71	12.66	4.63	23.00	7.09	33.99	28.70	4h18min	7h18min
规范指标	2.50	11.00	2.50	12.00	5.50	32.50	—	T≥4h	6h≤T≤10h

2. 集料

集料由岩石或砾石轧制而成,应洁净、干燥,并具有足够的强度和耐磨耗性。其颗料形状应具有棱角,接近立方体,不得含有软质和其它杂质。集料应具有一定的抗压碎能力:对于水稳碎石基层,二级和二级以下公路的集料压碎值不大于 35%,集料颗粒的最大粒径不应超过 37.5mm;一级、高速公路的集料压碎值不大于 30%,集料颗粒的最大粒径不应超过 31.5mm。集料中有机质含量不超过 2%,硫酸盐含量不超过 0.25%。在试验中测定集料的物理力学性质,包括测定集料的压碎值、针片状含量、烘干含水量等。

(1)压碎值

集料压碎值用于衡量石料在逐渐增加的荷载下抵抗压碎的能力,是衡量石料力学性质的指标,以评定其在公路工程中的适用性。

表 7-8 基层、底基层的集料压碎值(%)要求

公路等级 / 材料类型		高速公路、一级公路	二级公路	三级公路、四级公路
水泥、石灰粉煤灰稳定类		≤30	≤35	≤35
石灰稳定类	基层	—	≤30	≤35
	底基层	≤35	≤40	≤40
级配碎石	基层	≤26	≤30	≤35
	底基层	≤30	≤35	≤40

（续表）

公路等级 / 材料类型		高速公路、一级公路	二级公路	三级公路、四级公路
填隙碎石	基层	—	—	≤26
	底基层	≤30	≤30	≤30
级配或天然砂砾	基层	—	—	≤35
	底基层	≤30	≤35	≤40

压碎值试验的第一步为试样准备。采用风干集料用13.2mm和9.5mm标准筛过筛，取9.5mm～13.2mm的试样3组各3000g，供实验用。如过于潮湿需加热烘干时，烘箱温度不得超过100℃，烘干时间不超过4h。试验前石料应冷却到室温。第二步是将试样装入试模。将试样分3次（每次数量大体相同）均匀加入试模中，每次均将试样表面整平，用金属棒的半球面端从石料表面上均匀捣实25次。用金属棒作为直刮刀将表面仔细整平。称取量筒中试样质量（m_0）。然后，将试样放在压力机上用规定加载速率承受压力，称取受压后小于2.36mm筛孔的细料质量（m_1）。

石料压碎值按式（7-3）计算，精确至0.1%。

$$Q_a = m_1 / m_0 \times 100 \quad (7-3)$$

式中：Q_a——石料压碎值（%）；

m_0——试验前试样质量（g）；

m_1——试验后通过2.36mm筛孔的细料质量（g）

表7-9　集料压碎值

试验次数	试验前试样质量（g）	试验后试样质量（g）	试验后通过2.36mm质量（g）	压碎值（%）	
				个别值	平均值
1	2560	2056.9	503.1	19.7	19.0
2	2660	2171.2	488.8	18.4	

集料的压碎值为19%，符合路面材料的要求，这说明试验用多孔集料具有良好的力学性质，也从另一个角度说明多孔集料的形态特征较好。

（2）细长扁平颗粒含量

粗集料中的细长扁平颗粒，是指用游标卡尺测定的粗集料的最大长度（或宽度）方向与最小厚度（或直径）方向的尺寸之比大于3倍的颗粒。测试方法为：将试样平摊于桌面上，首先目测挑出接近立方体的颗粒，剩下可能属于针状（细长）和片状（扁平）的颗粒。颗粒平面方向的最大长度为L，侧面厚度的最长尺寸为t，颗粒最大宽度为w（$t<w<L$），用游标卡尺逐颗测量石料的L及t，将$L/t \geqslant 3$的颗粒（即最大长度方向与最大厚度方向的尺寸之比大于3的颗粒）分别挑出作为细长扁平颗粒。称取细长扁平颗粒的质量m_1，准确至1g。

$$Q_e = m_1 / m_0 \times 100 \quad (7-4)$$

式中：Q_e——细长扁平粒含量(%)；

m_1——试验用的集料总质量(g)；

m_0——细长扁平颗粒的质量(g)

表 7-10 细长扁平颗粒含量

集料规格	试验次数	试样总质量(g)	细长扁平颗粒质量(g)	细长扁平颗粒含量(%)	
				个别值	平均值
1# 料	1	2000	226.7	11.3	12.1
	2	1810	234.2	12.9	
2# 料	1	800	108.8	13.6	13.6
	2	800	108.2	13.5	
3# 料	1	800	100.6	12.6	12.5
	2	800	99.8	12.5	

试验结果(表 7-10)表明，多孔集料的细长扁平颗粒含量较大，但满足规范要求，多孔集料的颗粒形状不会对水泥稳定碎石的性能产生显著的不良影响。

(3)粗集料密度及吸水率试验

采用网篮法测定粗集料密度。将试样用 4.75mm 或 2.36mm 标准筛过筛除去其中的细集料，取试样洗净后浸泡 24h，采用浸水天平，称取集料水中质量、表干质量、烘干质量(表 7-11、表 7-12)。

表观相对密度： $\gamma_a = m_a/(m_a - m_w)$ (7-5)

表干相对密度： $\gamma_s = m_f/(m_f - m_w)$ (7-6)

毛体积相对密度： $\gamma_b = m_a/(m_f - m_w)$ (7-7)

式中：γ_a——集料的表观相对密度，无量纲；

γ_s——集料的表干相对密度，无量纲；

γ_b——集料的毛体积相对密度，无量纲；

m_a——集料的烘干质量(g)；

m_f——集料的表干质量(g)；

m_w——集料的水中质量(g)。

用式(7-8)计算粗集料的吸水率，以烘干质量为基准，精确至 0.01%：

$$\omega_x = (m_f - m_a) \times 100/m_a \quad (7-8)$$

式中：ω_x——粗集料的吸水率(%)

多孔集料表现相对密度与普通石灰岩集料相差不大，但吸水率远高于普通石灰岩集料。

(4)烘干含水量变化

对于多孔集料应了解其含水量随烘干时间的变化规律，以掌握其完全烘干需要的时间。将试样置于干净的容器中，称量试样和容器的总质量(m_1)，并在 105℃±5℃的烘箱中烘干至恒重，测定质量的变化。计算含水率，精确至0.1%。

$$w=(m_1-m_2)/(m_2-m_3)\times 100 \tag{7-9}$$

式中：w——粗集料的含水率(%)；

m_1——烘干前试样与容器的总质量(g)；

m_2——烘干后试样与容器的总质量(g)；

m_3——容器质量(g)。

表7-11　粗集料吸水率

集料规格	试验次数	试样烘干质量(g)	试样表干质量(g)	吸水率(%)	
				个别值	平均值
1#	1	1973	2040	3.40	3.34
	2	1980	2045	3.28	
2#	1	1476	1540	4.34	4.44
	2	1475	1542	4.54	
3#	1	1344	1428	6.25	6.24
	2	1348	1432	6.23	

表7-12　粗集料密度

集料规格	试验次数	试样烘干质量(g)	试样水中质量(g)	试样表干质量(g)	表观相对密度(g/cm^3)		表干相对密度(g/cm^3)	
					个别值	平均值	个别值	平均值
1#	1	1973	1236	2040	2.677	2.667	2.537	2.531
	2	1980	1235	2045	2.658		2.525	
2#	1	1476	926.2	1540	2.685	2.684	2.509	2.505
	2	1475	925.4	1542	2.684		2.501	
3#	1	1344	842.6	1428	2.680	2.674	2.439	2.435
	2	1348	842.8	1432	2.668		2.430	

表7-13　多孔集料烘干过程中质量变化

集料规格	集料质量(g)	15min(g)	30min(g)	1h(g)	1h30min(g)	2h30min(g)	3h30min(g)	5h30min(g)	7h30min(g)	24h(g)
1#	6610	6605	6605	6595	6585	6575	6560	6550	6545	6510
2#	4745	4740	4740	4730	4720	4710	4700	4685	4685	4675
3#	3420	3410	3405	3395	3385	3375	3375	3365	3365	3365
4#	3395	3390	3385	3375	3365	3355	3350	3345	3340	3340

表 7 - 14 普通集料烘干过程中质量的变化

集料规格	集料质量(g)	15min (g)	30min (g)	1h (g)	1h30 min (g)	2h30 min (g)	3h30 min (g)	5h30 min (g)	7h30 min (g)	24h (g)
1#	5410	5410	5410	5405	5405	5405	5405	5405	5405	5405
2#	3515	3515	3515	3515	3515	3505	3515	3515	3515	3515
3#	2515	2515	2515	2515	2510	2510	2510	2510	2510	2510
4#	2515	2510	2510	2505	2505	2500	2500	2500	2500	2500

表 7 - 15 多孔集料与普通集料含水率

集料规格	烘干前试样重(g)		烘干后试样重(g)		含水率(%)	
	普通集料	多孔集料	普通集料	多孔集料	普通集料	多孔集料
1#	5410	6610	5405	6510	0.09	1.51
2#	3515	4745	3515	4675	0.00	1.48
3#	2515	3420	2510	3365	0.20	1.61
4#	2515	3395	2500	3340	0.60	1.62

试验结果表明，多孔集料的天然含水率（1.5%～1.6%）比普通集料的含水率（0.09%～0.6%）高了近五倍，其原因是多孔集料的孔隙可以吸附较多水分。放入烘箱后，多孔集料每小时约蒸发 10g 的水量，至 8h 左右，水分几乎全部烘干，而普通集料在两个小时内水分就全部蒸发。

7.4 水泥稳定碎石混合料级配

依据《公路沥青路面设计规范》，骨架密实型水泥稳定类基层集料的最大粒径不大于 31.5mm，集料级配范围宜符合表 7 - 16 的要求。本实验中以 4.75mm 筛孔通过率为控制指标，经多次试配使矿料级配中 4.75mm 筛孔通过率尽量接近规范范围的中值。根据集料筛分结果，确定组成水稳碎石混合料的矿料比例及合成级配，见表 7 - 17 及图 7 - 1。

表 7 - 16 骨架密实型水泥稳定类集料级配

层位	通过下列筛孔(mm)的质量百分率(%)						
	31.5	19.0	9.50	4.75	2.36	0.6	0.075
基层	100	68～86	38～58	22～32	16～28	8～15	0～3

表 7-17 单集料级配与水稳混合料合成级配

筛孔尺寸 / 通过百分率	31.5	26.5	19	16	13.2	9.5	4.75	2.36	1.18	0.6	0.3	0.15	0.075
1#	100	69.5	6.2	0.9	0.2								
2#		100	97.8	78.8	47.3	6.8							
3#					100	96.0	16.0						
4#							100	79.0	58.5	41.5	26.5	15.5	5.0

矿料混合料级配

集料规格	集料比例%	通过下列筛孔(mm)的质量百分率(%)					
		31.5	**19**	**9.5**	**4.75**	**2.36**	**0.075**
1#	28	100	6.2	0			
2#	30	100	97.8	6.8	0		
3#	15	100	100	96.0	16.0	0	
4#	27	100	100	100	100	79.0	5.0
水稳混合料级配		100	73.1	43.4	29.4	21.3	1.4
设计级配中值		100	77	48	27	22	1.5
设计级配范围		100	68～86	38～58	22～32	16～28	0～3

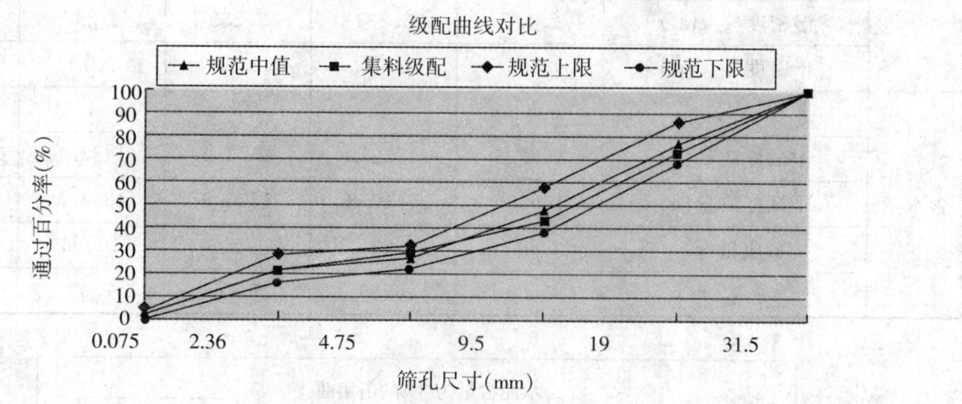

图 7-1 水稳混合料级配曲线

7.5 击实试验

通过对水泥稳定碎石(在水泥水化前)进行击实试验,绘制水稳混合料的含水量—干密度关系曲线,从而确定其最佳含水量 ω_0(%)和最大干密度 ρ_d(g/cm^3)。

根据《公路工程无机结合料稳定材料试验规程》,采用无机结合料稳定土的击实试验方法中的丙法。实验过程为:按确定的集料比例,配制矿料混合料,每份重约 5.5kg(风干质量)。预定 5 个含水量(3%、4%、5%、6%、7%)。水稳混合料拌和均匀后,分 3 次加入击实筒,每次加料后击实98次。最后一层试样击实后,试样超出试筒顶的高度不得大于6mm,超出高度过大的试件应该作废。将击实过的试样表面齐击实筒顶面刮平并测其总质量。从试样内部从上到下取两个有代表性的样品,测其含水量,若取一个样品测定含水量,则样品的质量应不少于1400g。将样品放入105～110℃的烘箱中烘干至恒重。

按式(7-10)计算每次击实后稳定土的湿密度：　$\rho_w=(Q_1-Q_2)/V$　(7-10)

式中:ρ_w——稳定土的湿密度(g/cm^3);

Q_1——试筒与湿试样的合质量(g);

Q_2——试筒的质量(g);

V——试筒的容积(cm^3)

按式(7-11)计算每次击实后稳定土的干密度：　$\rho_d=\rho_w/(1+0.01w)$　(7-11)

式中:ρ_d——稳定土的干密度(g/cm^3);

w——试样的含水量(%)

试验结果见表7-18～表7-21,击实曲线见图7-2～图7-4。

表7-18　击实试验记录(水泥含量3%)

实验次数		1	2	3	4	5
干密度	预计含水量(%)	3	4	5	6	7
	筒+湿试样质量(g)	9560.4	9677.1	9791.3	9820.7	9816.2
	筒质量(g)	4820	4820	4820	4820	4820
	湿试样质量(g)	4740.4	4857.1	4971.3	5000.7	4996.2
	湿密度(g/cm^3)	2.177	2.231	2.283	2.297	2.294
	干密度(g/cm^3)	2.06	2.10	2.13	2.13	2.09
含水量	盒号	1	2	3	4	5
	湿试样质量(g)	1682.5	1532.8	1575.9	1467.1	1486.3
	干试样质量(g)	1593.5	1440.8	1470.6	1358.5	1354.8
	水质量(g)	89	92	105.3	108.6	131.5
	含水量(%)	5.59	6.39	7.16	7.99	9.71

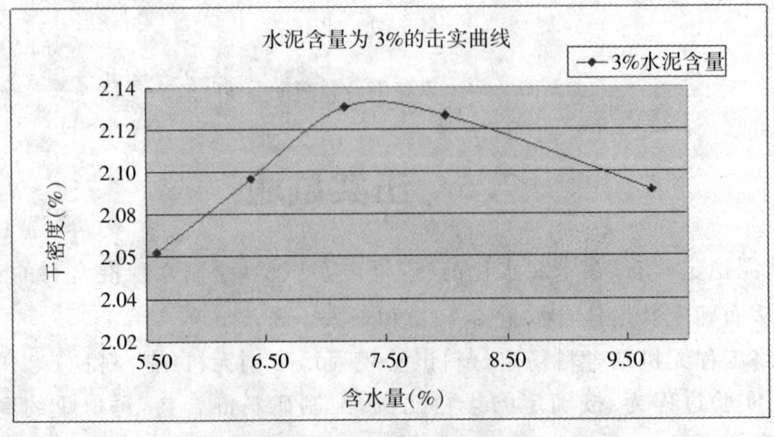

图7-2　击实曲线(水泥含量3%)

水泥含量3%时，水稳混合料最大干密度为2.135g/cm³，最佳含水量为7.40%。

表7-19 击实试验记录表(水泥含量4%)

实验次数		1	2	3	4	5
干密度	预计含水量(%)	3	4	5	6	7
	筒+湿试样质量(g)	9536.9	9715	9869.2	9804.2	9776.2
	筒质量(g)	4820	4820	4820	4820	4820
	湿试样质量(g)	4716.9	4895	5049.2	4984.2	4956.2
	湿密度(g/cm³)	2.17	2.25	2.32	2.29	2.28
	干密度(g/cm³)	2.06	2.12	2.17	2.12	2.10
含水量	盒号	1	2	3	4	5
	湿试样质量(g)	1594.4	1456.2	1898	1580	1705.7
	干试样质量(g)	1518.3	1374	1774.1	1461.8	1571.1
	水质量(g)	76.1	82.2	123.9	118.2	134.6
	含水量(%)	5.01	5.98	6.98	8.09	8.57

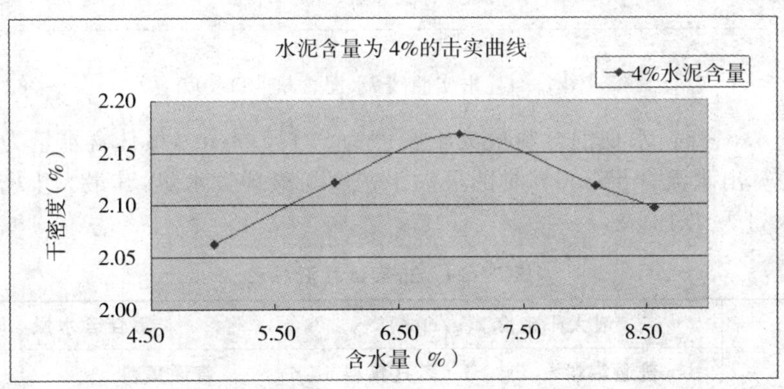

图7-3 击实曲线(水泥含量4%)

水泥含量4%时，水稳混合料最大干密度为2.170g/cm³，最佳含水量为6.98%。

表7-20 击实试验记录表(水泥含量4.5%)

实验次数		1	2	3	4	5
干密度	预计含水量(%)	3	4	5	6	7
	筒+湿试样质量(g)	9620.3	9745.5	9875.4	9769.9	9740.2
	筒质量(g)	4820	4820	4820	4820	4820
	湿试样质量(g)	4800.3	4925.5	5055.4	4949.9	4920.2
	湿密度(g/cm³)	2.20	2.26	2.32	2.27	2.26
	干密度(g/g/cm³)	2.09	2.13	2.17	2.11	2.10

（续表）

实验次数		1	2	3	4	5
含水量	盒号	1	2	3	4	5
	湿试样质量(g)	1724.8	1528.2	1631.2	1455.8	1781
	干试样质量(g)	1632.7	1438.4	1527.7	1353.1	1651.7
	水质量(g)	92.1	89.8	103.5	102.7	129.3
	含水量(%)	5.64	6.24	6.77	7.59	7.83

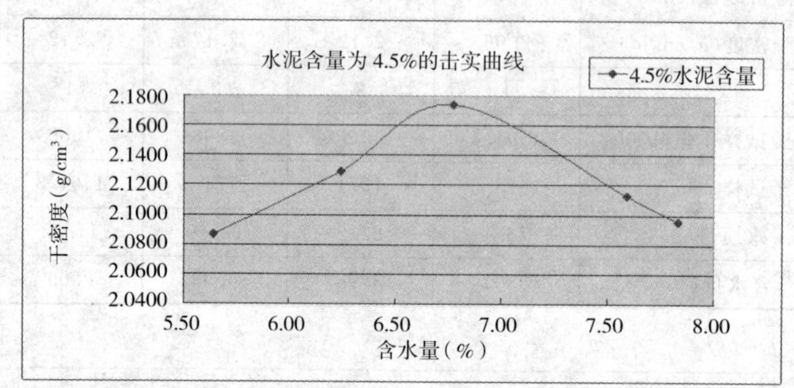

图 7-4　击实曲线(水泥含量 4.5%)

水泥含量 4.5%时，水稳混合料最大干密度为 2.175g/cm³，最佳含水量为 6.72%。

由内插法算出水泥含量 3.5%时的最大干密度与最佳含水量，其最大干密度为 2.153g/cm³，最佳含水量为 7.19%。

表 7-21　击实试验汇总表

水泥含量(%)	最大干密度 ρ(g/cm³)		最佳含水量 ω(%)	
	普通集料	多孔集料	普通集料	多孔集料
3.0	2.225	2.135	4.84%	7.40%
3.5	2.237	2.153	4.93%	7.19%
4.0	2.248	2.170	5.02%	6.98%
4.5	2.273	2.175	5.24%	6.72%

根据击实试验结果，可以得出以下结论：

(1)多孔集料水稳混合料最佳含水量比普通石灰岩集料混合料的最佳含水量大约50%，说明多孔集料在拌和过程中吸收较多的水分。

(2)普通石灰岩集料混合料的最大干密度比多孔集料混合料的最大干密度略大，差值约为 0.1g/cm³，说明普通石灰岩集料比多孔集料混合料的密实度大。

(3)随着水泥含量的增加，最大干密度均呈逐渐增大的趋势。

(4)普通石灰岩集料混合料的最佳含水量较稳定，基本上在 5%左右，而多孔集料混合料的最佳含水量变化较大，平均值在 7%左右。

7.6　无侧限抗压强度

本项目交通等级为重交通等级，依据《公路沥青路面设计规范》，水泥稳定碎石的 7d 无侧限抗压强度应符合表 7－22 的规定。

表 7－22　水泥稳定类材料的压实度及 7d 无侧限抗压强度

<table>
<tr><th rowspan="2">层位</th><th rowspan="2">稳定
类型</th><th colspan="2">特重交通</th><th colspan="2">重、中交通</th><th colspan="2">轻交通</th></tr>
<tr><th>压实度
(%)</th><th>抗压强度
(MPa)</th><th>压实度
(%)</th><th>抗压强度
(MPa)</th><th>压实度
(%)</th><th>抗压强度
(MPa)</th></tr>
<tr><td rowspan="2">基层</td><td>集料</td><td>≥98</td><td>3.5～4.5</td><td>≥98</td><td>3～4</td><td>≥97</td><td rowspan="2">2.5～3.5</td></tr>
<tr><td>细粒土</td><td>—</td><td>—</td><td>—</td><td>—</td><td>≥96</td></tr>
<tr><td rowspan="2">底基层</td><td>集料</td><td>≥97</td><td rowspan="2">≥2.5</td><td>≥97</td><td rowspan="2">≥2.0</td><td>≥96</td><td rowspan="2">≥2.0</td></tr>
<tr><td>细粒土</td><td>≥96</td><td>≥96</td><td>≥95</td></tr>
</table>

水泥稳定碎石强度指标在很大程度上取决于水泥的含量，随着水泥剂量的增加，水泥稳定碎石的强度也将显著地提高。在确定集料级配后，根据实践经验，选择不同水泥用量进行无侧限抗压强度测试。本试验选用的水泥用量为 3.0%、3.5%、4.0%、4.5%、5.0%。

1. 实验过程

强度是水泥稳定碎石基层混合料配合比设计中的重要指标，基层首先必须满足承重传荷的要求，如果强度不足，容易导致路面结构性破坏。目前，我国《公路沥青路面设计规范》规定：重、中交通公路基层的水泥稳定碎石混合料 7 天无侧限抗压强度为 3～4MPa，轻交通则为 2.5～3.5MPa。

按照预定干密度用静力压实法制备试件或用锤击法制备试件，试件都是高∶直径＝1∶1 的圆柱体。应尽可能用静力压实法制备等干密度的试件。

按预定的干密度制件：

$$m_1=\rho_d V(1+\omega) \tag{7-12}$$

式中：V——试模的体积；

ω——稳定土混合料的含水量(%)；

ρ_d——稳定土试件的干密度(g/cm^3)。

表 7－23　成型水稳混合料强度试件材料用量

水泥含量(%)	1# 料(g)	2# 料(g)	3# 料(g)	4# 料(g)	水泥(g)	水(g)
3.0	1648.3	1923.1	274.7	1648.3	164.8	418.8
3.5	1653.8	1929.5	275.6	1653.8	192.9	410.2
4.0	1659.2	1935.8	276.5	1659.2	221.2	401.5
4.5	1621.1	1891.4	270.2	1621.1	189.1	375.9

按表 7－23 将称好的集料放入拌和容器内，按最佳含水量加水，将集料和水泥拌和均匀后放在密闭容器内备用，浸润 15 分钟左右后，加入预定量的水泥并拌和均匀。将拌和好的混合料装入试模内(150mm×150mm)，放在压力机上压实，过两小时左右，将试件从试模内

脱出，称量后，立即放到密封湿气箱和恒温室内进行保温保湿养生。本试验中为大试件，采用塑料薄膜包覆。在标准养护条件(温度25℃，湿度90%以上)下养生6天，第7天进行浸水养生，然后测试其无侧限抗压强度。试验结果见表7-24～表7-27。

2. 数据计算

计算试件的无侧限抗压强度 R_c：

对于小试件：$R_c=P/A=0.00051P$(MPa)

对于中试件：$R_c=P/A=0.000127P$(MPa) (7-13)

对于大试件：$R_c=P/A=0.000057P$(MPa)

式中：P——试件破坏时的最大压力(N)；

A——试件的截面积($A=\pi D^2/4$，D—试件的直径，单位mm)。

在设计配合比下试件室内试验无侧限抗压强度的代表值 R 为：

$$R=\bar{R}_d(1-Z_aC_v) \quad (7-14)$$

式中：$\bar{R}_d$——无侧限抗压强度平均值；

C_v——试验结果的偏差系数(以小数计)；

Z_a——标准正态分布表中随保证率(或置信度 α)而变的系数，高速公路和一级公路应取保证率95%，即 $Z_a=1.645$；其他公路应取保证率90%，即 $Z_a=1.282$。

表7-24 水稳混合料无侧限抗压强度(水泥含量3.0%)

试样编号	1	2	3	4	5	6
养生前试件重(m_2)kg	5.870	5.870	5.935	5.925	5.945	5.890
浸水前试件重(m_3)kg	5.860	5.865	5.930	5.920	5.940	5.885
浸水后试件重(m_4)kg	5.900	5.900	5.965	5.965	5.980	5.910
养生期重损(m_2-m_3)kg	0.01	0.005	0.005	0.005	0.005	0.005
吸水量(m_4-m_3)kg	0.04	0.035	0.035	0.045	0.04	0.025
试件破坏的最大压力 kN	42.25	41.75	42.25	41.15	42.55	42.75
无侧限抗压强度(R_c)MPa	2.41	2.38	2.41	2.35	2.43	2.44

水泥含量3%时，水稳混合料无侧限抗压强度代表值为2.3MPa。

表7-25 水稳混合料无侧限抗压强度(水泥含量3.5%)

试样编号	1	2	3	4	5	6
养生前试件重(m_2)kg	5.990	5.965	5.975	5.980	5.980	5.965
浸水前试件重(m_3)kg	5.985	5.955	5.965	5.975	5.970	5.955
浸水后试件重(m_4)kg	6.015	5.995	6.005	6.005	6.010	5.980
养生期重损(m_2-m_3)kg	0.005	0.01	0.01	0.005	0.01	0.01
吸水量(m_4-m_3)kg	0.03	0.04	0.04	0.03	0.04	0.025
试件破坏的最大压力 kN	50.75	51.5	51.25	50.75	52	49.2
无侧限抗压强度(R_c)MPa	2.89	2.94	2.92	2.89	2.96	2.80

水泥含量3.5%时，水稳混合料无侧限抗压强度代表值为2.8MPa。

表7-26 混合料无侧限抗压强度(水泥含量4.0%)

试样编号	1	2	3	4	5	6
养生前试件重(m_2)kg	6.035	6.000	5.990	5.935	6.015	6.005
浸水前试件重(m_3)kg	6.030	5.990	5.985	5.925	6.015	5.990
浸水后试件重(m_4)kg	6.070	6.040	6.040	5.975	6.070	6.030
养生期重损(m_2-m_3)kg	0.005	0.01	0.005	0.01	0	0.015
吸水量(m_4-m_3)kg	0.04	0.05	0.055	0.05	0.055	0.04
试件破坏的最大压力kN	57.5	57.15	55.75	56.75	56.5	57.25
无侧限抗压强度(R_c)MPa	3.28	3.26	3.18	3.23	3.22	3.26

水泥含量4%时，水稳混合料试件的无侧限抗压强度代表值为3.2MPa。

表7-27 混合料无侧限抗压强度(水泥含量4.5%)

试样编号	1	2	3	4	5	6
养生前试件重(m_2)kg	5.760	5.830	5.860	5.850	5.850	5.830
浸水前试件重(m_3)kg	5.755	5.820	5.845	5.845	5.845	5.820
浸水后试件重(m_4)kg	5.775	5.860	5.875	5.880	5.885	5.860
养生期重损(m_2-m_3)kg	0.005	0.01	0.015	0.005	0.005	0.01
吸水量(m_4-m_3)kg	0.02	0.04	0.03	0.035	0.04	0.04
试件破坏的最大压力kN	59	60	60	59	58	59
无侧限抗压强度(R_c)MPa	3.36	3.42	3.42	3.36	3.31	3.36

水泥含量4.5%时，水稳混合料试件的无侧限抗压强度代表值为3.3MPa。

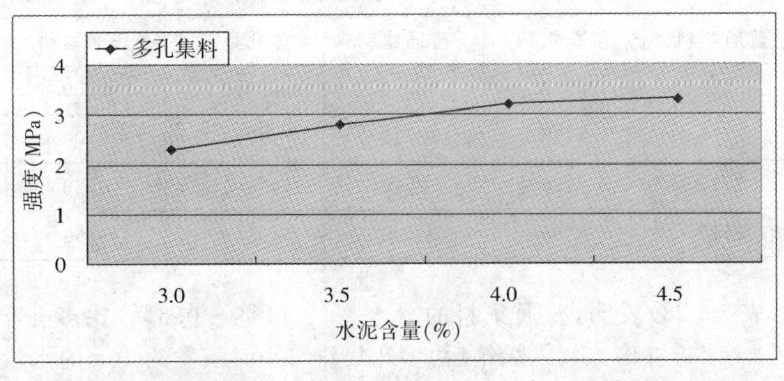

图7-5 多孔集料水稳混合料无侧限抗压强度随水泥用量的变化

随着水泥用量的增加，水稳混合料7天无侧限抗压强度逐步增长(图7-5)，说明水泥用量对水稳混合料强度影响十分显著，水泥用量增加，混合料强度也随之增大。

根据依托工程的交通量状况，交通量等级为重、中交通，水泥剂量4%时，无侧限抗压强度3.2Mpa，即可达到设计要求。在实际施工中考虑变异性因素，可采用4.5%的水泥用量。

7.7 多孔集料与普通集料实验对比分析

1. 集料性质与烘干含水量

多孔集料采用某高速公路施工现场的原料，对比用普通石灰岩集料产地巢湖。两种集料具体技术指标分析如下：

(1)压碎值：压碎值是石料在连续增加的荷载下，抵抗压碎的能力。它作为衡量石料相对强度的一个指标，用以评价公路路面所用集料的质量。规范要求石料压碎值≤26%，多孔集料压碎值19.0%，普通集料20.7%，均低于26%，因此能很好地满足规范要求。相比较，多孔集料抵抗压碎的能力比对比用普通石灰岩集料略好。

(2)表观相对密度：集料表观相对密度在沥青混合料体积计算时是一个非常重要的参数，在水稳混合料配合比设计时也应测试，以便于了解集料的性质。规范要求集料的表观相对密度≥2.60t/m^3，两种集料均满足规范要求，多孔集料表观相对密度略大。

(3)细长扁平颗粒含量：试验结果表明，多孔集料针片状颗粒含量为12.1%～13.6%，普通石灰岩集料的针片状颗粒含量8.05%～9.15%。多孔集料的针片状颗粒含量要比普通集料的针片状含量要大15%左右，满足《公路沥青路面施工技术规范》对集料(＜15%)的要求，集料的颗粒形状除了与材质有关外，同加工方式也有关系，改进破碎机性能也可以减小细长扁平颗料含量。

(4)吸水率：集料的吸水率是反映集料孔隙率和质量的一个重要指标，集料吸水率过大给混合料的含水量控制带来困难，影响混合料的拌和质量。一般普通石灰岩集料吸水率在0.65%～1.65%之间，多孔集料的吸水率高达3.34%～6.24%，这是同多孔集料的岩体形成过程有关。

(5)烘干含水量：

表7-28 多孔集料与普通集料含水率

集料规格	烘干前试样重(g)		烘干后试样重(g)		含水率(%)	
	普通集料	多孔集料	普通集料	多孔集料	普通集料	多孔集料
1#	5410	6610	5405	6510	0.09	1.51
2#	3515	4745	3515	4675	0.00	1.48
3#	2515	3420	2510	3365	0.20	1.61
4#	2515	3395	2500	3340	0.60	1.62

试验结果(表7-28)表明，普通集料的含水率(0.09%～0.6%)比多孔集料的含水率(1.5%～1.6%)高了近五倍。放入烘箱后，多孔集料每小时蒸发约10g的水量，而普通集料在前两个小时内水分就全部蒸发。因此在测试多孔集料含水量时，至少应烘干8～10h。多孔集料含水量大，同集料所含孔隙水较多有关。

2. 最佳含水量与最大干密度

对水泥稳定碎石(在水泥水化前)进行击实试验，绘制混合料的含水量一干密度关系曲线，从而确定其最佳含水量ω_0(%)和最大干密度ρ_d(g/cm^3)。试验根据《公路工程无机结合料稳定材料试验规程》无机结合料稳定土的击实试验方法(T0804－94)丙法进行，试验结果见表 7－29。

表 7－29　击实试验汇总表

水泥含量(%)	最大干密度 ρ(g/cm³)		最佳含水量 ω(%)	
	普通集料	多孔集料	普通集料	多孔集料
3.0	2.225	2.135	4.84%	7.40%
3.5	2.237	2.153	4.93%	7.19%
4.0	2.248	2.170	5.02%	6.98%
4.5	2.273	2.175	5.24%	6.72%

根据击实试验结果，可以得出以下结论：

(1)多孔集料水稳混合料最佳含水量比普通石灰岩集料的最佳含水量大约 50%，说明多孔集料在拌和过程中吸收较多的水分。

(2)普通石灰岩集料混合料的最大干密度比多孔集料的最大干密度大，不同水泥含量的混合料高约 0.1g/cm³。

(3)随着水泥含量的增加最大干密度均呈逐渐增大的趋势。

(4)普通石灰岩集料混合料的最佳含水量较稳定，在 5% 左右，而多孔集料水稳混合料的最佳含水量变异性略大，平均值约 7%。

3. 强度对比分析

根据击实试验得到的最大干密度和最佳含水量，成型圆柱体试件，进行 7 天无侧限抗压强度试验(表 7－30)，水泥用量对普通石灰岩集料和多孔集料水稳混合料无侧限抗压强度的影响见图 7－6。

表 7－30　两种集料无侧限抗压强度随水泥用量的变化

水泥含量(%)		3	3.5	4	4.5
无侧限抗压强度(MPa)	普通集料	2.2	2.5	2.9	3.6
	多孔集料	2.3	2.8	3.2	3.3

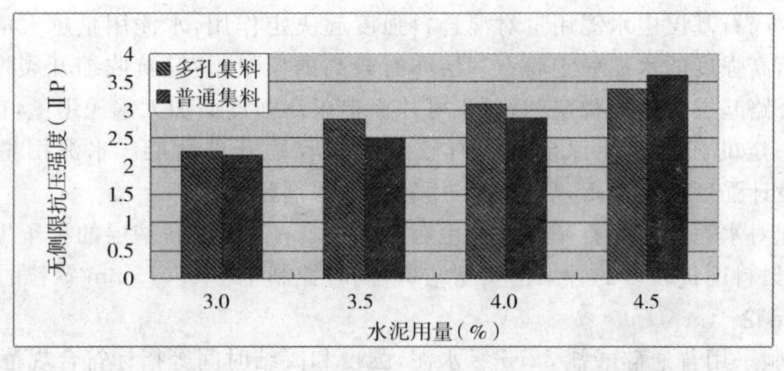

图 7－6　两种集料无侧限抗压强度随水泥用量关系图

当水泥用量从 3.0% 变化到 4.5% 时，多孔集料水稳混合料强度从 2.3MPa 上升到 3.3MPa，升幅平均为 25%；普通石灰岩集料水稳混合料强度从 2.2MPa 上升到 3.6MPa，升幅平均为20%，在两种混合料中，水泥用量对混合料强度影响差别不大。使用多孔集料对水稳混合料强度没有明显影响，其强度同普通石灰岩集料混合料接近。

7.8 水泥稳定碎石基层施工工艺与质量控制

施工工艺流程图(其他内容略)

水泥稳定碎石集中厂拌法施工工艺如图7-7。

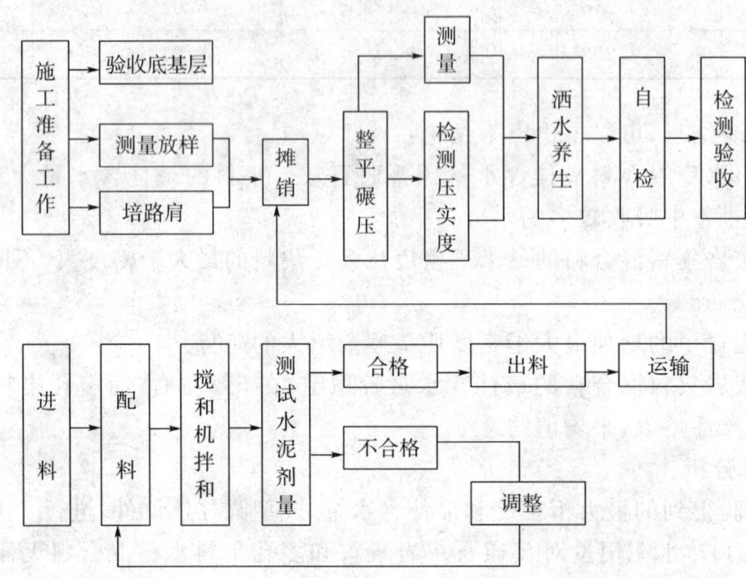

图7-7 水泥稳定碎石集中厂拌法施工工艺流程图

7.9 结 论

本论文主要试验与研究结论如下：

1. 配合比设计要点

水泥稳定碎石基层中水泥用量对混合料强度起决定作用，水泥用量越大混合料强度也就越高。然而高强度的水泥稳定碎石基层亦有较高的模量，使其抗收缩开裂性能降低。故作为高等级公路基层的水泥稳定碎石，不可片面追求高强度而加大水泥用量，也就是既要保证混合料有一定的强度又能保证基层有较好的抗收缩开裂性能。水泥用量建议不超过5%，在满足设计强度的前提下，尽可能采用较低水泥剂量。

集料级配对水泥稳定碎石基层性能也有较大的影响，为提高基层的抗干缩和抗温缩性能，应选用粗集料用量较多的骨架密实型结构，同时控制小于0.075mm颗粒的含量。

2. 试验结论

(1)本试验采用普通硅酸盐32.5级水泥，强度和凝结时间等指标符合规范要求，所采用的粗集料的针片状、压碎值等指标在规范允许范围内。

(2)根据集料筛分结果，以4.75mm为关键控制筛孔，选用骨架密实型结构，确定水稳混合料的合成级配，矿料比例为1#：2#：3#：4#＝28：30：15：27。

(3)击实试验结果显示，水稳混合料最大干密度(ρ_d)在2.135g/cm^3～2.175g/cm^{3}之间，最佳含水量(ω_0)在6.72%～7.40%之间。

(4)在标准养护条件(温度25℃，湿度90%以上)下养生6天，第7天进行浸水养生，水稳混合料饱水无侧限抗压强度在2.3～3.3Mpa之间。水泥是影响水泥稳定碎石基层混合料强度的决定因素，随着水泥用量增加，水稳混合料7大无侧限抗压强度增长明显。

(5)根据依托工程的交通量状况，交通量等级为重、中交通，采用水泥剂量4%，其无侧限抗压强度3.2MPa，即可达到设计要求。在实际施工中考虑变异性因素，可采用4.5%的水泥用量。

(6)多孔集料与普通集料实验对比分析

① 集料性质

多孔集料采用某高速公路施工现场的原材料，普通石灰岩集料产地巢湖。多孔集料压碎值19.0%，普通集料20.7%，都满足规范要求，多孔集料抵抗压碎的能力比普通集料略好；集料的吸水率是反映集料孔隙率和质量的一个重要指标，集料吸水率过大，给混合料的含水量控制带来困难，影响混合料的拌和质量。普通石灰岩集料吸水率在0.65%～1.65%之间，多孔集料的吸水率高达3.34%～6.24%。

② 击实试验结果

多孔集料水稳混合料最佳含水量比普通石灰岩集料的最佳含水量大了将近50%，说明多孔集料在拌和过程中吸收较多的水分；普通石灰岩集料的最大干密度比多孔集料混合料的最大干密度大，每个水泥含量高将约0.1g/cm^3。

③ 无侧限抗压强度

当水泥用量为3.0%～4.5%时，多孔集料水稳混合料强度为2.3MPa～3.3MPa；普通石灰岩集料混合料强度为2.2MPa～3.6MPa。使用多孔集料对混合料强度没有明显影响，其混合料强度同普通石灰岩集料混合料接近。

附录 1

交点号	交点桩号及交点坐标		交点间距（m）	位置				备注
				第二缓和曲线起点及圆曲线终点		第二缓和曲线终点		
JD0	桩	K0+000		桩		桩		
	N	27869.315		N		N		
	E	32241.205		E		E		
JD1	桩	K0+003.688	3.688	桩	K0+003.688	桩		
	N	27865.627		N	27865.627	N		
	E	32241.176		E	32241.176	E		
JD2	桩	K0+115.266	111.57	桩	K0+181.498	桩		
	N	27754.065		N	27690.686	N		
	E	32243.028		E	32266.228	E		
JD3	桩	K0+311.907	197.9	桩	K0+361.365	桩		
	N	27568.225		N	27517.843	N		
	E	32311.057		E	32311.968	E		
JD4	桩	K1+209.128	898.15	桩	K1+273.736	桩		
	N	26670.218		N	26609.266	N		
	E	32327.299		E	32300.097	E		
JD5	桩	K1+437.224	230.23	桩	K1+452.577	桩		
	N	26459.97		N	26445.584	N		
	E	32233.468		E	32228.08	E		
JD6	桩	K2+208.515	771.3	桩	K2+257.022	桩		
	N	25737.66		N	25687.55	N		
	E	31962.963		E	31969.878	E		
JD7	桩	K2+306.423	99.986	桩	K2+354.235	桩		
	N	25638.613		N	25591.44	N		
	E	31976.631		E	31961.965	E		
JD8	桩	K2+855.280	550.44	桩	K2+855.280	桩		
	N	25112.983		N	25112.983	N		
	E	31813.219		E	31813.219	E		
JD9	桩	K3+339.907	484.62	桩		桩		
	N	24651.866		N		N		
	E	31664.107		E		E		
	桩			桩		桩		
	N			N		N		
	E			E		E		
	桩			桩		桩		
	N			N		N		
	E			E		E		

编制：

直线曲线及转角表

转角（° ′ ″）		曲线主点		圆曲线中点
	桩		桩	
	N		N	
	E		E	
1°24′ 33.8″（Z）	N	27865.627	N	27865.627
	E	32241.176	E	32241.176
19°09′ 16.8″（Z）	N	27821.548	N	27755.098
	E	32241.907	E	32248.586
19°04′ 10.6″（Y）	N	27615.544	N	27567.454
	E	32293.735	E	32306.926
25°05′ 12.3″（Y）	N	26736.954	N	26671.681
	E	32326.092	E	[illegible]
3°31′ 10.7″（Z）	N	[illegible]	N	26459.88
	E	32239.729	E	32233.686
28°23′ 16.4″（Z）	N	[illegible]	N	25736.965
	E	31980.704	E	31969.223
25°07′ 36.7″（Y）	N	25687.551	N	25639.06
	E	31969.878	E	31971.212
0°38′ 59.2″（Y）	N	25112.983	N	25112.983
	E	31813.219	E	31813.219
	桩	484.627		197°55′ 10.8″?

复核：

附录 2-1

采石路道路平面图

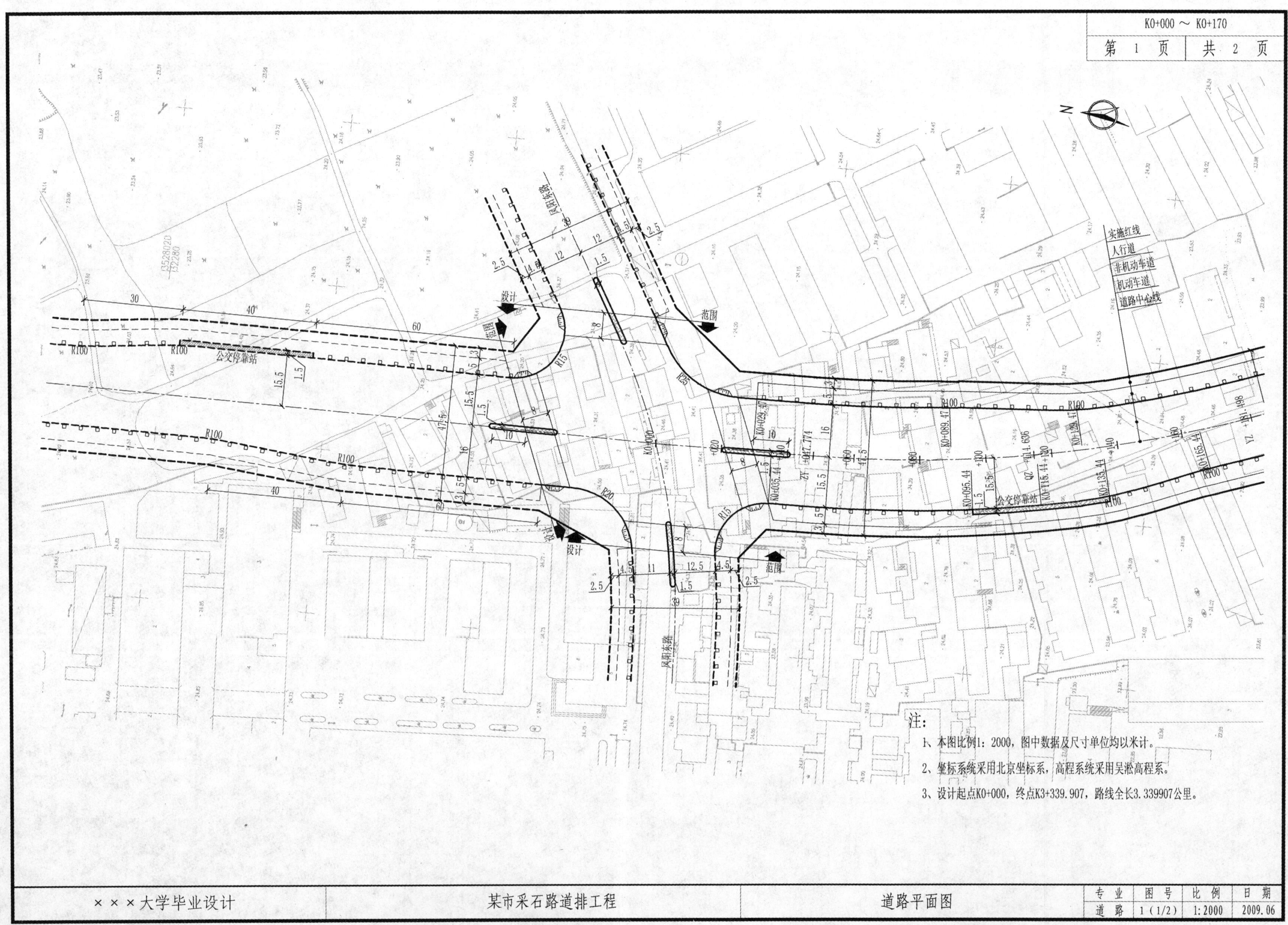

参考文献

[1] 教育部高等教育司，北京市教育委员会．高等学校毕业设计(论文)指导手册(土建卷)．北京：高等教育出版社，1999

[2] 许金良．(道路勘测设计)毕业设计指导书．北京：人民交通出版社，2004

[3] 杨少伟．道路勘测设计(第二版)．北京：人民交通出版社，2004

[4] 邓学钧．路基路面工程．北京：人民交通出版社，2005

[5]《公路挡土墙设计与施工技术细则》．北京：人民交通出版社，2008

[6] 中华人民共和国行业标准．公路沥青路面施工技术规范(JTG F40—2004)．北京：人民交通出版社，2004

[7] 中华人民共和国行业标准．公路桥涵施工技术标准(JTJ 041—2000)．北京：人民交通出版社，2000

[8] 中华人民共和国行业标准．公路工程技术规范(JTG B01—2003)．北京：人民交通出版社，2003

[9] 中华人民共和国行业标准．公路路线设计规范(JTG D20—2006)．北京：人民交通出版社，2006

[10] 中华人民共和国行业标准．公路路基设计规范(JTG D30—2004)．北京：人民交通出版社，2004

[11] 中华人民共和国行业标准．公路水泥混凝土路面设计规范(JTG D40—2002)．北京：人民交通出版社，2002

[12] 中华人民共和国行业标准．公路沥青路面设计规范(JTG D50—2006)．北京：人民交通出版社，2006

[13] 中华人民共和国行业标准．城市道路设计规范(CJJ 37—90)．北京：中国建筑工业出版社，1991

[14] 中华人民共和国行业标准．城市道路交通规划设计规范(GB 50220—1995)．北京：中国建筑工业出版社，1995

[15] 中华人民共和国行业标准．公路桥涵地基与基础设计规范(JTG D63—2007)．北京：人民交通出版社，2007

[16] 中华人民共和国行业标准．城市工程管线综合规划规范(GB 50289—98)．北京：中国建筑工业出版社，1999

[17] 中华人民共和国行业标准．道路交通标志和标线(GB 5768—1999)．北京：中国标准出版社，2009